Die Wohlfühl-Massage

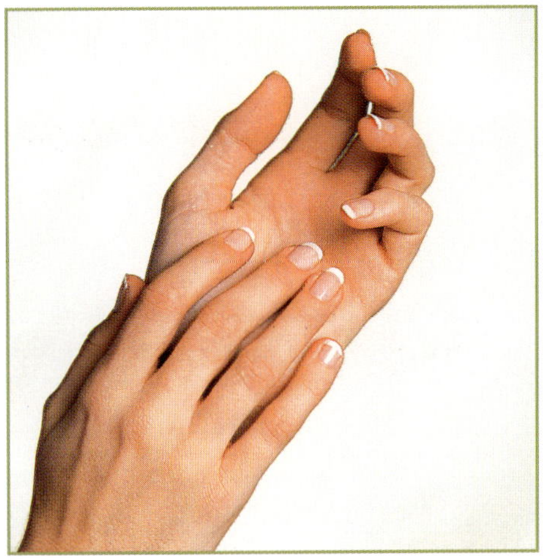

Karen Smith

Die Wohlfühl-Massage

Das neue Programm für Entspannung, Energie und Beweglichkeit

Die besten Techniken von Kopf bis Fuß

Mosaik

Originalverlag: Duncan Baird Publishers Ltd, London 1998
Titel der Originalausgabe: *Touch*

Übersetzung und Produktion der deutschsprachigen Ausgabe:
Print Company Verlagsgesellschaft m.b.H., Wien
Aus dem Englischen von Susanne Ofner
Umschlaggestaltung: Design Team München
Umschlagfoto: Imagine
Druck und Bindung:
Imago Publishing Limited,
Singapur

ISBN 3-576-11277-4

Der Arzt muß in vielerlei Dingen erfahren sein, doch ganz besonders im Reiben. Denn die Reibung festigt das Gelenk, das zu lose, und löst das Gelenk, das zu fest.

Hippokrates, 5. Jahrhundert v. Chr.

Die Wohlfühl-Massage

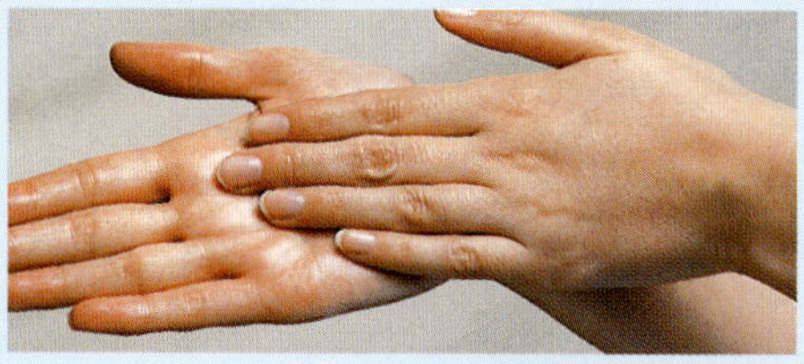

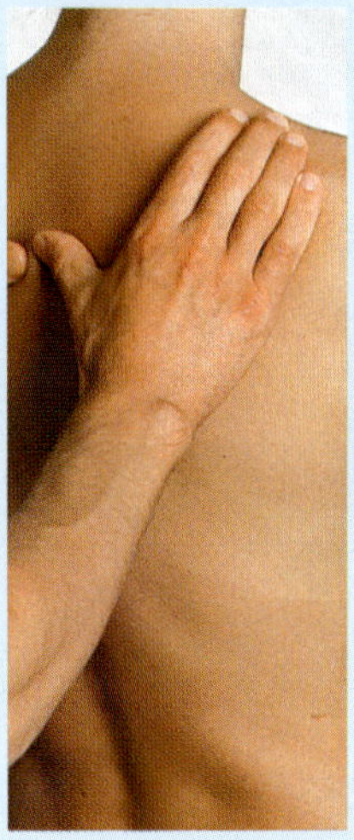

Die Wohlfühl-Massage

Inhalt

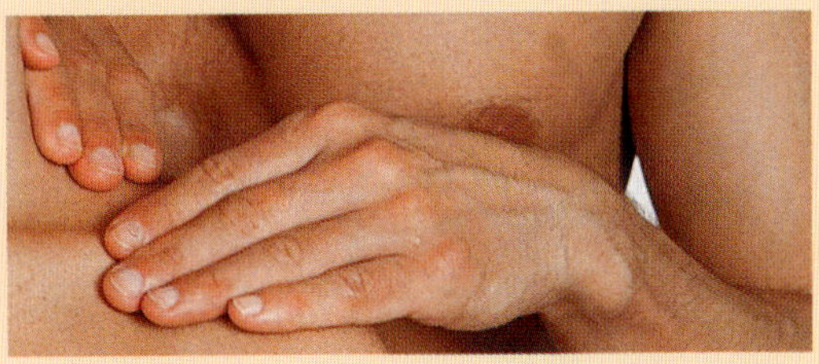

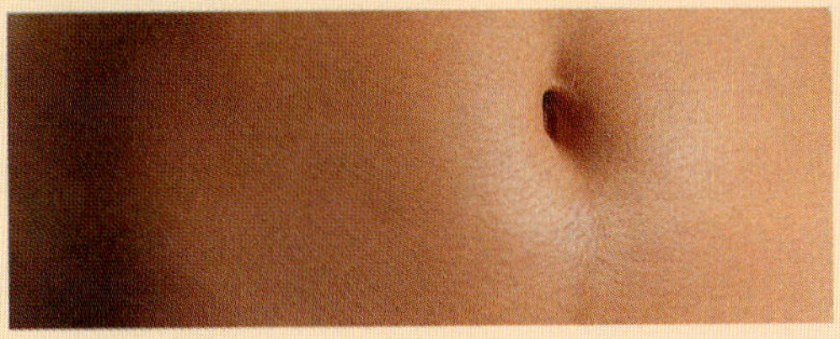

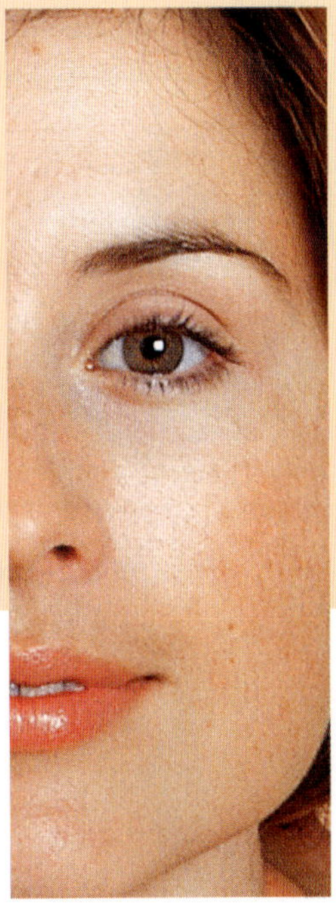

Einleitung

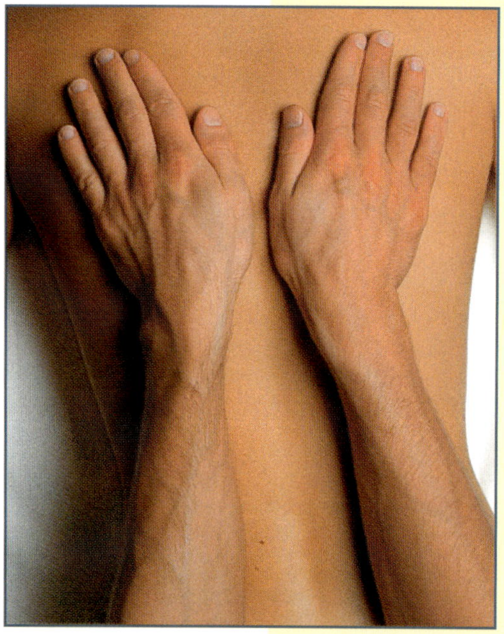

Das erste Kapitel in diesesm Buch behandelt die wichtigsten Massagetechniken, ihre Wirkungen auf die körperliche und geistige Befindlichkeit sowie den zusätzlichen Einsatz von ätherischen Ölen. Außerdem werden Richtlinien für die Vorbereitung auf die Massage sowie für die Schaffung einer angenehmen Massage-Atmosphäre vorgestellt.

Das zweite Kapitel beschreibt eine Rundreise über den Körper. Dabei werden die einzelnen Körperteile und ihre jeweilige Bedeutung für den Organismus als Ganzes dargelegt. Die positiven Auswirkungen der Massage werden in einfachen Worten erklärt, wobei auch die entsprechenden Massagetechniken nicht zu kurz kommen.

Das dritte Kapitel behandelt die jahreszeitlichen Auswirkungen von Temperatur- und Lichtveränderungen auf unser körperliches und seelisches Wohlbefinden. Mit bestimmten Massagegriffen und Duftölen lassen sich jahreszeitlich bedingte Stimmungsschwankungen ausgleichen und das geminderte Selbstbewußtsein stärken.

Das nächste Kapitel befaßt sich mit den Heilwirkungen des Wassers. Nicht nur die Hände können heilen, auch ein heißes Bad zur Entspannung nach dem Arbeitsstreß oder der Sprung ins kühle Naß an einem heißen Sommertag können die Gesundheit fördern. Bei vielen Völkern und Kulturen wird die Waschung des Körpers mit innerer Läuterung gleichgesetzt. So gilt etwa in der ayurvedischen Medizin das Bad als heilige Handlung, zu der auch Massage und feierlicher Gesang gehören. In Japan unterliegt das Bad einem ausgefeilten Ritual, in dem neben dem Körper vor allem auch der Geist eine umfassende Reinigung erfährt.

Kapitel 5 behandelt Streßbelastungen durch Umwelteinflüsse, falsche Ernährung und zu große Hektik. Zum Streßabbau ist eine Massage hervorragend geeignet. Gegen geistige Überlastung hilft eine indische Kopfmassage, die in Verbindung mit Entspannungs- und Meditationsübungen wahre Wunder wirken kann. Auch bei Kopfschmerzen, Magenbeschwerden oder Verstopfung ist eine Massage in Verbindung mit ätherischen Ölen empfehlenswert.

Den Körper verstehen lernen

Der menschliche Körper ist ein komplexes Gefüge. Unter der Haut verbirgt sich ein System aus Muskeln und Nerven, Knochen und inneren Organen, das unsere Körperfunktionen aufrechterhält und somit das Leben erst ermöglicht. Es dauerte Jahrhunderte, bis die wichtigsten körperlichen Abläufe erforscht waren. Die Verdauung, der Blutkreislauf und die Fortpflanzung blieben lange Zeit rätselhaft, und trotz aller medizinischen Fortschritte bestehen auch heute noch Wissenslücken. Viele Hirnfunktionen etwa sind noch unerforscht. Ausreichende Kenntnisse über den Körper sind zur richtigen Durchführung einer Massage unumgänglich.

Um überleben zu können, braucht der Organismus Sauerstoff, der von den Lungen aufgenommen und mit dem Blut zu den einzelnen Zellen transportiert wird. Dort wird Energie freigesetzt, und es entsteht Kohlendioxid, das von der Lunge über die Ausatmung abgegeben wird.

Auch das Herz-Kreislauf-System spielt eine wesentliche Rolle. Im Mittelpunkt steht dabei das Herz, das sauerstoffreiches Blut in den Körper pumpt und sauerstoffarmes Blut aufnimmt, damit es wieder mit Sauerstoff angereichert werden kann. Das größte Blutgefäß, das vom Herz wegführt, ist die Aorta, die das Blut über ein Netz von Adern zu den einzelnen Organen führt. Das Blut nimmt jene Schadstoffe auf, die von Leber und Nieren ausgefiltert worden sind. Die kleinsten Blutgefäße sind die Kapillaren, durch deren Wände das Blut austreten und so das umliegende Gewebe versorgen kann.

Mit dem Herz-Kreislauf-System hängt schließlich das Lymphsystem zusammen. In einer durchsichtigen, als Lymphe bezeichneten Flüssigkeit werden Schadstoffe und andere Substanzen von den Zellen über die Lymphgefäße zum Herzen transportiert. Die Lymphe wird in den Lymphknoten gefiltert, damit keine Krankheitskeime über das Blut verbreitet werden. Die größten Lymphknoten liegen im Hals, in den Achselhöhlen, den Ellbogen, in der Leistenregion und in den Kniekehlen. Die größte Lymphbahn befindet sich im Brustraum. Die Bahnen münden in die Venen, die die Lymphe zum Herzen und wieder zurück in den Blutkreislauf führen.

Diese komplizierten Kreislauffunktionen müssen das ganze Leben hindurch ohne Pause aufrechterhalten werden. Die einzelnen Teile sind präzise aufeinander abgestimmt und können im Notfall den Ausfall anderer Teile ausgleichen. Durch die Massage wird die Tätigkeit der Gefäße unterstützt, da Durchblutung und Lymphdrainage angeregt werden und zugleich der Kreislauf gestärkt wird.

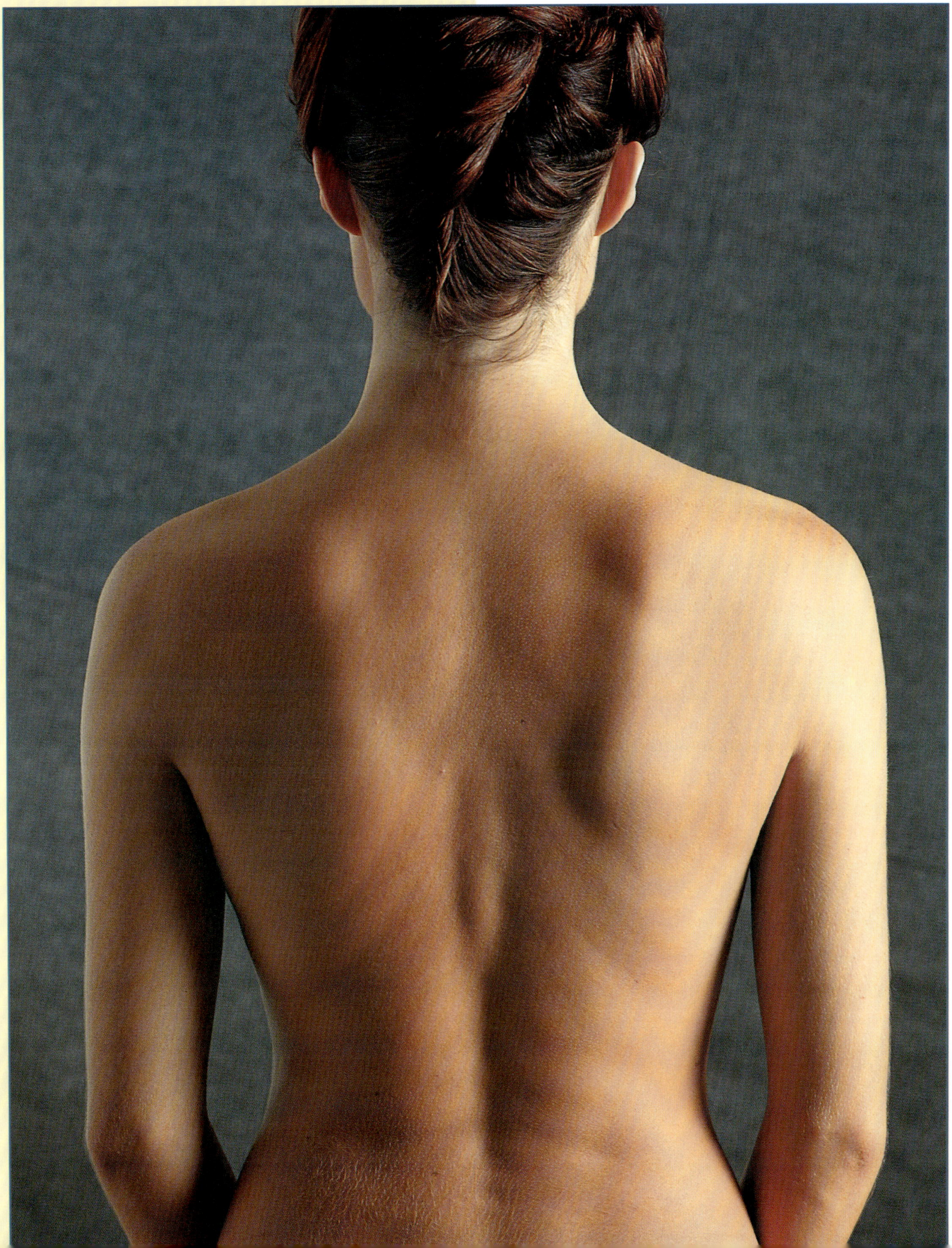

Hormone sind chemische Substanzen, die unter anderem von der Hirnanhangdrüse, der Schilddrüse, der Zirbeldrüse, den Nebennieren, den Langerhans-Inseln in der Bauchspeicheldrüse sowie den Eierstöcken oder Hoden ausgeschüttet werden. Die einzelnen Drüsen stehen zueinander in einer Wechselbeziehung. Die Hormone steuern zahlreiche lebenwichtige Organ- und Stoffwechselfunktionen, die den Körper gesund erhalten.

Das Zentralnervensystem, das aus Hirn und Rückenmark besteht, stellt die Grundlage für die übrigen Körperfunktionen dar. Hier werden Sinneseindrücke aufgenommen und verarbeitet. Das Rückenmark verbindet den Hirnstamm über ein Netz von Nervenbahnen mit den anderen Organen. Alle eingehenden Informationen werden vom Zentralnervensystem gedeutet, und die entsprechenden Körperreaktionen werden ausgelöst.

Vom Rückenmark aus führen 33 Nervenpaare durch Wirbelzwischenräume zu den einzelnen Körperteilen und sorgen für die Aufrechterhaltung des Kreislaufs und anderer Funktionen. Da alle Organe miteinander vernetzt sind, hilft es dem Körper als Ganzes, wenn alle Bestandteile gesund bleiben.

Die Muskeln liegen näher an der Körperoberfläche und umschließen die Knochen. Sie sind für den Bewegungsapparat zuständig. Es gibt Bezeichnungen für rund 640 Muskeln, doch dazu kommen noch tausende weitere Muskeln, die keinen Namen tragen. Gesunde, bewegliche Muskeln sind für das Allgemeinbefinden wichtig, weil dadurch eine gute Durchblutung gewährleistet ist. Die Massage kann einen wichtigen Beitrag leisten, und sie fördert die Erhaltung des inneren Gleichgewichts, der sogenannten Homöostase. Die Massage ist daher im Prinzip eine ganzheitliche Therapieform.

Auch die Füße sind außerordentlich wichtige Körperteile, die jedoch oft vernachlässigt werden. Jeder Fuß ist mit rund 7.500 Nervenenden ausgestattet, so daß sich eine Massage sehr wirksam gestalten läßt. Auf den Füßen befinden sich auch die Reflexzonen der einzelnen Organe. Durch die Massage dieser Punkte wird das Allgemeinbefinden verbessert und der Energiefluß im Körper gefördert. Die Reflexzonenmassage basiert auf der chinesischen Meridianlehre, der zufolge die Organe und Körperregionen durch zwölf Energiebahnen miteinander verbunden sind. Sind diese Bahnen blockiert, ist das Energiegleichgewicht gestört, wodurch Krankheiten begünstigt werden.

Zum besseren Verständnis des Körpers hilft es, verschiedene Beschwerden näher zu betrachten. Kreuzschmerzen etwa hängen oft mit Erkrankungen im Beckenbereich (Verdauungsstörungen oder Erkrankungen der Geschlechtsorgane) zusammen und haben mit dem Kreuzbein selbst gar nichts zu tun. Je besser man den Körper kennt, desto leichter lassen sich ganzheitliche Therapieansätze verfolgen.

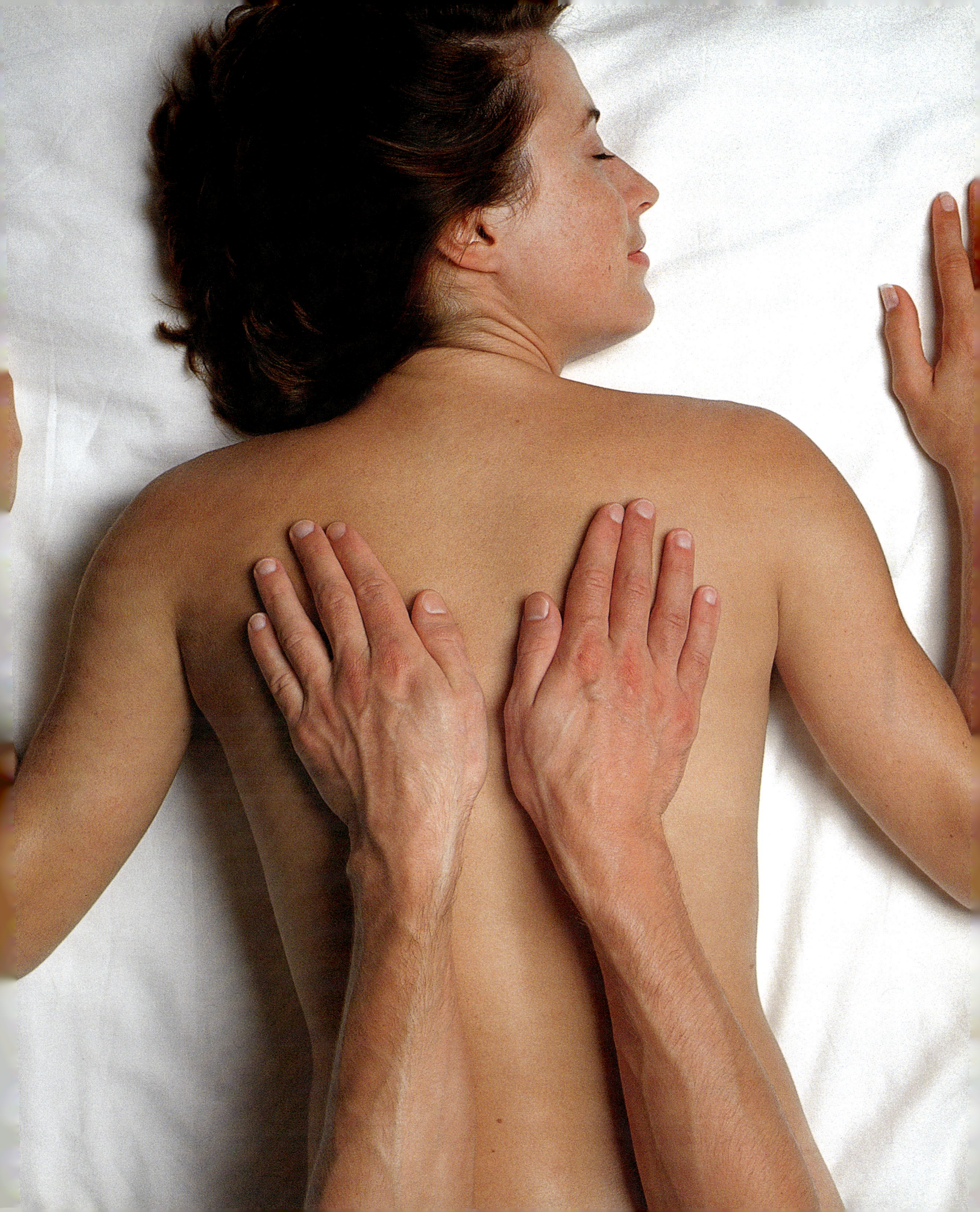

Aufwärmphase

Für das Gelingen einer Massage sind körperliche und geistige Entspannung unumgänglich. Nehmen Sie sich davor zehn Minuten Zeit, um locker zu werden. Zum Abbau von Streß ist es am günstigsten, die Muskelgruppen einzeln zu entspannen. Legen Sie sich flach auf den Boden oder auf ein Bett, und krümmen Sie die Zehen so stark wie möglich. Halten Sie die Spannung rund zehn Sekunden aufrecht, und lassen Sie wieder locker. Verfahren Sie in gleicher Weise mit Waden, Knien, Oberschenkeln, Bauch, Rücken, Schultern, Hals, Fingern, Armen und Gesicht, und achten Sie darauf, an welchen Stellen viel Spannung zu spüren ist. Die Muskellockerung können Sie auch mit entspannenden Atemübungen verbinden. Hören Sie sich eine beruhigende Musik an, oder lassen Sie einfach die Gedanken schweifen. Diese zehn Minuten der Entspannung helfen Ihnen, innerlich ruhig zu werden.

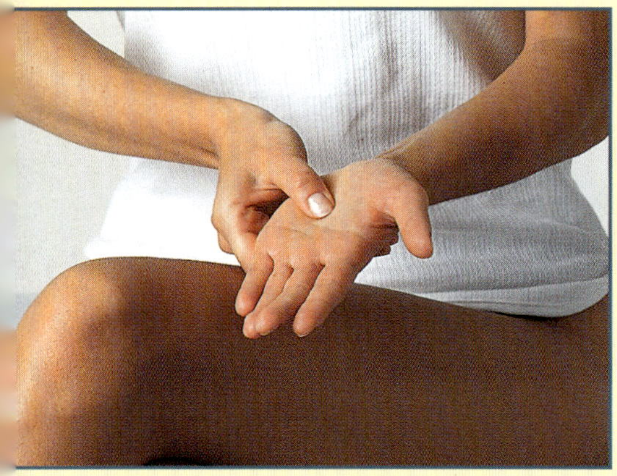

Wenn der Körper sehr steif ist, können Sie sich mit leichten Dehnungsübungen auf die Massage einstimmen. Durch Kopf- und Armkreisen lassen sich Spannungen im Hals- und Schulterbereich lockern. Gegen steife Glieder hilft es, die Hände und Unterarme zu kneten. Falls Sie zu kalten Händen neigen, können Sie die Handflächen kräftig aneinanderreiben, um den Wärme- und Energiefluß zu fördern. Auch das Aneinanderreiben der Fingernägel wirkt anregend auf Hände und Arme. Ferner ist das Baden der Hände in einer Schale mit heißem Wasser und einigen Tropfen Rosmarin-, Majoran- oder Eukalyptusöl hilfreich.

Wenn Sie keine Erfahrung mit Massage haben, probieren Sie am besten am eigenen Körper einige Griffe aus, um das Dosieren des Drucks zu üben und zu erproben, wie die verschiedenen Techniken wirken. Die Schmerzschwelle ist jedoch von Mensch zu Mensch verschieden, und nicht jeder Körper ist gleich robust. Setzen Sie sich entspannt mit angezogenen Beinen nieder. Streichen Sie mit den Händen über die Vorderseite der Beine, und achten Sie auf den Druck, den Sie an den Schienbeinen verspüren. Wenn Sie an den Knöcheln angelangt sind, ziehen Sie die Hände über die Waden nach oben. Hier sind die Muskeln stärker, und Sie können den Druck steigern. Probieren Sie diese Techniken an mehreren Körperteilen aus, bevor Sie erstmals einen anderen Menschen massieren.

Vorbereitung der Massage

Einige Punkte müssen vorab geklärt werden, damit Körper, Geist und Seele voll von der Massage profitieren können. Erklären Sie zunächst, wie lange die Massagesitzung dauern wird, und fragen Sie, ob Sie sich auf einen Körperteil besonders konzentrieren sollen und ob eine Region ausgespart werden muß. Manche Menschen etwa werden nicht gerne an den Füßen oder am Bauch massiert.

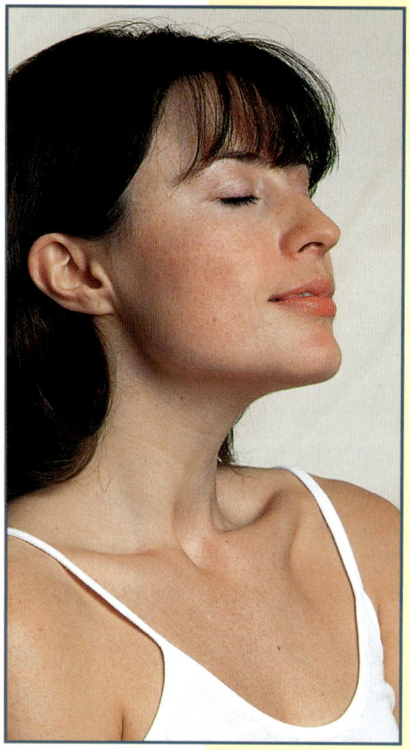

Machen Sie sich ein Bild vom Gefühlszustand Ihres Gegenübers, und stimmen Sie die Massage darauf ab. Bei Menschen, die sich als empfindlich beschreiben, ist zum Beispiel eine sanfte Entspannungsmassage mit langsamen, ruhigen Bewegungen empfehlenswert. Aktive, zupackende Typen, die über steife Muskeln klagen, brauchen eher eine anregende Massage und vertragen auch intensivere Techniken mit höherem Druck, wie etwa eine Klopf- und Hackmassage oder feste Knetgriffe.

Fragen Sie auch, was die betreffende Person im Anschluß machen wird. Wenn sie nach der Massage arbeiten muß oder noch ausgehen will, sollte das Massageprogramm nicht zu stark auf Entspannung ausgerichtet werden. Bei einer Abendmassage zu Hause hingegen passen beruhigende Techniken zur Einstimmung auf einen angenehmen Schlaf.

Wenn die betreffende Person noch nie massiert worden ist, bitten Sie sie, sich gerade hinzustellen, damit Sie die Körperhaltung und Hinweise auf Muskel- oder Gelenkprobleme erkennen können. Achten Sie darauf, ob eine Schulter höher als die andere gehalten wird und ob sich der Kopf gleich weit nach links und rechts drehen läßt. Versteifungen im Schulterbereich erkennen Sie, wenn Sie Ihr Gegenüber bitten, abwechselnd den linken und rechten Arm zu heben und nach hinten kreisen zu lassen.

Dann beobachten Sie den Körper beim langsamen Vorbeugen aus der Hüfte. Bleibt der Rumpf dabei gerade, oder ist er leicht zur Seite verschoben? Das könnte ein Anzeichen für Problembereiche in der Rücken- oder Hüftregion sein. Wenn sich die Waden beim Vorbeugen steif anfühlen, sind vielleicht die Achillessehnen zuwenig gedehnt. Halten Sie fest, bei welchen Körperteilen die

Beweglichkeit eingeschränkt ist, damit Sie sich beim Massieren auf die betreffenden Bereiche konzentrieren können.

Nun kann die Massage beginnen. Die Person kleidet sich bis auf die Unterwäsche aus, legt allen Schmuck ab, nimmt eventuell vorhandene Kontaktlinsen heraus und legt sich auf den Bauch. Beine und Gesäß werden mit einem Badetuch bedeckt.

Betrachten Sie nun die Haut genauer. Bei Erkrankungen wie Ekzemen oder Schuppenflechte massieren Sie am besten mit einem leichten Trägeröl wie etwa Süßmandelöl. Für die Aromatherapie eignet sich in diesem Fall eine stark verdünnte Mischung aus Melisse oder Kamille (ein Tropfen ätherisches Öl auf 2 Teelöffel Trägeröl). Massieren Sie nicht über frische Narben oder offene Wunden. Auch Krampfadern dürfen nicht massiert werden; nur das umgebende Gewebe wird behandelt.

Achten Sie auf eine etwaige Schwangerschaft, denn der Bauch darf in den ersten vier Monaten nicht mitmassiert werden.

Erkundigen Sie sich, wann die letzte Mahlzeit eingenommen worden ist, denn eine Massage auf vollen Magen ist nicht zu empfehlen.

Dann gilt es klarzustellen, daß beim Massieren kein Sprechverbot herrscht. Allerdings kann das Reden ablenken, so daß sich der Partner nicht ausreichend entspannt und die nichtsprachlichen Elemente der Massage schlecht wahrnimmt. Sie können eine leise Hintergrundmusik vorschlagen; viele Menschen können sich dann besser entspannen.

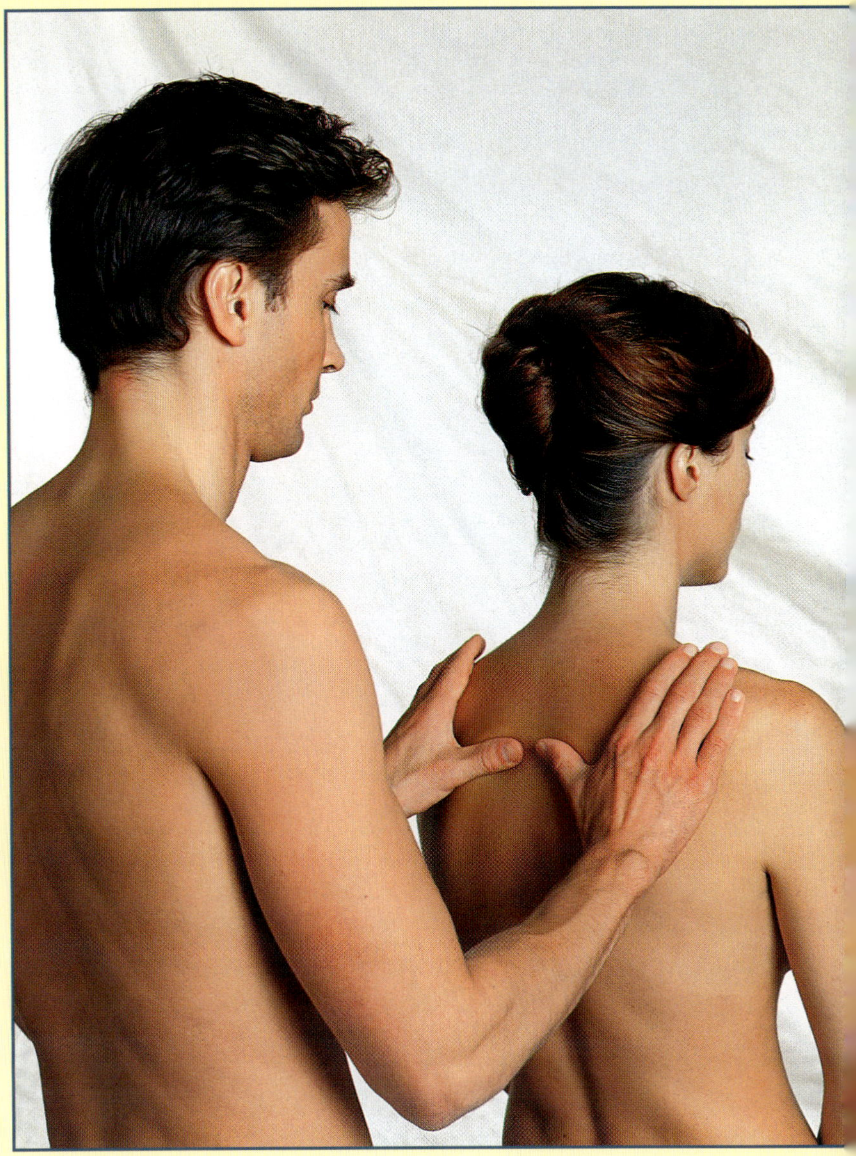

Falls Sie selbst sich nicht wohl fühlen, sollten Sie nicht massieren. Andernfalls geht zuviel Ihrer eigenen Energie verloren, die Sie zur Stärkung Ihres eigenen körperlichen Wohlbefindens benötigen. Je gesünder Sie selbst sind, desto mehr positive Energien können Sie an andere weitergeben.

Abschlußphase

Das Ende der Massagesitzung sollte auf jeden Fall mit einer fünf- bis zehnminütigen Abschlußphase ausklingen. Es ist völlig kontraproduktiv, nach einer entspannenden Massage hektisch aufzubrechen.

Beenden Sie die Massage mit sanften Streichungen mit den Fingern oder Fingerspitzen. Wischen Sie überschüssiges Öl von der Haut, damit die Kleidung keine Flecken bekommt. Decken Sie den Körper mit warmen Badetüchern zu, denn während der Massage sinkt die Körpertemperatur leicht ab. Gehen Sie jetzt einige Minuten aus dem Zimmer, und waschen Sie sich die Hände. Das Händewaschen vor und nach der Massage dient nicht nur der Hygiene, sondern auch der Abführung negativer Energien. Manche Therapeuten schütteln die Hände nach der Behandlung kräftig aus, um die verbrauchte Wärme und Energie loszuwerden und neue Kraft in die Hände zu leiten.

Gehen Sie nach ein paar Minuten leise in das Massagezimmer zurück, und erkundigen Sie sich nach dem Befinden der massierten Person. Zu diesem Zeitpunkt ist sie vielleicht schläfrig und entspannt. Erklären Sie dann, daß nach kurzer Zeit an der frischen Luft die Lebensgeister wieder erwa-

chen werden. Bieten Sie auch ein Glas Wasser an, denn der Entschlackungsprozeß, der mit der Massage begonnen worden ist, wird durch das anschließende Trinken fortgesetzt.

Nach dem Ankleiden empfiehlt es sich, die Übungen zur Vorbereitung auf die Massage zu wiederholen, weil sich jetzt Verbesserungen der Beweglichkeit und Veränderungen an zuvor steifen Gliedern gut erkennen lassen. Halten Sie die Ergebnisse fest, um Vergleichswerte für spätere Massagen zu haben.

Nach der Behandlung können scheinbar negative Folgen wie Kopfschmerzen und Übelkeit auftreten. Diese Beschwerden gelten jedoch als Teil der „Heilungskrise" und bedeuten lediglich, daß die Entschlackung noch andauert. Verabreichen Sie möglichst keine Medikamente zur Unterdrückung dieser Symptome, denn das würde die positiven Auswirkungen der Massage schmälern. Pfefferminztee hilft gegen die Übelkeit und kann als Umschlag auch gegen Kopfschmerzen eingesetzt werden.

Viele Personen erkundigen sich im Anschluß, welche Verspannungen an welchen Körperstellen aufgetreten sind. Fragen Sie nach der Sitzhaltung am Arbeitsplatz oder im Auto und ob die betreffende Person häufig schwere Lasten tragen muß. Oft liegt darin die Ursache für Muskelverspannung oder Gelenkbeschwerden. Wahrscheinlich können Sie nützliche Ratschläge erteilen, wie die Person ihre Haltung bei den belastenden Tätigkeiten zugunsten eines größeren Wohlbefindens verändern kann.

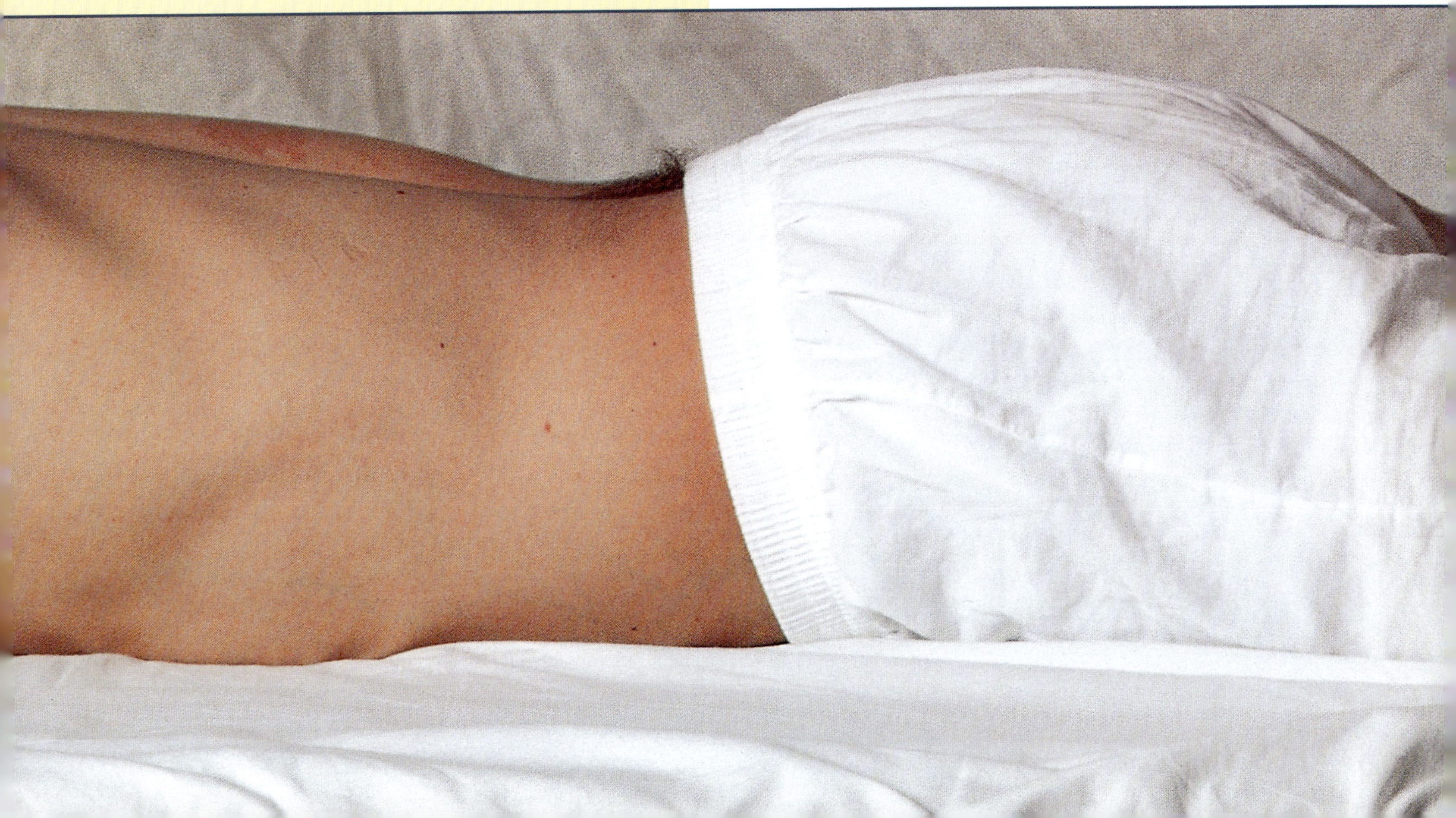

Körperkontakte

Wir leben in einer hektischen Welt, in der neben Arbeit und Ausbildung, Familie und Fianziellem oft wenig Zeit für Körperkontakte bleibt. Zu einem Leben in Gesundheit und Zufriedenheit gehören jedoch auch freundschaftliche Berührungen und herzliche Umarmungen.

Der Tastsinn entwickelt sich früher als alle anderen Sinne. Die Haut ist mit unzähligen Nervenenden ausgestattet, die Wärme- und Kältereize, sanfte und heftige Berührungen oder Schmerzen aufnehmen und als Signale über das Rückenmark an das Gehirn weiterleiten, wo die Eindrücke dann interpretiert und eingeordnet werden. Dadurch ist der Körper das ganze Leben hindurch 24 Stunden täglich mit der Außenwelt in Kontakt – auch während der Mensch schläft.

Neugeborene nehmen die Umwelt vor allem mittels ihrer Haut wahr. Im Mutterleib haben sie die Wände der Gebärmutter gespürt, in der sie sich neun Monate lang sicher fühlen konnten. Nach der Geburt fehlt diese schützende Nähe; daher ist es wichtig, dem Kind durch Berührungen Geborgenheit zu vermitteln. Wenn die Mutter ihr Baby in den Armen hält, spürt es die Wärme ihres Körpers. Es ist vor Temperaturschwankungen geschützt und lernt zugleich ein Stück seiner Welt kennen.

Berührungen spielen auch im Alter eine wichtige Rolle, wenn man sich nicht mehr „am Puls der Zeit" fühlt. Das Bedürfnis nach menschlicher Nähe nimmt dabei nicht ab – ganz im Gegenteil. Wie Untersuchungen in Pflegeheimen ergaben, haben die Patientinnen und Patienten mehr Selbstachtung, je häufiger sie Körperkontakte erlebten. Ältere Menschen hören oft nicht mehr gut, ihre Sehkraft und der Bewegungsapparat werden schwächer. Sie fühlen sich hilflos und verletzlich. Berührungen sind eine Form der Zuwendung, die die Einsamkeit durchbricht und Wärme vermittelt. Viele ältere Menschen finden bei ihren Haustieren Geborgenheit – sie haben Gesellschaft, und das Streicheln des weichen Fells löst Berührungsreize aus, die sogar den Blutdruck erhöhen können.

Der Stellenwert von Berührungen ist je nach Gesellschaftsschicht und Land sehr unterschiedlich. Manche Völker sind richtiggehend berührungsfeindlich, während bei anderen Küsse und Umarmungen so häufig zu sehen sind, daß es auf Außenstehende befremdlich und peinlich wirkt. In Japan zum Beispiel sind öffentliche Berührungen verpönt, während in vielen südlichen Ländern oder bei Völkern mit hoher Analphabetenrate die körperliche Nähe eine sehr wichtige Rolle einnimmt.

Unabhängig vom gesellschaftlichen Hintergrund hat jeder Mensch ein Bedürfnis nach Körperkontakt, was jedoch nicht immer leichtfällt. Die Massage kann eine Hilfestellung bieten. Das Massieren ist nicht nur aus medizinischer Sicht sinnvoll, sondern es fördert auch den Abbau von Berührungsängsten, die das Zugehen auf andere Menschen erschweren. Gerade in westlichen Ländern ist der Körperkontakt meist auf einige wenige Rituale beschränkt. Wir besitzen zwar viele luxuriöse Konsumgüter, die uns das Leben erleichtern, doch wir vergessen dabei, daß auch der geübte Gebrauch unserer Hände viele Annehmlichkeiten bereiten kann.

In Asien sind Berührungen ein wichtiger Teil des täglichen Lebens, wobei Körper, Geist und Seele eine Einheit bilden. In der westlichen Medizin hingegen werden die körperlichen Symptome losgelöst vom übrigen Menschen betrachtet. Allerdings hat die Massage in der Geschichte immer schon eine große Rolle gespielt, und Berührungen wurden zu den wichtigsten Behandlungsformen gezählt. Später verdrängten moderne Medikamente die Heilung durch Handgriffe. Bis vor kurzem galt die Massage auch unter Ärzten als etwas leicht Anrüchiges, das an Rotlichtviertel denken ließ. In den letzten Jahren konnten die positiven Wirkungen der Massage wiederholt belegt werden, so daß sie nun zu einem fixen Bestandteil auch der „seriösen" Medizin geworden ist. Massagen (fallweise auch die Aromatherapie) werden inzwischen häufig von der Krankenkasse bezahlt und in Krankenhäusern eingesetzt. So sind Patienten, die vor der Operation eine Massage bekommen, weniger ängstlich und werden innerlich ruhiger. Auch nach dem Eingriff und in der Genesungsphase kann das Massieren sehr förderlich sein. Offenbar verändern Massagen und andere physikalische Therapieformen die Schmerzwahrnehmung und kurbeln zugleich die Selbstheilungskräfte des Organismus an. Die Massage an sich kann den Patienten nicht heilen, sie regt den Körper jedoch zur rascheren Genesung an. Auch hier zeigt

Bei den Yanomani-Indianern im brasilianischen Regenwald spielen Berührungen auch beim Austausch von Neuigkeiten eine wesentliche Rolle.

sich, daß Berührungen ein äußerst heilsames Element der Krankenpflege darstellen.

Die Babymassage ist ebenfalls eine Neuheit. Bisher hatte man angenommen, Säuglinge seien dafür zu empfindlich. Untersuchungen belegen jedoch das Gegenteil: Frühgeborene wurden über einen Zeitraum von zehn Tagen dreimal täglich 15 Minuten lang massiert und nahmen dabei um 47 Prozent mehr an Gewicht zu als Babys, die zwar gleich viel Nahrung bekamen, aber ohne diese Berührungen auskommen mußten.

Auch Kinder mit Schlafstörungen konnten von einer Massage profitieren: Die Eltern massierten sie jeden Abend 15 Minuten lang, und nach einem Monat zeigten sich die Kinder spürbar ausgeglichener. In einer Abteilung für Jugendpsychiatrie waren die Ergebnisse ebenfalls ermutigend. Die Patienten wurden eine Woche lang eine halbe Stunde pro Tag massiert. Dabei nahmen die Angstzustände und depressiven Verstimmungen ab, und der Streßhormonspiegel sank. Die Jugendlichen konnten besser schlafen und waren weniger verhaltensauffällig.

Heimkinder bekommen oft zuwenig Körperkontakt. Oftmals versucht das Personal Berührungen zu vermeiden, um sich nicht dem Verdacht sexuellen Mißbrauchs auszusetzen. Psychologen zufolge ist der Mangel an körperlicher Nähe eine häufige Ursache für psychische Störungen. Der Mangel an Sinnesreizen in der Kindheit führt später zu einer Sucht nach Stimulation. Drogen oder der Reiz von Gesetzesübertretungen sollen Ersatz bieten.

Jeder Mensch hat seine eigene Geschichte, die sich auch körperlich in den Bewegungen und in der Art des Sprechens ausdrückt. Das körperliche Erscheinungsbild ist also von Lebenserfahrungen geprägt. Oft zeigen sich diese Erfahrungen in unbewußten Muskelverspannungen. Es ist daher wichtig, sich mit Körperkontakten und ihren Auswirkungen auseinanderzusetzen. Sie sind eine Kommunikationsform, die ohne Worte auskommt.

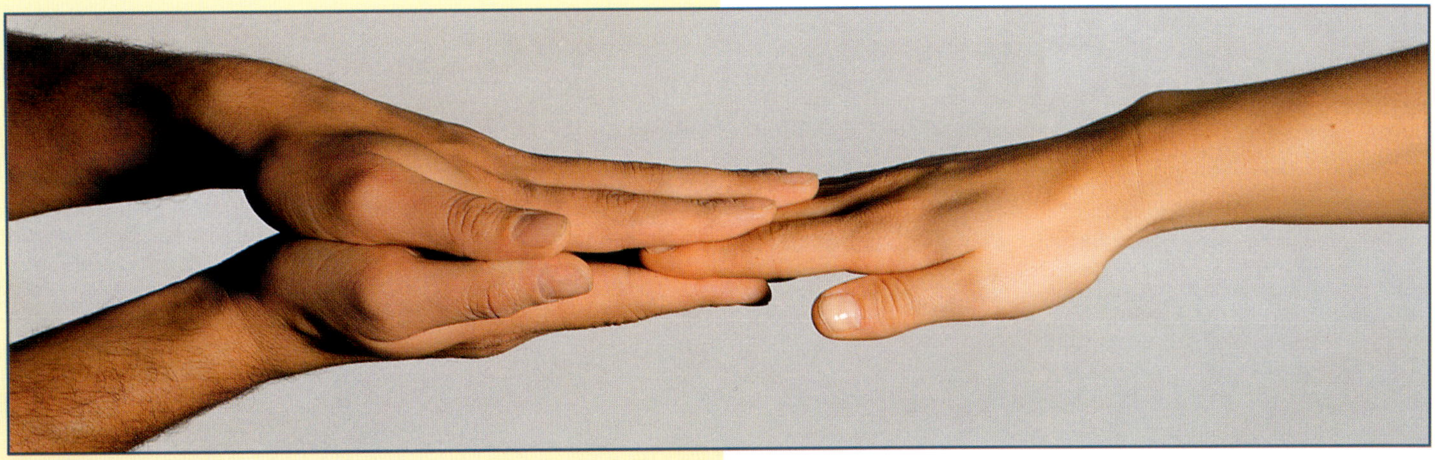

Calvin Klein

Berührungen und Düfte

Berührungen sind eine gute Möglichkeit, um die Barrieren zwischen zwei Menschen zu brechen. Selbst Paare, die schon jahrelang zusammenleben, haben mitunter Probleme, einander ungezwungen zu berühren. Dennoch wohnt in jedem Menschen ein Bedürfnis nach Körperkontakt, das durch eine Massage bestens befriedigt werden kann.

In diesem Kapitel werden die wichtigsten Massagegriffe und ihre Auswirkung auf Körper und Seele beschrieben. Wenn bei der Massage zusätzlich ätherische Öle zum Einsatz kommen, werden die Sinne umfassend angesprochen. Das Thema Duftmischungen und die Frage der richtigen Massage-Atmosphäre werden ebenfalls besprochen.

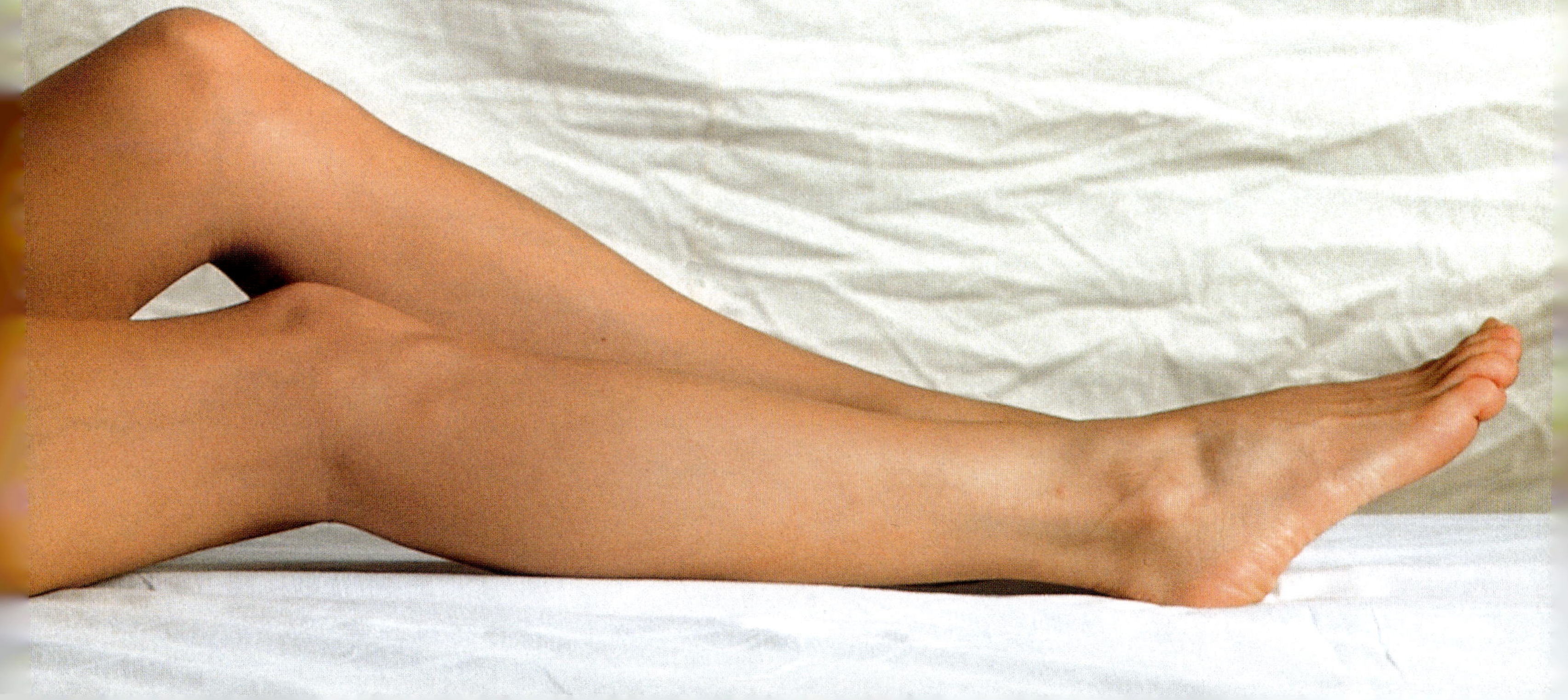

Das Wesen der Massage

Das Wesen der Massage besteht im Zerstreuen der verbrauchten Stoffe in den Muskeln, die nicht durch die Bewegung des Körpers ausgestoßen werden.

Avicenna, arabischer Philosoph und Arzt aus dem 11. Jahrhundert

Der Begriff „Massage" läßt sich sowohl aus dem griechischen Wort für „kneten" als auch aus dem arabischen Wort für „sicheren Druck" herleiten. Im alten Persien, Japan und Ägypten diente die Massage kosmetischen Zwecken. Die Kreter ölten ihre Körper täglich ein, und auch die römischen Gladiatoren wurden vor dem Kampf eingeölt und massiert. Über den Einsatz der Massage im Mittelalter gibt es kaum Belege, aber in der Medizin der Renaissance kann sie bereits vielfach nachgewiesen werden. Im 19. Jahrhundert kombinierte der schwedische Gymnastiker Per Henrik Ling seine Kenntnisse im Bereich des Sports mit der alten chinesischen Massagelehre und führte die Begriffe „Effleurage" (Streichung) und „Petrissage" (Knetung) ein.

Heute ist die Massage eine beliebte Ergänzung zu herkömmlichen medizinischen Behandlungsformen. Sie ist kein Luxus mehr, sondern ein Teil unseres Alltags. Eine Massage lindert alle jene Beschwerden, die durch Streß und emotionale Spannungen ausgelöst werden. Unterdrückte Gefühle bewirken oftmals Muskelverhärtungen und können durch eine Massage gelöst werden, so daß Körper wie Geist profitieren. Der Zeitaufwand ist gering: Schon nach einer 10- oder 15minütigen Rückenmassage ist eine Heilwirkung zu spüren, denn von der Wirbelsäule aus führen 33 Nervenpaare zu den einzelnen Organen. Bei einer Fuß- oder Handmassage wiederum werden die Reflexzonen angeregt, die über Nervenbahnen mit den jeweiligen Körperteilen in Verbindung stehen.

Je nach Massagetechnik werden Verspannungen gelöst oder Schadstoffe abgebaut. Zudem lassen sich Stauungen in den Lymphgefäßen beseitigen, Fettpölsterchen lösen oder die Selbstheilungskräfte des Körpers stimulieren. Die Massage wirkt auch durchblutungs- und verdauungsfördernd und verbessert daher das Aussehen der Haut.

Das Wissen um ätherische Öle

Der Tastsinn ist ein Eckpfeiler unseres Wahrnehmungsvermögens und stellt in Verbindung mit dem Geruchsinn (wie etwa bei der Aromatherapie) eine wesentliche Voraussetzung für das Wohlbefinden dar. Wir sind zwar von Tausenden Gerüchen umgeben, dennoch ist sich kaum jemand ihrer großen Bedeutung bewußt. Die Gehirnnerven, die durch Gerüche stimuliert werden, stehen in direktem Kontakt mit dem sogenannten limbischen System (Riechhirn), das mit dem Hypothalamus im Zwischenhirn verbunden ist, der wiederum die Hirnanhangdrüse und damit das Hormonsystem beeinflußt. Daher können durch Gerüche Erinnerungen auftauchen, Gefahren erkannt sowie Erregung und Gefühle des Wohlbefindens ausgelöst werden.

Die Aromatherapie geht auf die alten Großreiche der Ägypter, Chinesen und Griechen zurück. In Ägypten wurden ätherische Öle zu kosmetischen und medizinischen Zwecken sowie zum Einbalsamieren der Toten eingesetzt. In den reichen chinesischen Haushalten wurde bei Geburten Beifuß verbrannt, um die Wehen zu erleichtern und das Neugeborene zu beruhigen. Auch Hippokrates empfahl zur Gesunderhaltung ein aromatisches Bad und eine Duftmassage pro Tag.

Rund 1000 Jahre vor Christus entdeckte der berühmte arabische Arzt Avicenna die Heilkraft des Rosendufts und entwickelte das Destillationsverfahren zur Gewinnung des reinen Aromas weiter. Vom 13. Jahrhundert an wurde in England Lavendel angebaut, dessen Arzneiwirkung der französische Chemiker René Maurice Gattefosse um 1920 zufällig wiederentdeckte. Er hatte sich die Hand verbrannt und tauchte sie irrtümlich statt ins Wasser in Lavendelöl. Die Schmerzen ließen erstaunlich bald nach, und die Wunde heilte rasch. Er begann nun die ätherischen Öle näher zu erforschen und machte sie in Europa bekannt. Nelken-, Thymian- und Zitronenöl waren auch vorher zum Sterilisieren medizinischer Geräte und zum Ausräuchern von Krankenhäusern verwendet worden, doch nun erst wurde man auf ihre Heilwirkung aufmerksam. Die Öle wurden zur Stärkung des Immunsystems, bei Hautkrankheiten, Verdauungsstörungen, Ängsten und Depressionen und zur Förderung der Wundheilung angewandt. Gattefosses Nachfolger Jean Valnet verwendete sie zur Behandlung der Verwundeten des Zweiten Weltkriegs, und 1980 erschien sein *Handbuch der Aromatherapie*.

Die französische Biochemikerin Marguerite Maury entwickelte auf der Basis von Gattefosses Forschungen eine Massageform mit ätherischen Ölen und erstellte Duftmischungen gegen Hautkrankheiten, Schlaflosigkeit, Erschöpfung oder Schmerzen. Für ihre Forschungen erhielt sie internationale Auszeichnungen. Die heutige moderne Aromatherapie geht auf die Arbeiten Gattefosses, Valnets und Maurys zurück.

Duftmischungen

Ätherische Öle gelten als die „Seele“ der Pflanze. Sie werden in den winzigen Drüsen von Blütenblättern, Holzstämmen und Rinden sowie der Schalen vieler Früchte erzeugt. Jedes Öl besteht aus mindestens 100 verschiedenen Substanzen wie Aldehyden, Oxiden, Ketonen, Phenolen, Estern, Terpenen und Alkoholen, die zusammen ein unverwechselbares Aroma ergeben. Durch entsprechende Kombination verschiedener Substanzen ergibt sich dann eine typische Wirkung (beruhigend, entspannend, anregend usw.). Bei rund 300 Ölen konnte bislang eine Heilwirkung beobachtet werden, und laufend werden neue entdeckt. Jedoch nicht alle ätherischen Öle eignen sich für eine Aromatherapie.

Durch das Mischen mehrerer Öle werden die einzelnen Heilwirkungen genutzt, zugleich entsteht ein typisches Aroma. Es gibt keine strengen Regeln für Duftmischungen, Sie können daher eigene Kombinationen versuchen. Geben Sie der Person das Duftöl zu riechen, um sicherzugehen, daß ihr das Aroma zusagt. Ein und derselbe Duftstoff wird oft sehr unterschiedlich wahrgenommen, und nicht jedes Öl eignet sich für jeden Hauttyp. Der individuelle Körpergeruch wird durch Gene, ethnische Herkunft, Gesundheitszustand, Hormone, Medikamente und eine etwaige Schwangerschaft mitbestimmt. Daher kann ein Parfum auf der Haut zweier Menschen ganz unterschiedlich riechen.

Die Aromen bilden gleichsam ein „Duftorchester“, aus dem man bestimmte Noten auswählt. Im 19. Jahrhundert entwickelte der Parfümeur Septimus Piesse eine Duftnotenskala basierend auf dem System der Musiknoten. Die Öle werden je nach ihrer Flüchtigkeit in Kopf-, Herz- und Basisnoten eingeteilt. Kopfnoten sind etwa Teebaum, Eukalyptus, Mandarine, Zitrone, Orange, Bergamotte, Basilikum und Koriander. Es handelt sich dabei um leichte Aromen, die sich schnell verflüchtigen. Ebenso rasch entfalten sich diese Düfte. Solche Öle wirken meist anregend. Die Herznoten bilden das Zentrum der Düfteskala. Dazu zählen in etwa Geranie, Lavendel, Majoran, Rosenholz, Rosmarin, Fenchel, Rosenöl und Ylang-Ylang.

Diese Öle verdampfen nicht so rasch. Der Geruch bildet sich nicht sofort, bleibt dafür aber länger erhalten. Die Herznoten sind meist allgemein gesundheitsfördernd. Die tiefen, schweren Basisnoten wie Rose, Jasmin, Benzoe, Weihrauch, Myrrhe, Patschuli, Vetiver und Sandelholz verflüchtigen sich nur langsam. Ihr Aroma entwickelt sich relativ spät und bleibt lange wahrnehmbar. Die schweren Aromen „binden" die leichteren Bestandteile der Duftmischung und wirken meist beruhigend.

Das Mischen der Öle ist dem Komponieren ähnlich – es kommt auf die richtigen Noten an. Man muß mit der Nase „hören" und gezielt an der Duftmischung arbeiten, denn das ideale Gesamtaroma entsteht nicht von selbst. Ist man mit dem Duftorchester einigermaßen vertraut, läßt sich die Aromasymphonie auch „aus dem Bauch heraus" komponieren. Grundsätzlich gilt, daß starke Aromen nur in kleinen Mengen einsetzt werden, während die leichteren Öle höher dosiert werden dürfen.

Für die Massage werden die ätherischen Öle mit einem Trägeröl verdünnt. Dazu eignen sich leichte Öle wie Süßmandelöl und kaltgepreßtes Sonnenblumenöl oder andere gute Öle wie Weizenkeim-, Nachtkerzen-, Avocado-, Haselnuß- oder Pfirsichkernöl. Zum Zweck einer Gesichtsmassage reicht ein Tropfen ätherisches Öl auf 2 ml Trägeröl. Für eine Ganzkörpermassage benötigt man zwei bis sechs Tropfen ätherisches Öl auf 10 ml Trägeröl. Bei empfindlicher Haut sind stärkere Verdünnungen günstiger.

Das Öl muß kühl und lichtgeschützt in gut verschließbaren Fläschchen aufbewahrt werden, wie sie im Handel erhältlich sind. Bereiten Sie die Mischungen immer nur in kleinen Mengen vor, damit das Öl nicht ranzig wird. Größeren Mengen wird etwas Weizenkeimöl beigegeben, das die Haltbarkeit der Ölmischung bei einer Lagerung im Kühlschrank verlängert.

Die Duftfamilien

Die ätherischen Öle werden in fünf Gruppen unterteilt. Untersuchungen zufolge sagen Männern zumeist die Holz- und Gewürzdüfte zu. Frauen reagieren positiv auf Blumen- und Zitrusdüfte. Grüne Öle sagen beiden Geschlechtern gleichermaßen zu. Die Aromen einer Familie lassen sich in der Regel gut mischen.

- **Zitrusöle:** *Bergamotte, Grapefruit, Mandarine, Orange, Zitrone*
- **Blumenöle:** *Geranie, Jasmin, Kamille, Lavendel, Melisse, Neroli, Rose, Ylang-Ylang*
- **Grüne Öle:** *Basilikum, Eukalyptus, Majoran, Pfefferminze, Rosmarin*
- **Gewürzöle:** *Myrrhe, schwarzer Pfeffer, Teebaum, Wacholder*
- **Holzöle:** *Pinie, Rosenholz, Sandelholz, Weihrauch, Zeder, Zypresse*

Die Öle werden oft auch nach ihrer Wirkung unterschieden:

- **Anregend:** *Basilikum, Eukalyptus, Koriander, schwarzer Pfeffer, Pfefferminze, Pinie, Rosmarin, Salbei, Thymian, Zitrone, Zitronengras*
- **Erfrischend:** *Basilikum, Bergamotte, Geranie, Lavendel, Limette, Mandarine, Melisse, Orange, Petitgrain, Pfefferminze, Pinie, Rosmarin, Wacholder, Zitrone, Zitronengras, Zypresse*
- **Wärmend:** *Benzoe, Gewürznelke, Ingwer, Kajeput, Kamille, Koriander, Muskatellersalbei, Majoran, schwarzer Pfeffer*
- **Entspannend:** *Benzoe, Geranie, Jasmin, Kamille, Lavendel, Majoran, Muskatellersalbei, Neroli, Patschuli, Petitgrain, Rose, Rosenholz, Sandelholz, Weihrauch, Ylang-Ylang, Zeder*

Ätherische Öle in der Massage

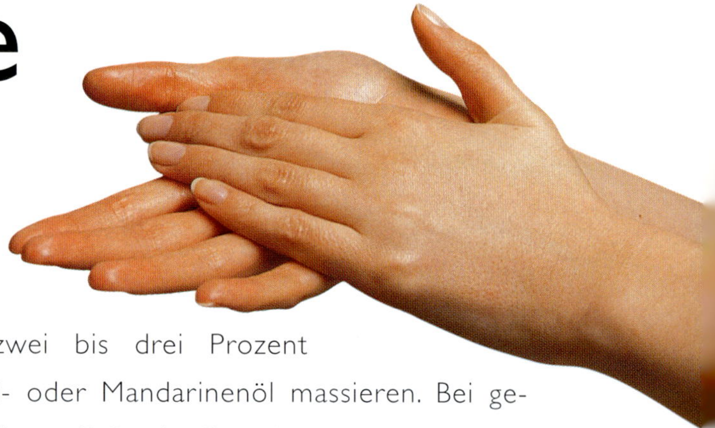

Bei einer Massage geht es in erster Linie darum, das Energiegleichgewicht des Körpers wiederherzustellen. Ein blockierter Energiefluß stört die Harmonie von Körper und Seele. Hier kann die entspannende Wirkung mancher ätherischer Öle Abhilfe schaffen. Streß, der sich oft in körperlicher Anspannung ausdrückt, wird abgebaut.

Die Aromatherapie-Massage ist eine besonders sanfte, langsame Massage. Je nach Gesundheitszustand und dem Anteil an Fettgewebe dauert es wenige Minuten bis mehrere Stunden, bis der Körper das Öl aufgenommen hat.

Auch für Schwangere ist diese Massage geeignet. In den ersten fünf Schwangerschaftsmonaten soll jedoch der Bauch nicht mitbehandelt werden. Zur Vorbeugung gegen Dehnungsstreifen kann man Bauch und Hüften vorsichtig mit einer Mischung aus Weizenkeim- oder Süßmandelöl und zwei bis drei Prozent Neroli- oder Mandarinenöl massieren. Bei geschwollenen Füßen ist Geranienöl zu empfehlen.

Babys können mit einer Verdünnung mit geringerem Ölanteil (ein Tropfen auf 10 ml) massiert werden. Gegen Krämpfe hilft es, Kamille- und Lavendelöl vorsichtig im Uhrzeigersinn auf die Bauch- oder Kreuzregion zu streichen. Diese beiden Öle sind auch hilfreich bei Windelekzemen. Mandarinenöl wiederum hilft gegen Verstopfung. Durch die Massage genießt das Kleinkind einen wohltuenden Körperkontakt, so daß es sich geborgen fühlt und leichter einschlafen kann.

Warnhinweise

- *Ätherische Öle keinesfalls einnehmen.*
- *Die Öle mit Ausnahme kleiner Mengen Lavendel- oder Teebaumöl nicht unverdünnt auftragen.*
- *Achten Sie darauf, daß das Öl nicht in die Augen gelangt. Andernfalls die Augen mit Wasser ausspülen.*
- *Nach schweren Mahlzeiten keine Aromatherapie-Massage vornehmen.*
- *Infizierte oder entzündete Hautstellen, Blutgerinnsel, entzündete oder thrombotische Venen nicht massieren.*
- *Bei einer Allergie gegen bestimmte Parfums muß abgeklärt werden, ob die Ölmischung keine allergieauslösenden Substanzen enthält.*
- *Personen, die homöopathische Arzneien nehmen, nicht mit schwarzem Pfeffer-, Kampfer-, Eukalyptus- oder Pfefferminzöl massieren.*
- *Beim Sonnenbaden und im Bräunungsstudio kein Bergamotte-, Orangen-, Verbena- oder Zitronenöl verwenden.*
- *Epileptiker(-innen) nicht mit Ysop-, Fenchel- oder Beifußöl massieren.*
- *Bei hohem Blutdruck kein Ysop-, Hagebutten-, Salbei- oder Thymianöl verwenden.*
- *Im Fall einer Krebserkrankung mit dem Arzt besprechen, ob ätherische Öle verwendet werden dürfen.*
- *Während einer Chemotherapie oder bei der Einnahme bestimmter Medikamente ist vom Einsatz ätherischer Öle abzuraten.*
- *Folgende Aromen sind während der Schwangerschaft ungeeignet: Arnika, Basilikum, Birke, Fenchel, Majoran, Muskatellersalbei, Pfefferminze, Rosmarin, Salbei, Thymian, Wacholder, Zeder und Zypresse.*

Vorbereitung auf die Massage

Eine Massage soll beide Beteiligten entspannen. Es ist daher wichtig, für die entsprechende Atmosphäre zu sorgen. Am besten eignen sich Räume, die in warmen, sanften Farbtönen (etwa hellrosa, creme- oder pfirsichfarben) gehalten sind. Blau wird oft als zu kalt empfunden. Das Zimmer muß ausreichend warm sein (ca. 22 °C). Die Körpertemperatur sinkt während der Massage, und die Muskeln ziehen sich bei Kälte zusammen, so daß sich der Körper nicht entspannen kann. Die Körperteile, die nicht massiert werden, sind mit einem Badetuch bedeckt.

Das Licht sollte nicht zu grell sein. Mit einem Dimmer können Sie die Beleuchtung gut regulieren. Auch Kerzenlicht ist sehr angenehm – Sie können einige Tropfen Duftöl in das geschmolzene Wachs träufeln oder eine Duftlampe anzünden. Achten Sie in diesem Fall darauf, daß die Aromen von Duftlampe und Massageöl einander nicht stören. Wenn möglich, sollten Hektik verbreitende Geräusche vermieden werden. Sie können zum Beispiel Telefon und Anrufbeantworter leise stellen und den Straßenlärm durch beruhigende Musik in den Hintergrund treten lassen. Die Musik gibt Ihnen zugleich einen Massagerhythmus vor, dem Sie sich angleichen können, während Sie langsam und tief ein- und ausatmen.

Ideal ist es natürlich, wenn Sie über eine professionelle Massageliege verfügen. Sie können aber mit einer Steppdecke, einem Futon oder einer Schaumstoffmatte improvisieren. Betten sind nicht zu empfehlen, denn die massierende Person bekommt vor allem bei weichen Matratzen leicht Rückenschmerzen. Um Ölflecken zu vermeiden, legen Sie am besten ein Badetuch auf die Massagefläche. Für die Massage in Bauchlage ist es günstig, zur Entlastung der Knie ein Kissen oder ein eingerolltes Handtuch unter die Fußgelenke zu schieben. Bei Männern ist ein Kissen unter dem Becken zu empfehlen. Für die Massage in Rückenlage brauchen Sie ein flaches Kissen für den Kopf und bei Rückenschmerzen ein weiteres für das Kreuz. Die Knie werden durch ein eingerolltes Handtuch oder ein schmales Kissen entlastet. Bitten Sie die Person, die Sie massieren, nötigenfalls Kontaktlinsen aus den Augen zu nehmen und langes Haar zusammenzubinden.

Beim Massieren müssen die Hände sauber und die Nägel kurz geschnitten sein. Geben Sie das Öl zum Vorwärmen zunächst auf die eigenen Hände. Träufeln Sie es nie direkt auf die Haut der Person, die Sie massieren. Das Öl soll die Haut geschmeidig machen, ohne daß Sie deswegen abrutschen. Auch wenn Sie Öl nachgeben müssen, soll der Körperkontakt bestehen bleiben. Eine Hand bleibt daher immer auf der Haut liegen.

Streichungen

Bei den Streichungen (Effleurage) handelt es sich um Griffe, die sich vor allem am Beginn einer Massage gut eignen, da die rhythmischen Bewegungen es der massierten Person ermöglichen, sich an die Hände der Masseurin oder des Masseurs zu gewöhnen. Streichungen wirken beruhigend und wärmen die betreffenden Hautpartien auf. Zugleich wird das Öl auf der Haut verteilt. Hier sind langsame, rhythmische Bewegungen besonders wichtig.

Die Effleurage kann an jedem Körperteil angewandt werden, die Handhaltung ist jedoch nicht immer dieselbe. Der Rücken wird mit den Handflächen massiert, die man in langen Strichen mit dem Blutstrom zum Herzen hin und mit den Lymphbahnen in Richtung Lymphknoten bewegt (Seite 100). Bei der Aufwärtsbewegung kann mehr Druck als beim Streichen nach unten ausgeübt werden. Diese Technik wird auch für die Vorder- und Rückseite der Beine eingesetzt. Hier kommt je nach Größe der Gliedmaßen vor allem auf den Waden auch eine Klopfmassage mit der gewölbten Hand in Frage. Empfindliche, kleinere Muskeln werden nur mit den Fingerspitzen massiert. Die Streichungen erfolgen abwechselnd mit der rechten und linken Hand oder mit beiden Händen zugleich. Es kann auch eine Hand durch die andere unterstützt werden. Die Bewegungen folgen stets der Form des behandelten Körperteils.

Die sogenannten tiefen Streichungen erhöhen die Durchblutung sowie die Elastizität und Geschmeidigkeit der Haut, weil die Talgproduktion angeregt wird. Man kann die Effleurage im Verlauf der Massage immer wieder abwechselnd mit den anderen Techniken einsetzen.

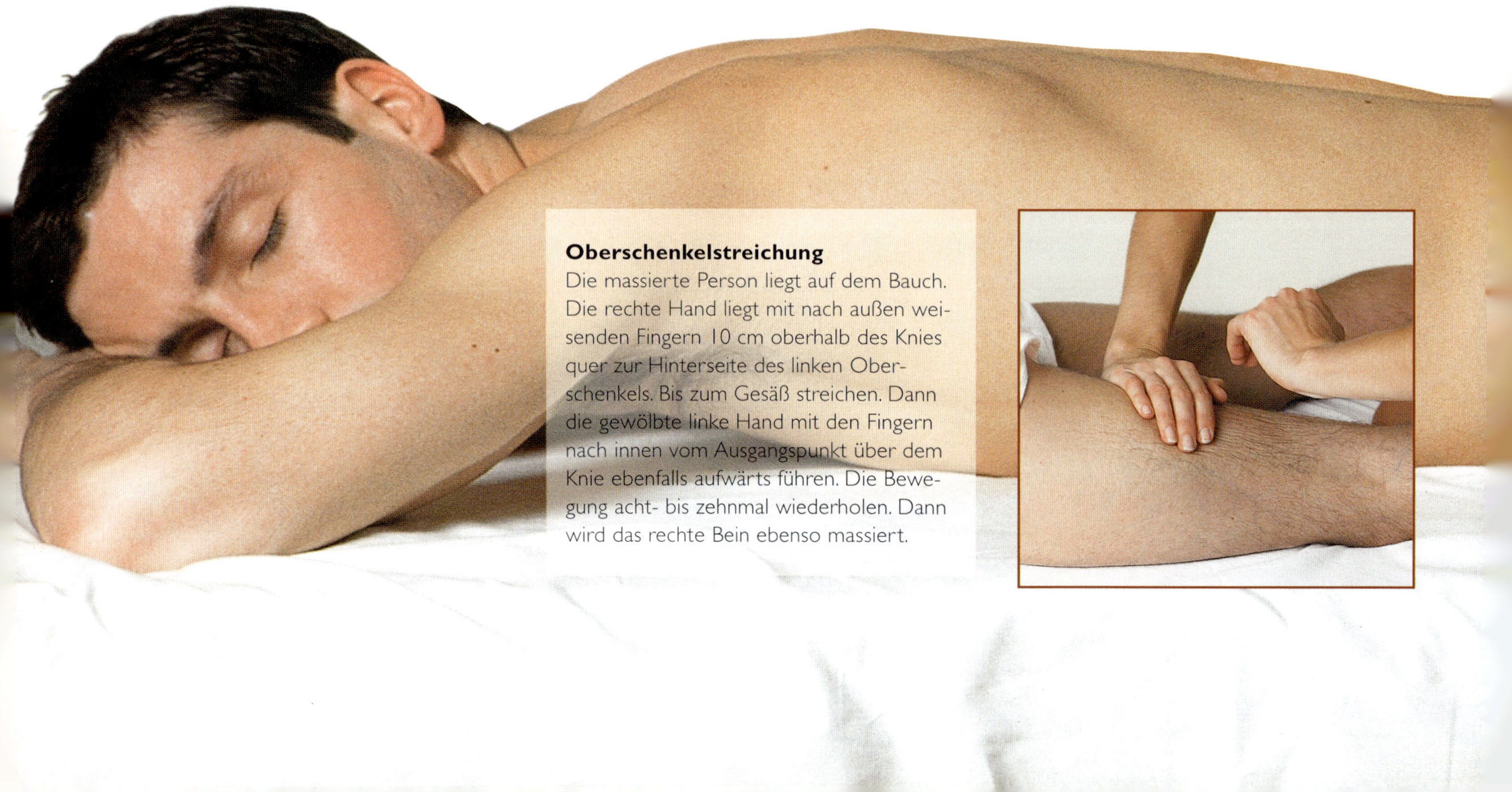

Oberschenkelstreichung
Die massierte Person liegt auf dem Bauch. Die rechte Hand liegt mit nach außen weisenden Fingern 10 cm oberhalb des Knies quer zur Hinterseite des linken Oberschenkels. Bis zum Gesäß streichen. Dann die gewölbte linke Hand mit den Fingern nach innen vom Ausgangspunkt über dem Knie ebenfalls aufwärts führen. Die Bewegung acht- bis zehnmal wiederholen. Dann wird das rechte Bein ebenso massiert.

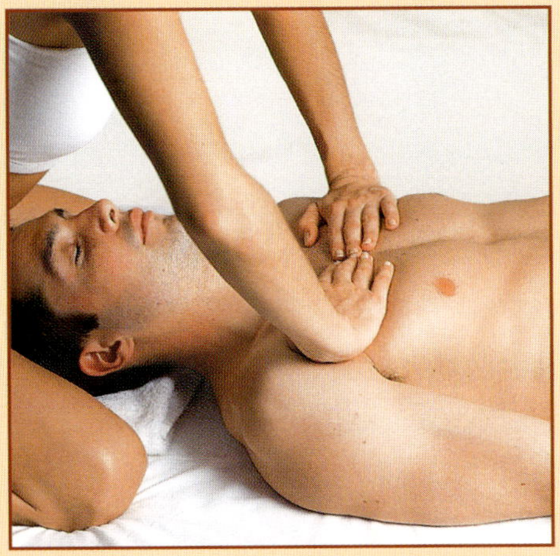

Obere Brustregion und Schultern

1 Sie knien rittlings hinter dem Kopf. Träufeln Sie Öl auf die Handflächen, und legen Sie sie in die Mitte der oberen Brustregion. Die Finger zeigen zueinander. Der Druck soll nicht zu groß sein, da die Brust relativ empfindlich ist. Halten Sie die Hände einigen Sekunden ruhig und streichen Sie dann langsam mit beiden Händen zu den Schultern hin.

2 Drehen Sie während der Streichung die Hände, bis die Finger nach außen zeigen, umfassen die Schultern und üben mit den Ballen vorsichtig etwas Druck aus. Während Sie nach unten drücken, können Sie sich leicht vorbeugen, ohne den eigenen Rücken zu sehr zu belasten.

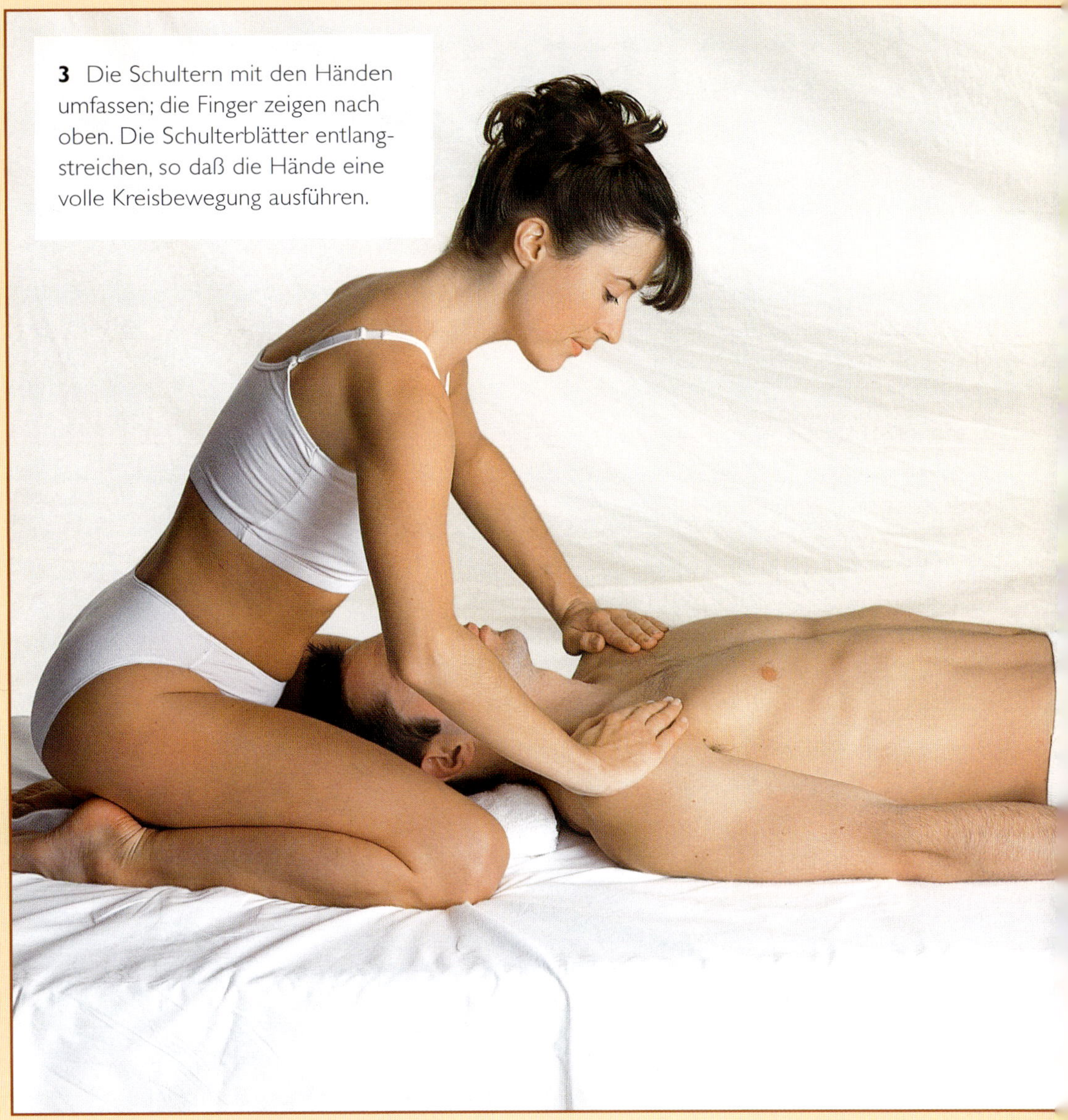

3 Die Schultern mit den Händen umfassen; die Finger zeigen nach oben. Die Schulterblätter entlangstreichen, so daß die Hände eine volle Kreisbewegung ausführen.

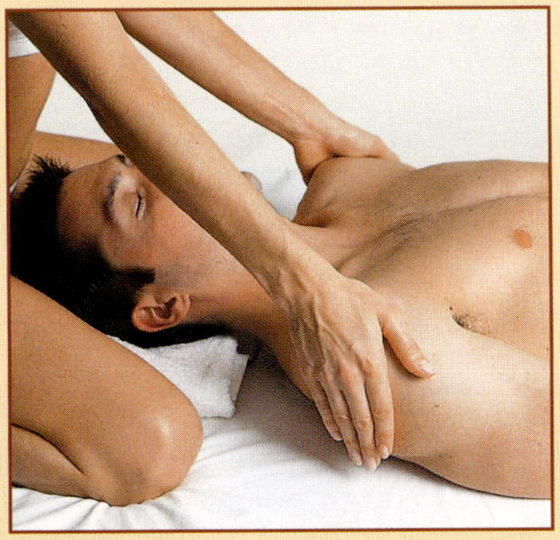

4 (rechts) Wenn die Finger am Hals angelangt sind, die Hände übereinanderschieben. Die Daumen nicht an die Kehle legen, sondern auf die Halsseite oder in den Nacken geben. Die Hände nun zum Kopfansatz führen und den Hals gleichzeitig sanft dehnen. Die Hände anschließend langsam heben und die gesamte Bewegungsabfolge zwei- bis viermal wiederholen. Beim letzten Mal werden die Hände über den Hinterkopf nach oben geführt.

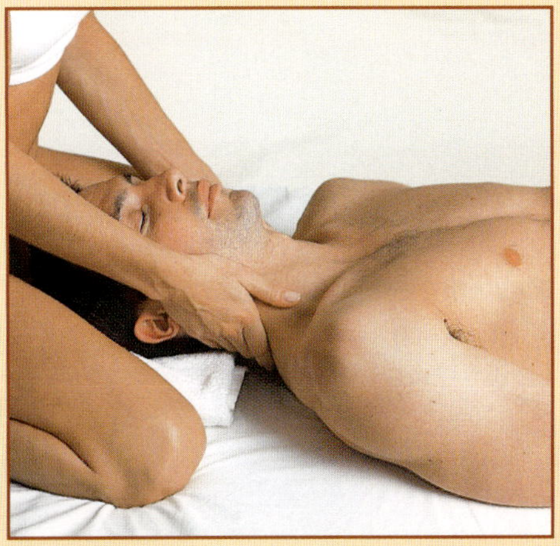

Knetungen

Bei der Knetung (Petrissage) wird Druck ausgeübt, um Verspannungen zu lösen. Die Muskeln sollen geknetet, gewalkt und gerollt werden. Diese Technik wird meist mit den Daumen oder Fingerspitzen an weichen Stellen über einem Knochen oder an einzelnen Muskeln ausgeführt. Vor allem Hals, Schultern, Gesäß und Beine werden häufig geknetet, da die betreffenden Muskeln besonders oft verspannt sind. Durch das rhythmische Anheben und Kneten werden Muskeln und Gewebe besser mit Nährstoffen versorgt, und da auch die tieferen Blut- und Lymphgefäße miterfaßt werden, wird der Abbau von Stoffwechselprodukten gefördert.

Knetungen werden mit mittlerem bis festem Druck in Kreisbewegungen oder diagonal zu den Muskeln ausgeführt. So werden Verhärtungen ertastet. Verspannte Stellen sollen nicht zu lange massiert werden. Besser ist es, wenn Sie der betreffenden Partie Pausen gönnen und sie während des Massierens wiederholt bearbeiten.

Man kann mit nur einer Hand kneten oder beidhändig arbeiten, um den Muskel in gegenläufiger Richtung durchwalken zu können. Wie bei allen Massagegriffen ist es auch hier wichtig, die Hände möglichst entspannt zu halten und sich nicht zu verkrampfen. Gehen Sie bei jeder Bewegung auch mit dem Körper locker mit.

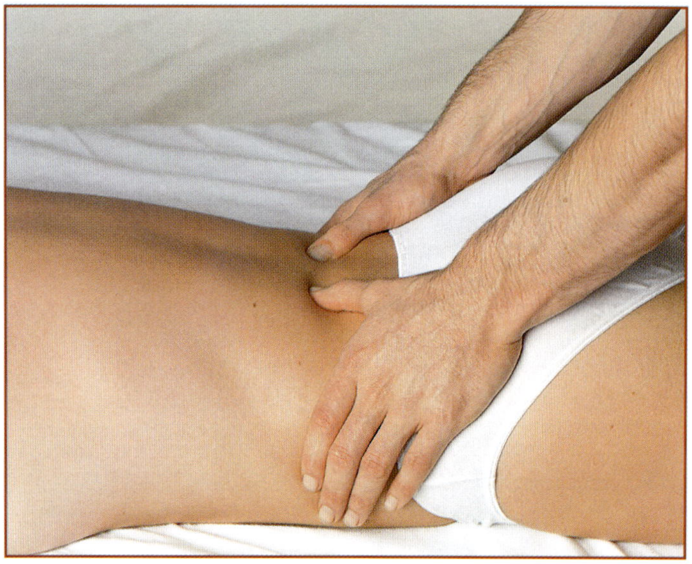

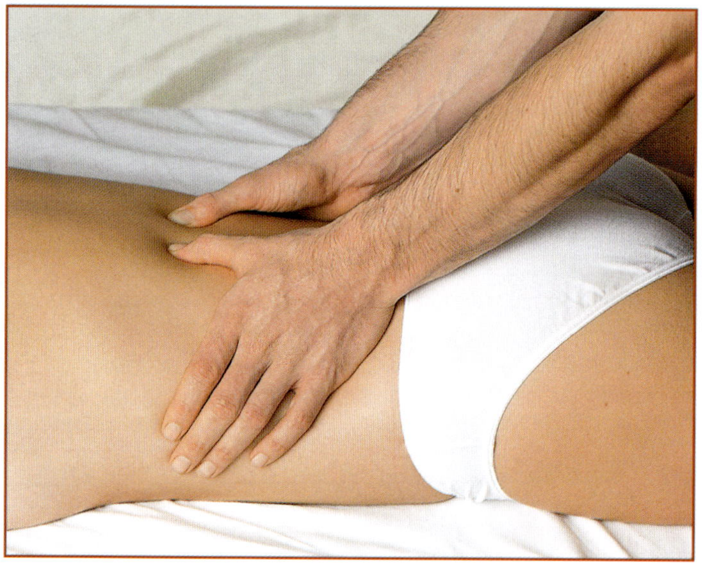

Knetung mit den Daumen

1 Knien Sie sich rittlings hinter die Beine oder seitlich daneben (wobei Sie jedoch den Rücken leicht verdrehen müssen). Nun legen Sie die Daumen am Kreuz links und rechts von der Wirbelsäule auf. Drücken Sie nach unten und leicht von sich weg, und lassen Sie dann wieder locker.

2 Arbeiten Sie sich die Wirbelsäule entlang aufwärts, wobei Sie sich beim Massieren des oberen Rückenbereichs weiter aufrichten. Durch den Massagedruck leicht gerötete Haut ist ein gutes Zeichen, denn eine gesteigerte Durchblutung unterstützt die Muskellockerung. Wiederholen Sie den Ablauf zwei- bis dreimal.

Knetung mit den Fingerkuppen
Sie knien vor dem Kopf und legen die Hände mit geschlossenen Fingern links und rechts von der Wirbelsäule auf den oberen Rükken. Nun drücken Sie die Fingerkuppen in einer leichten Vorwärtsbewegung nach unten und lassen wieder locker. Arbeiten Sie sich zwei- bis dreimal hintereinander bis zum Kreuzbein vor.

Weitere Knetgriffe

Knetgriffe gehören zu den wichtigsten Techniken der klassischen Massage. Sie dürfen jedoch nur angewandt werden, wenn die Muskeln durch Streichungen oder andere Techniken ausreichend aufgewärmt worden sind. Je nach der behandelten Körperregion gibt es viele Abwandlungen dieser Griffe; meist wird das Gewebe mit den Fingern wie ein Teig durchgeknetet, indem man diese abwechselnd zusammendrückt und wieder losläßt. So werden die Muskeln gelockert, Schadstoffe abtransportiert und Fettpölsterchen abgebaut. Diese Technik regt zudem den Stoffwechsel wie auch die Durchblutung an. Langsame Knetungen wirken entspannend, kräftigere Griffe hingegen anregend. Je energischer der Körper massiert wird, desto stärker kommt der Kreislauf in Schwung.

Knetgriffe eignen sich besonders für feistere Körperteile wie Hüften, Oberschenkel und Gesäß, wo sich oft Flüssigkeiten und Fett eingelagert haben. Auch Nacken, Schultern und Waden können geknetet werden. Massieren Sie keine Stellen, an denen die Kapillargefäße zerstört sind, oder an Krampfadern. Je intensiver der Massagedruck ausfällt, desto besser werden die tieferliegenden Muskelbereiche erfaßt. Eine sanfte Massage wirkt sich hauptsächlich auf die oberen Muskelschichten aus. Achten Sie darauf, nicht in das Gewebe zu kneifen, vor allem, wenn Sie nur mit den Fingern arbeiten. Kneten Sie das Gewebe besser mit der ganzen Hand. Zur Anregung der Verdauung kann auch der Bauch geknetet werden, sofern die Massage keine Schmerzen hervorruft. Auch bei stark behaarten Körperstellen ist Vorsicht geboten, da die Knetgriffe hier oft als unangenehm empfunden werden.

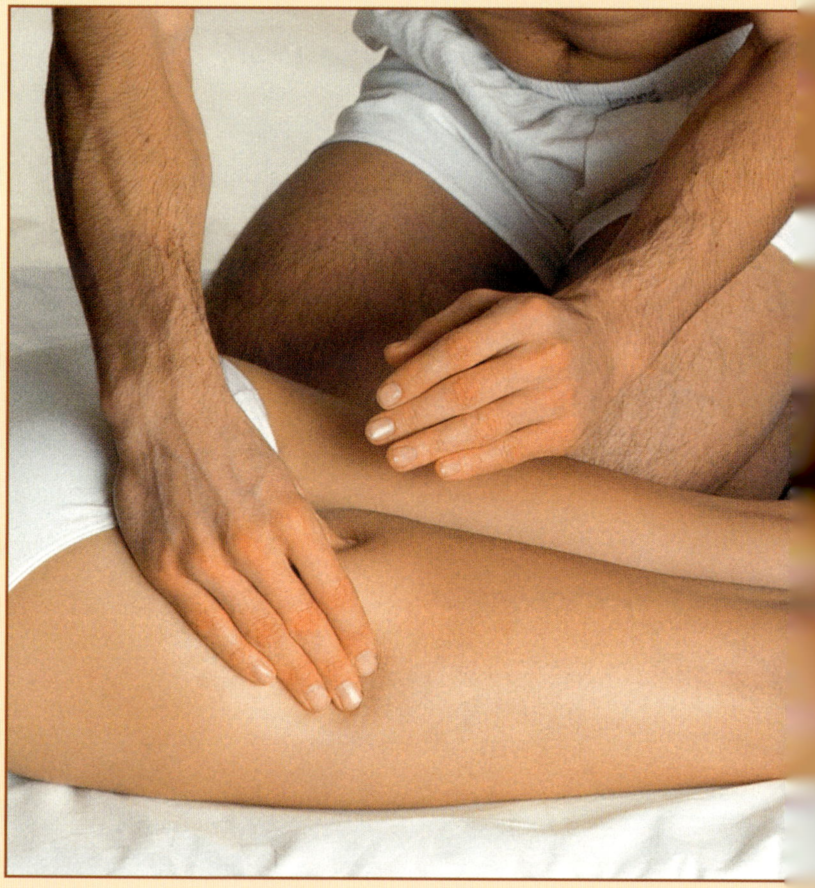

Knetung der Oberschenkel

1 Legen Sie zur Entlastung von Kreuz und Becken ein kleines Kissen unter den Bauch. Dann wird der Oberschenkel mit einigen Streichungen eingeölt. Sie sitzen an der gegenüberliegenden Seite und legen die Hände auf die Hinterseite des Oberschenkels. Drükken Sie mit der rechten Hand auf den Muskel, und nehmen Sie das Gewebe zum Kneten zwischen Daumen und die übrigen Finger.

2 Nach einmaligem Zusammendrücken mit der rechten Hand nehmen Sie den Muskel mit der linken und wiederholen diesen Griff. Achten Sie auf eine rhythmische Bewegungsabfolge.

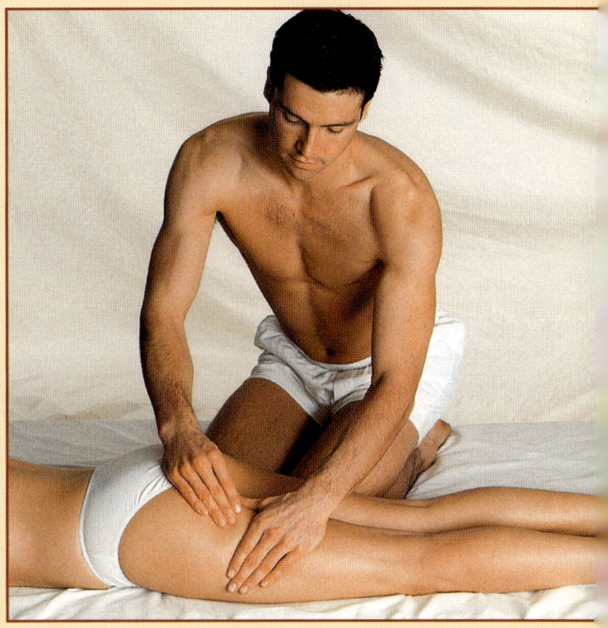

3 Massieren Sie auf diese Weise auch die Innen- und Außenseite des Oberschenkels. Der schmerzempfindliche innere Oberschenkel darf nicht zu fest massiert werden.

Walkungen

Vom Walken profitieren vor allem die großen Muskeln der Ober- und Unterschenkel. Der Muskel wird dabei vom Knochen abgehoben und hin und her bewegt, als wollte man ihn auswringen. Das regt den Kreislauf an, so daß das Gewebe besser mit Nährstoffen versorgt wird. Zugleich lassen sich Muskelspannungen abbauen, und der Abtransport von Schadstoffen wird gefördert. Das Gewebe wird straffer und elastischer. Walkungen im seitlichen Taillenbereich regen zudem die Peristaltik an, die für den Weitertransport des Darminhalts sorgt.

Walkgriffe und Knetungen ergänzen einander sehr gut. Sie dürfen jedoch nur angewandt werden, wenn die Muskeln zuvor aufgewärmt und durch Streichungen gelockert worden sind. In der Nähe von Gelenken wie etwa am Knie darf keinesfalls gewalkt werden. Kinder, ältere oder sehr schlanke Menschen sollten ebenfalls nicht mit Walkgriffen massiert werden.

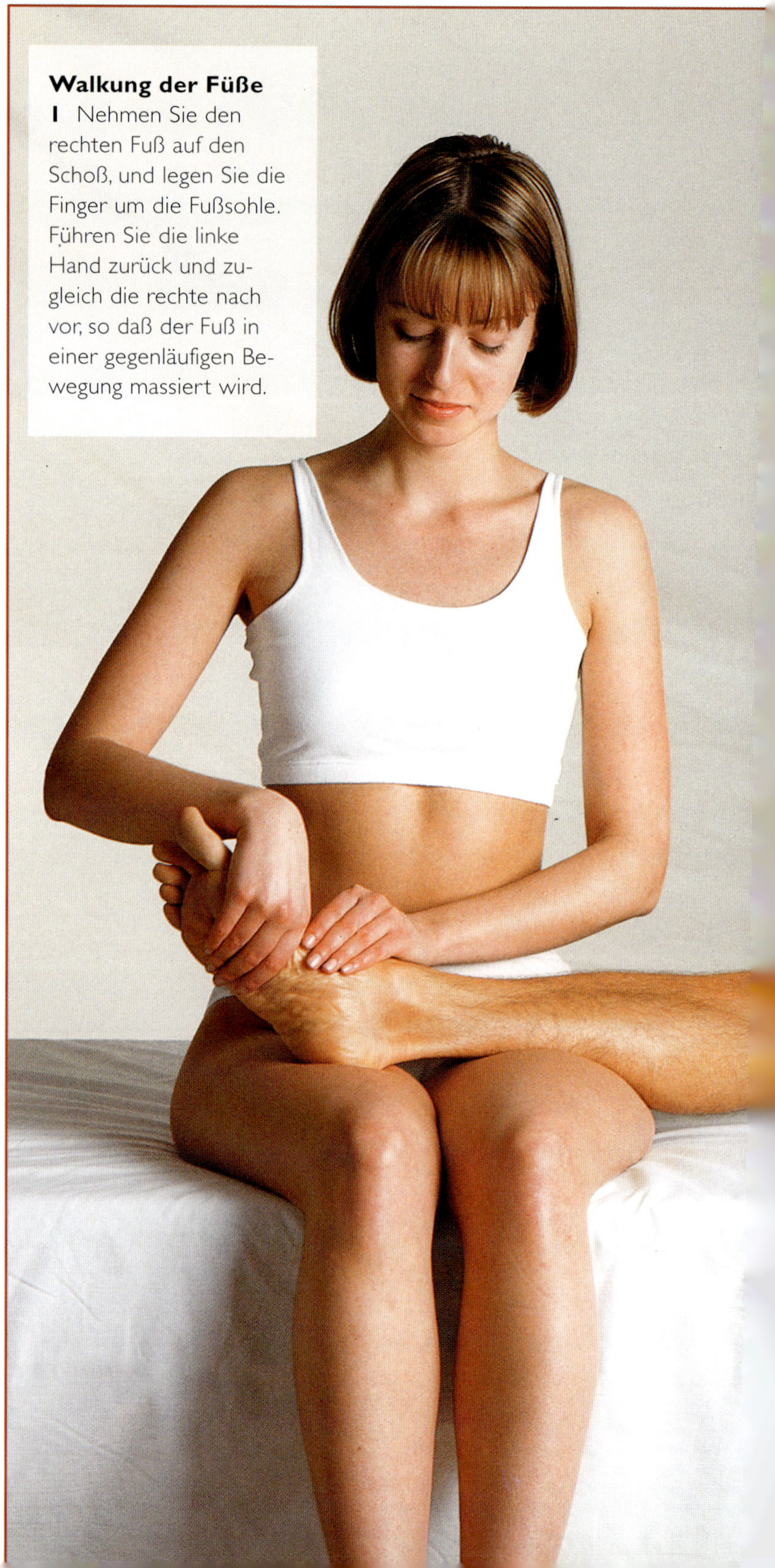

Walkung der Füße

1 Nehmen Sie den rechten Fuß auf den Schoß, und legen Sie die Finger um die Fußsohle. Führen Sie die linke Hand zurück und zugleich die rechte nach vor, so daß der Fuß in einer gegenläufigen Bewegung massiert wird.

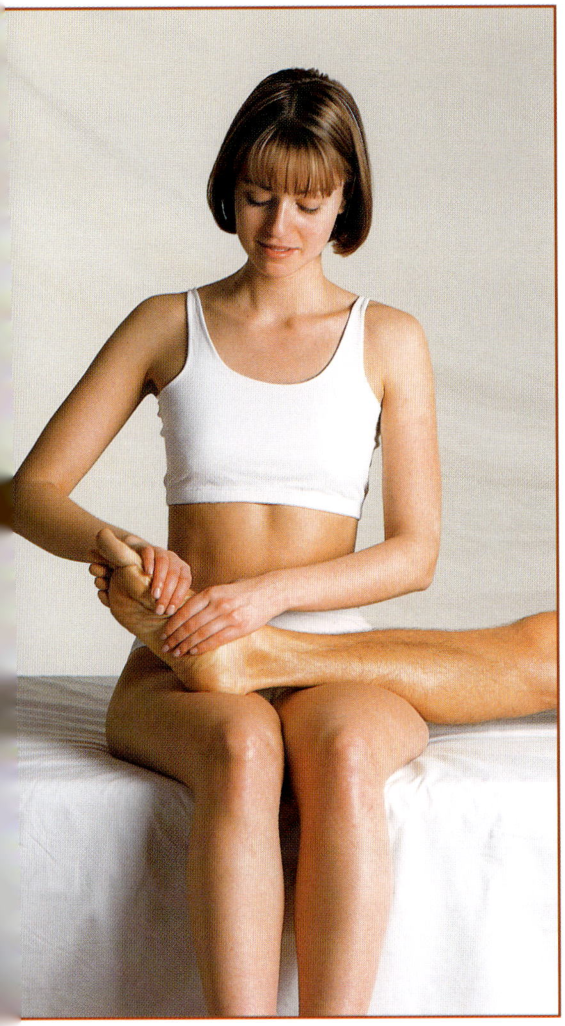

2 Führen Sie beide Hände wieder zusammen, so daß der Fuß in einer sanften Bewegung in die andere Richtung gewalkt wird. Wiederholen Sie diesen Ablauf acht- bis zehnmal, dann ist der andere Fuß an der Reihe. Mit diesen Massagegriffen lassen sich überanstrengte Füße gut lockern. Zugleich werden die Wirbelsäulen-Reflexzonen an der Innenseite des Fußes angeregt.

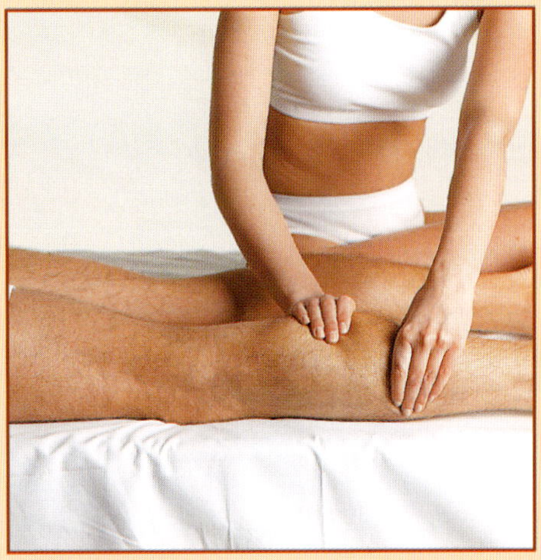

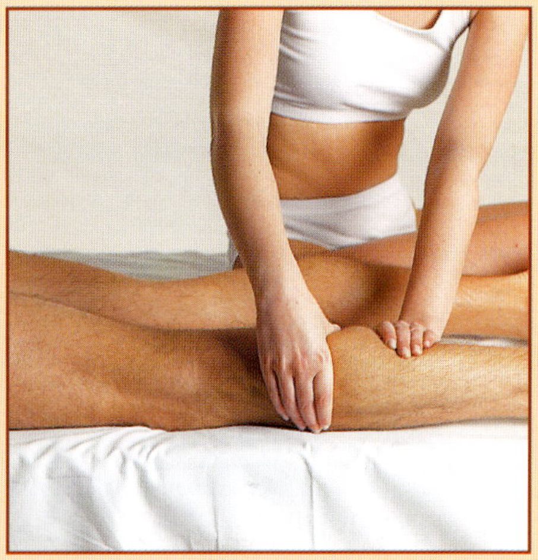

Walkung der Unterschenkel

1 Für diese Griffe benötigen Sie etwas Massageöl. Bei Knieproblemen soll das Fußgelenk auf einem eingerollten Handtuch gelagert werden. Sie sitzen seitlich vom Bein und bearbeiten die Wade der gegenüberliegenden Seite. Träufeln Sie Öl auf die Handflächen, und verteilen Sie es auf der Wade. Schieben Sie die linke Hand vom eigenen Körper weg und ziehen zugleich die rechte in die Gegenrichtung. Heben Sie den Muskel beim Ziehen zum eigenen Körper hin leicht an.

2 Nun führen Sie die rechte Hand von Ihrem Körper weg und beugen sich dabei vor. Zugleich heben Sie die linke Hand und drücken den Muskel leicht zusammen, während Sie die Hand wieder zu sich her ziehen. Massieren Sie so die ganze Wade in langsamen Bewegungen. Knie und Achillessehne werden nicht mitbehandelt. Die Waden werden im Alltag beim Gehen oder Treppensteigen stark beansprucht und sind daher oft verspannt. Eine Massage mit richtig dosiertem Druck tut daher immer gut.

Daumenstreichungen

Diese Technik kann angewandt werden, wenn die Muskulatur entspannt und aufgewärmt ist. Man arbeitet zumeist mit den Daumen, beim Massieren der Schläfen und Wangen können aber auch die anderen Finger zum Einsatz kommen. Verspannungen werden aufgespürt und verhärtete Muskelfasern gelöset. Zudem behindern Verspannungen die Durchblutung, so daß sich Harnsäure im Gewebe einlagern und Entzündungen wie etwa Arthritis und Gicht auftreten können.

Daumenstreichungen entlang der Wirbelsäule sind besonders wirksam, denn sie stimulieren jene Nerven, die mit dem Rückenmark zusammenhängen. Insgesamt führen von hier 33 Nervenpaare zu den verschiedenen Körperteilen, so daß der ganze Körper erfaßt wird. Diese Massageform beeinflußt auch das Lymphsystem, vor allem die größeren Lymphknoten an den Ellbogen und in den Kniekehlen sowie im Bereich von Brust und Nacken.

Entlang der Achillessehne, zwischen den Hand- und Fußsehnen sind Daumenstreichungen ebenfalls hilfreich, denn auch hier werden die Reflexzonen angeregt. Im Nacken- und Schulterbereich lassen sich mit dieser Massagetechnik hartnäckige Verspannungen lockern. Nicht zuletzt eignen sich Daumenstreichungen (wie auch die Kreisbewegungen, die auf Seite 42 beschrieben sind) außerdem sehr gut für eine Massage der Hände, Fußsohlen, Handgelenke und Unterarme.

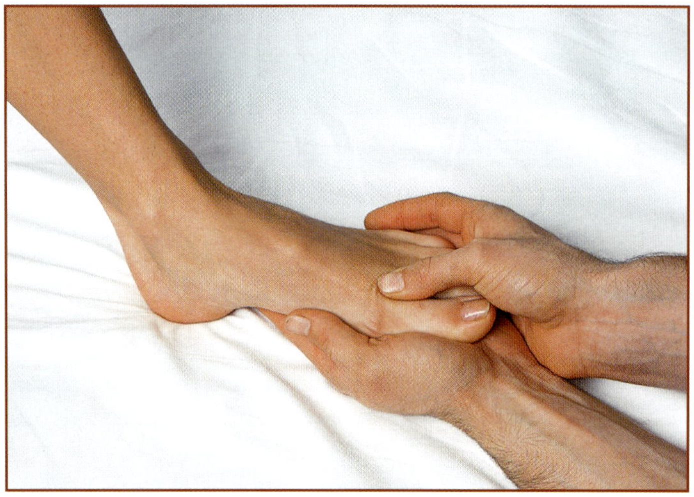

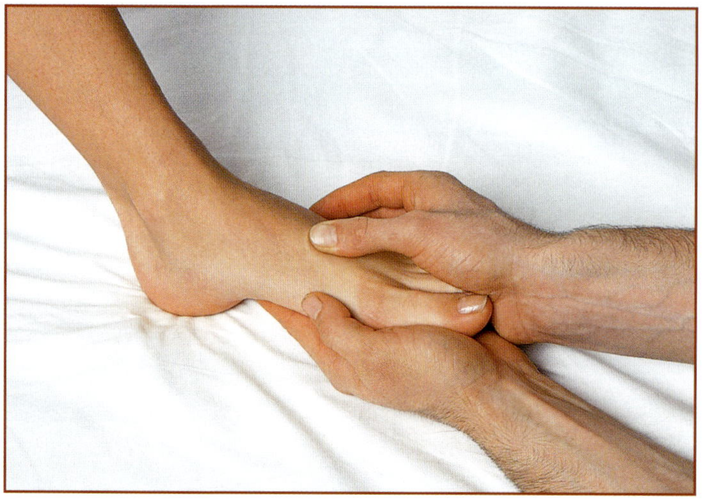

Daumenstreichung der Füße

1 Die Person, die massiert wird, kann wahlweise sitzen oder liegen. Nehmen Sie den linken Fuß in die linke Hand, und legen Sie den rechten Daumen zwischen die große Zehe und die zweite Zehe. Streichen Sie nun mit dem rechten Daumen langsam zwischen den Knochen den ganzen Rist entlang.

2 Nun massieren Sie zwischen den Sehnen der übrigen Zehen auf dieselbe Weise den Rist entlang. Sie können bei Bedarf den linken und rechten Daumen abwechselnd einsetzen. Zwischen den Knochen liegen wichtige Akupressurpunkte, so daß die Füße intensiv stimuliert und Spannungen in den Sehnen, Bändern und Muskeln gelockert werden. Mit dem rechten Fuß wird ebenso verfahren.

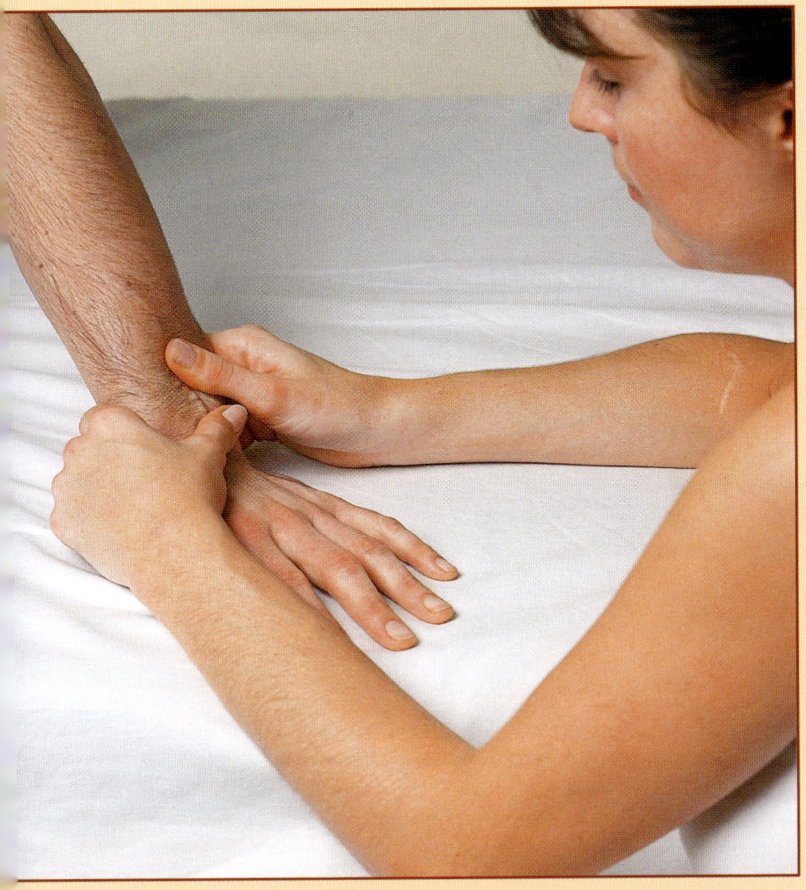

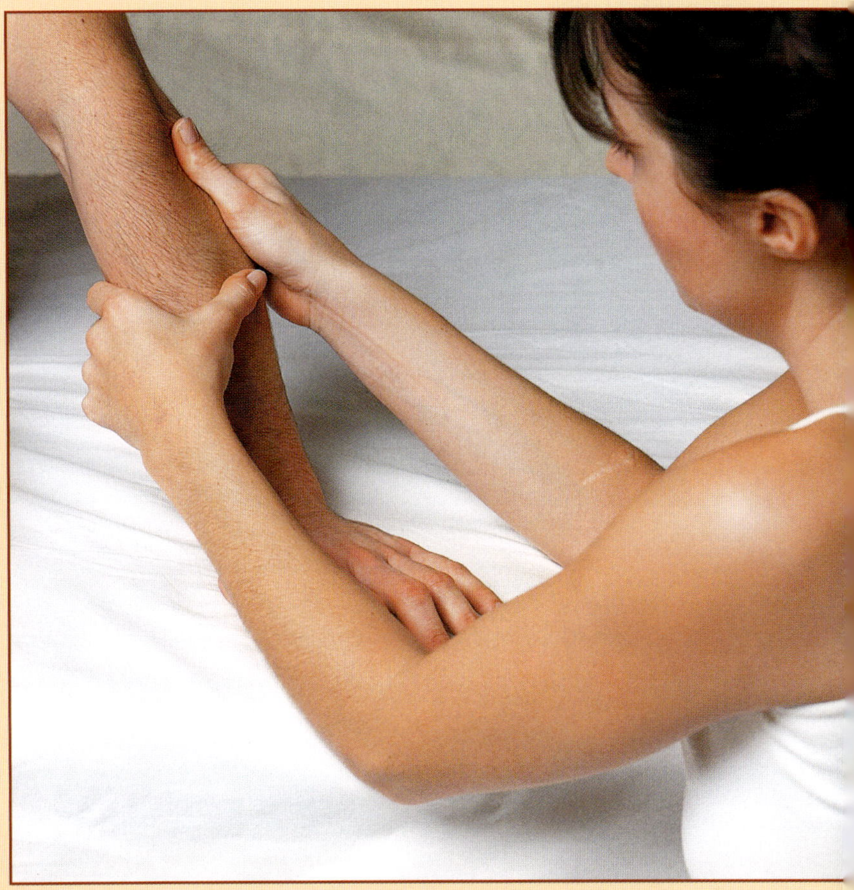

Daumenstreichung der Unterarme

1 Die Person, die massiert wird, kann wahlweise sitzen oder liegen. Stützen Sie das linke Handgelenk mit beiden Händen ab. Die Daumen liegen am unteren Teil des Unterarms. Streichen Sie mit dem rechten Daumen in einem Halbkreis von der Mitte nach außen. Den Daumen gerade halten, aber nicht verkrampfen. Der linke Daumen wird mit derselben Bewegung nach links geführt.

2 Streichen Sie abwechselnd mit linkem und rechtem Daumen von der Armmitte nach außen, und wandern Sie dabei allmählich immer weiter nach oben, bis Sie knapp unter dem Ellbogen angelangt sind. Dieser Bewegungsablauf vom Handgelenk zum Ellbogen wird drei- bis viermal wiederholt, dann ist der andere Arm an der Reihe. Die Unterarmmuskeln werden meist viel stärker beansprucht, als man sich bewußt ist, und sind daher oft verspannt.

Daumenkreise

Diese kleinen Kreisbewegungen mit den Daumen wirken bei entsprechendem Druck als Reibmassage (Friktion) auf die Lymphgefäße ein. Die Muskeln müssen gut aufgewärmt und gelockert sein. Diese Technik wird häufig zur Massage der Armbeugen oder Kniekehlen angewandt. Zur Stimulierung des Kreislaufs und der Rückenmarknerven können die Muskeln entlang der Wirbelsäule mit einer Abfolge kleiner Kreise massiert werden. Diese Bewegung wird vom Steißbein ausgehend in Richtung Nakken oder umgekehrt vollführt, je nachdem, wo Sie sitzen. Neben den inneren Rücken- und Wadenmuskeln eignen sich Daumenkreise bei weichen Muskelpartien etwa an Füßen und Händen, wo das Gewebe über einem Knochen mit leichtem Druck behandelt wird.

Die Lymphknoten in der Leiste, den Armbeugen und Kniekehlen lassen sich bei der Massage mit der Handfläche nicht erfassen, können aber durch Daumenkreise stimuliert werden. Auch Schulter- und Kniegelenke können auf diese Art massiert werden. Bei verspannten Schultermuskeln darf mit größerem Druck gearbeitet werden, da diese Muskeln fester sind. Auch das Gesicht läßt sich mit sanften Daumen- und Fingerkreisen massieren.

Die Daumenkreismassage erwärmt das Muskelgewebe, fördert den Abbau von Stoffwechselprodukten und regt generell die Durchblutung an. Je nach behandelter Körperstelle wird mit einem oder beiden Daumen gearbeitet, oder linker und rechter Daumen wechseln einander ab.

Daumenkreise auf der Fußoberseite

1 Die Person, die massiert wird, kann aufrecht sitzen oder liegen. Im Liegen sollen Rücken und Knie auf kleinen Kissen ruhen. Nehmen Sie den rechten Fuß in die Hände, so daß die Daumen locker auf dem oberen Fußende liegen. Führen Sie nun mit den Daumenkuppen kleine, langsame Kreisbewegungen aus.

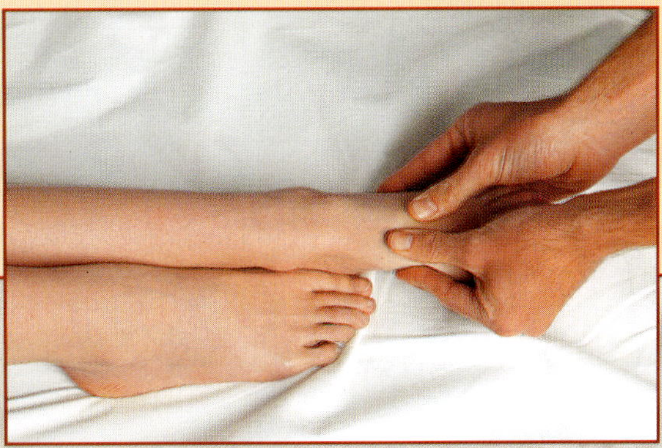

2 Wiederholen Sie den Massageablauf mit dem linken Fuß. Halten Sie die Daumen dabei möglichst gerade, aber nicht verkrampft. Arbeiten Sie sich allmählich den Rist entlang zum Fußgelenk vor. Mit dieser Technik lassen sich Spannungen in den Muskeln und Sehnen abbauen.

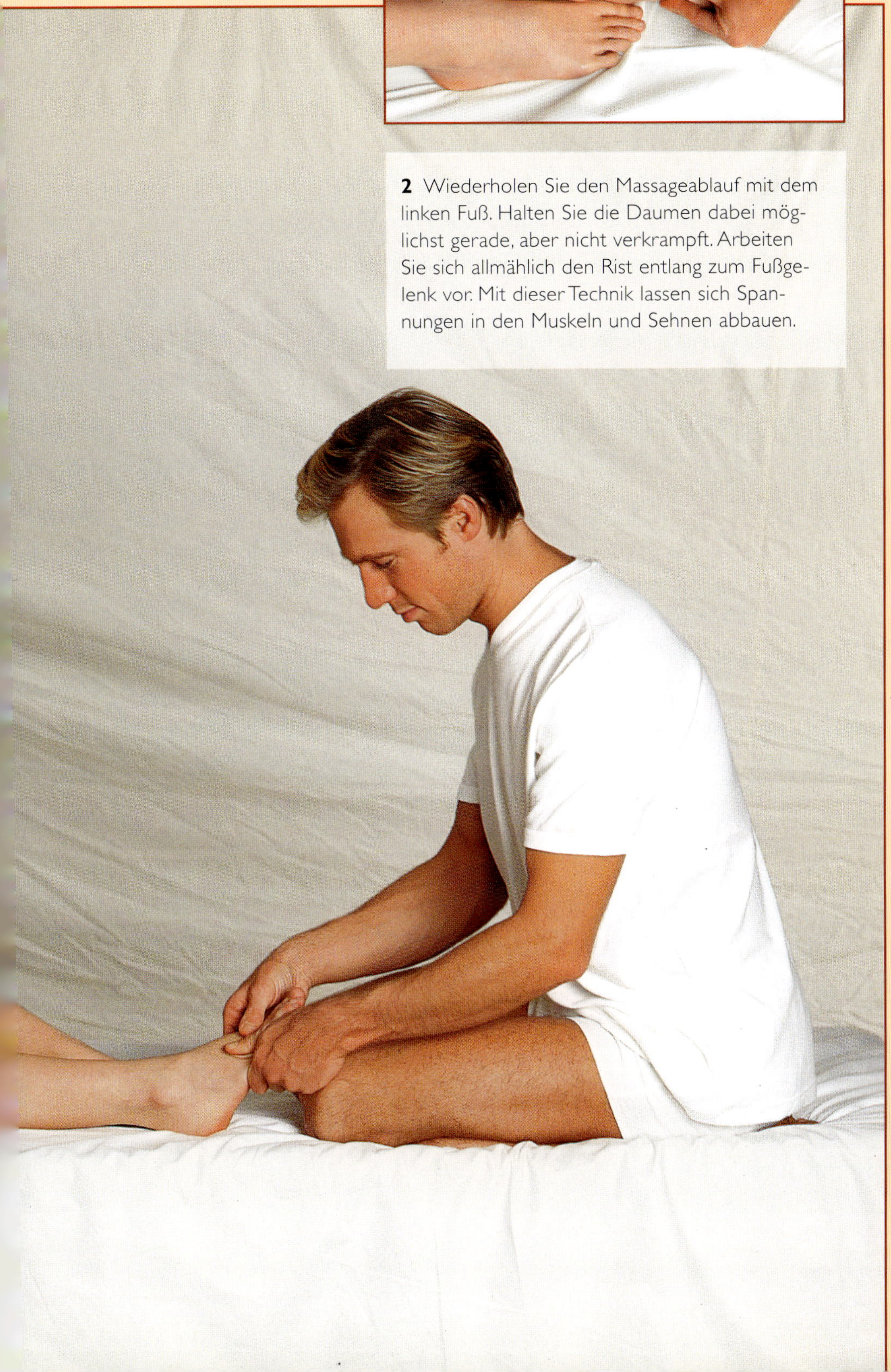

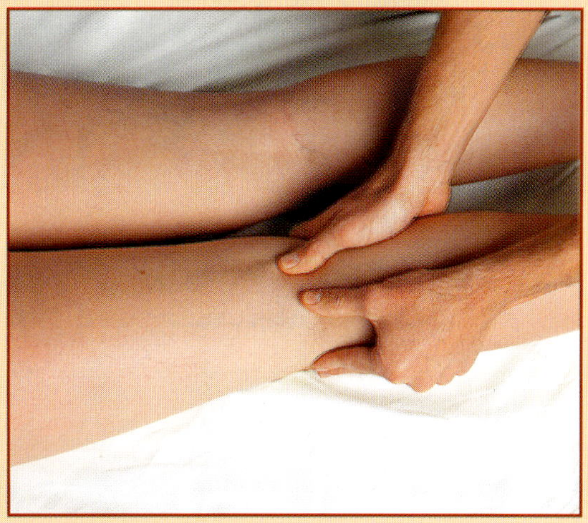

Daumenkreise in der Kniekehle

1 Unterstützen Sie den Bauch mit einem kleinen Kissen und die Füße mit einem eingerollten Handtuch. Legen Sie die Hände links und rechts vom linken Knie auf, und massieren Sie das Gewebe mit kleinen Daumenkreisen.

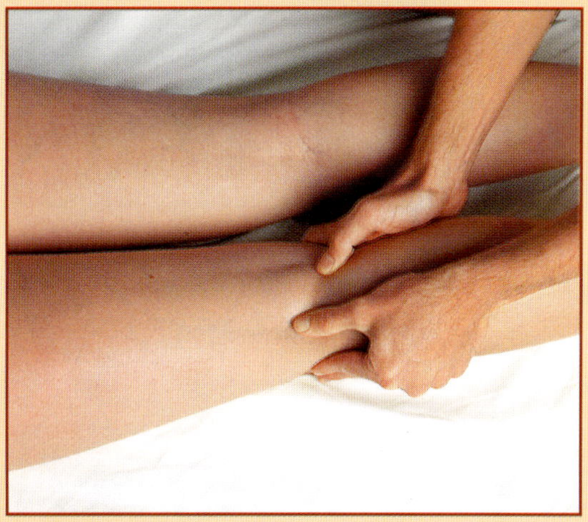

2 Massieren Sie langsam mit beiden Daumen gleichzeitig oder abwechselnd mit linkem und rechtem Daumen die ganze Kniekehle. Wiederholen Sie die Massage an dem rechten Bein. Der Massagedruck soll nicht zu kräftig sein, denn in der Kniekehle befindet sich ein hochsensibler Akupunkturpunkt, der zum Blasenmeridian führt.

Klopf- und Hackmassage

Die Klopfmassage besteht aus kurzen, schnellen Bewegungen mit den gewölbten Handflächen, so daß durch die Luft in der Wölbung eine leichte Saugwirkung entsteht. Das Heben der Hände fördert daher die oberflächliche Durchblutung. Auf Knochen, geplatzten Adern und Blutergüssen sollten keine Klopfungen ausgeführt werden. Die Technik eignet sich gut für Gesäß und Oberschenkel, bei Männern auch für Rücken und Schultern. Das Gewebe von Frauen ist meist zu empfindlich.

Bei der Hackmassage hält man Finger und Handgelenk locker. Die Bewegungen mit den Handkanten sollten in einer schnellen, rhythmischen Abfolge vor sich gehen. Die Intensität muß sich an der Verfassung des behandelten Körperteils orientieren. Gesäß und Oberschenkel werden kräftiger als Rücken, Nacken und Schultern massiert.

Die Klopf- und Hacktechnik (Tapotage) wirkt anregend und hautstraffend und regt den Kreislauf an. Für Kinder und ältere Menschen ist sie jedoch nicht geeignet.

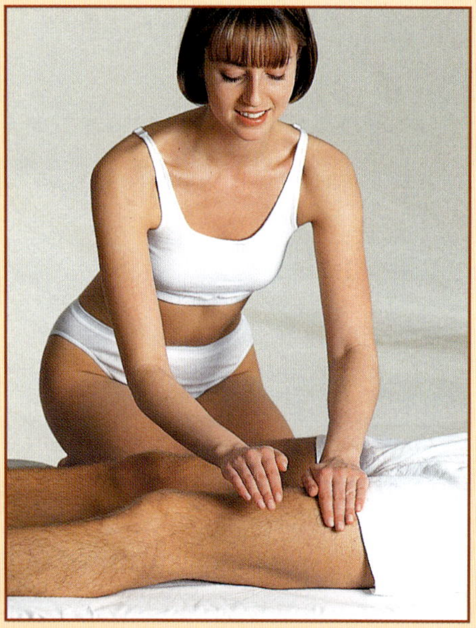

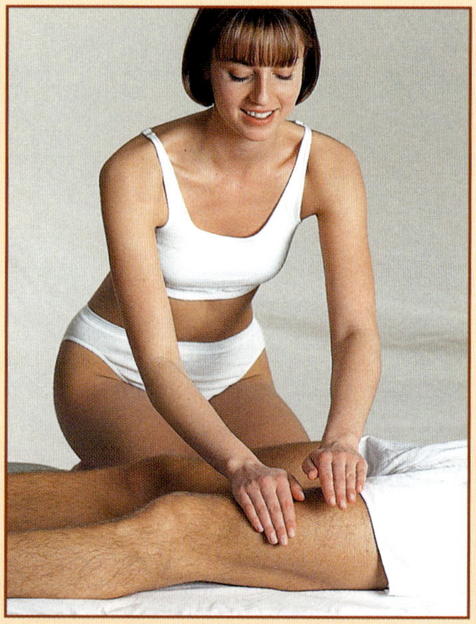

Klopfen der vorderen Oberschenkel

1 Das Kreuzbein ruht auf einem Kissen. Sie massieren das von Ihnen abgewandte Bein. Wölben Sie die Hände, und halten Sie die Finger geschlossen, aber nicht zu steif. Die Taille nicht verdrehen, und die Schultern locker lassen. Legen Sie die Hände auf den Oberschenkel, und heben Sie eine Hand an.

2 Klopfen Sie mit den Händen abwechselnd in einer leichten, rhythmischen Bewegung auf die Oberschenkel. Durch die Wölbung entsteht ein leichter Luftwiderstand. Klopfen Sie auf diese Art den Schenkel entlang bis zur Außenseite, aber nicht zu nahe am Knie. Eine Rötung ist ein Hinweis auf eine verstärkte Durchblutung.

Hackung der Waden

1 Bei Kniebeschwerden werden die Knie mit einem kleinen Kissen unterstützt. Sie sitzen so, daß das Bein, das massiert werden soll, von Ihnen abgewandt ist. Führen Sie die Handkante der rechten Hand gegen den Wadenmuskel, heben Sie sie gleich wieder, und bewegen Sie zugleich die linke Hand nach unten. Achten Sie auf eine rhythmische Bewegungsabfolge, und halten Sie Schultern, Hände und Handgelenke möglichst locker.

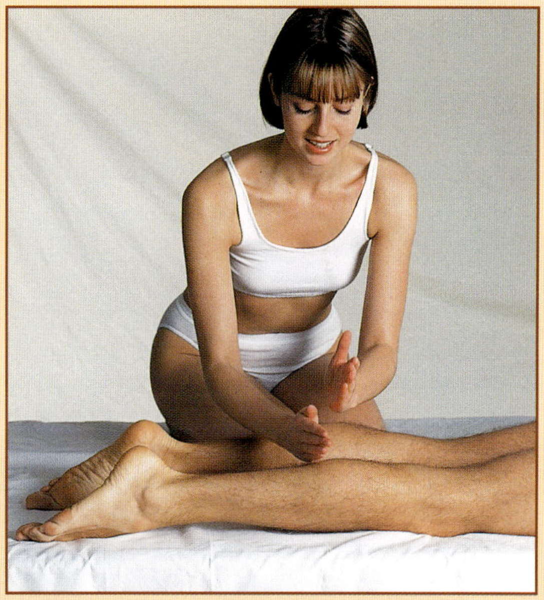

2 Massieren Sie die Wadenregion einige Sekunden lang auf diese Weise, ohne dabei die Schultern zu verkrampfen. Achillessehne, Knie und Fußgelenke dürfen nicht mitbehandelt werden. Wiederholen Sie die Massage an dem anderen Bein. Knochige Körperteile und die Nierengegend müssen stets ausgespart werden.

Fingerstreichungen

Bei dieser Technik handelt es sich um ein sanftes Streichen mit den Fingern oder Fingerspitzen. Diese äußerst entspannende Technik eignet sich gut als Abschluß der Massage. Das Körperbewußtsein und die Empfindsamkeit der Haut werden gestärkt. Zumeist wird kein Öl verwendet. Zur Steigerung der Sinnlichkeit kann auch mit einer Feder über die Haut gestrichen werden.

Fingerstreichungen eignen sich gut für eine sehr sanfte Ganzkörpermassage und können an allen Körperteilen angewandt werden. Um eine leicht anregende Wirkung zu erzielen, wird die Geschwindigkeit variiert. Diese Massage vermittelt viel Geborgenheit. Oft streicht man einem kranken Kind automatisch auf diese Weise über den Kopf oder einem älteren Menschen über die Hand.

Anders als bei den Effleurage-Streichungen muß man nicht unbedingt zum Herzen oder den Lymphknoten hin massieren. Sanfte, rhythmische Streichbewegungen mit den Fingern sind in jede Richtung erlaubt. Sie können mit beiden Händen gleichzeitig arbeiten oder die Hände abwechseln.

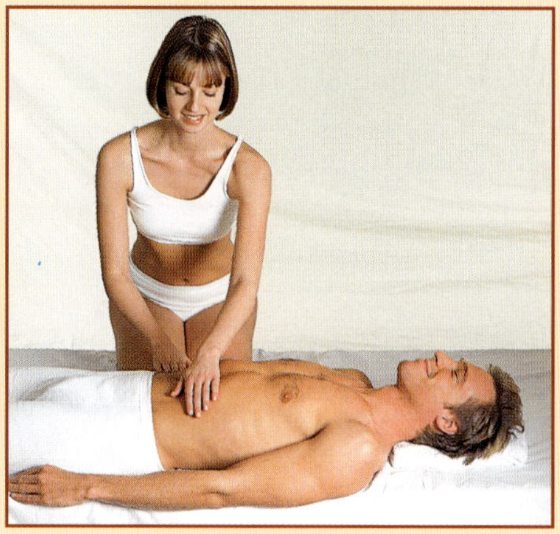

Fingerstreichung der Taille

1 Sie sitzen auf Taillenhöhe neben der Person, die Sie massieren. Streichen Sie mit der rechten Hand von der entfernteren Seite der Taille ganz sanft quer über den Bauch. Wenn die rechte Hand fast am Bauchrand angelangt ist, wiederholen Sie die Bewegung mit der linken Hand.

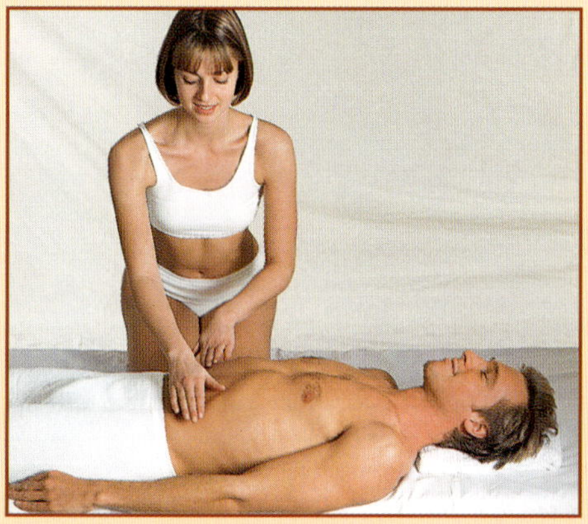

2 Fordern Sie die massierte Person auf, möglichst entspannt zu atmen, so daß das Zwerchfell locker wird. Diese beruhigende Bewegung wirkt streßabbauend und entspannt Körper und Geist. Bei Babys können diese sanften Streichungen Koliken lindern.

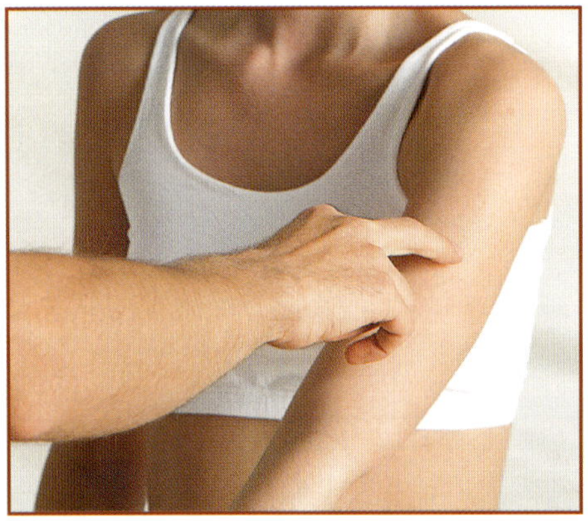

Fingerspitzenstreichung der Arme

1 Die Person, die massiert wird, hält die Arme locker. Beginnen Sie an der Schulter, und streichen Sie mit den Fingerspitzen der rechten Hand sanft nach unten.

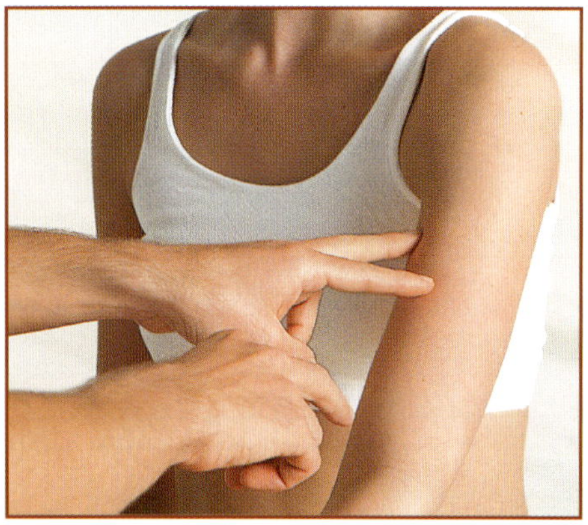

2 Wenn Sie am Unterarm angelangt sind, streichen Sie mit der linken Hand wieder vom Oberarm abwärts. Massieren Sie auf diese Weise bei jeder Bewegung ein Stück weiter nach unten.

Fingerstreichung des Bauches

1 Sie sitzen seitlich auf Hüfthöhe und legen die Hände auf dem Zwerchfell übereinander. Streichen Sie nun mit der unteren Hand bis knapp unterhalb der Taille abwärts. Die Berührung erfolgt nur mit den Fingern, nicht mit der ganzen Hand.

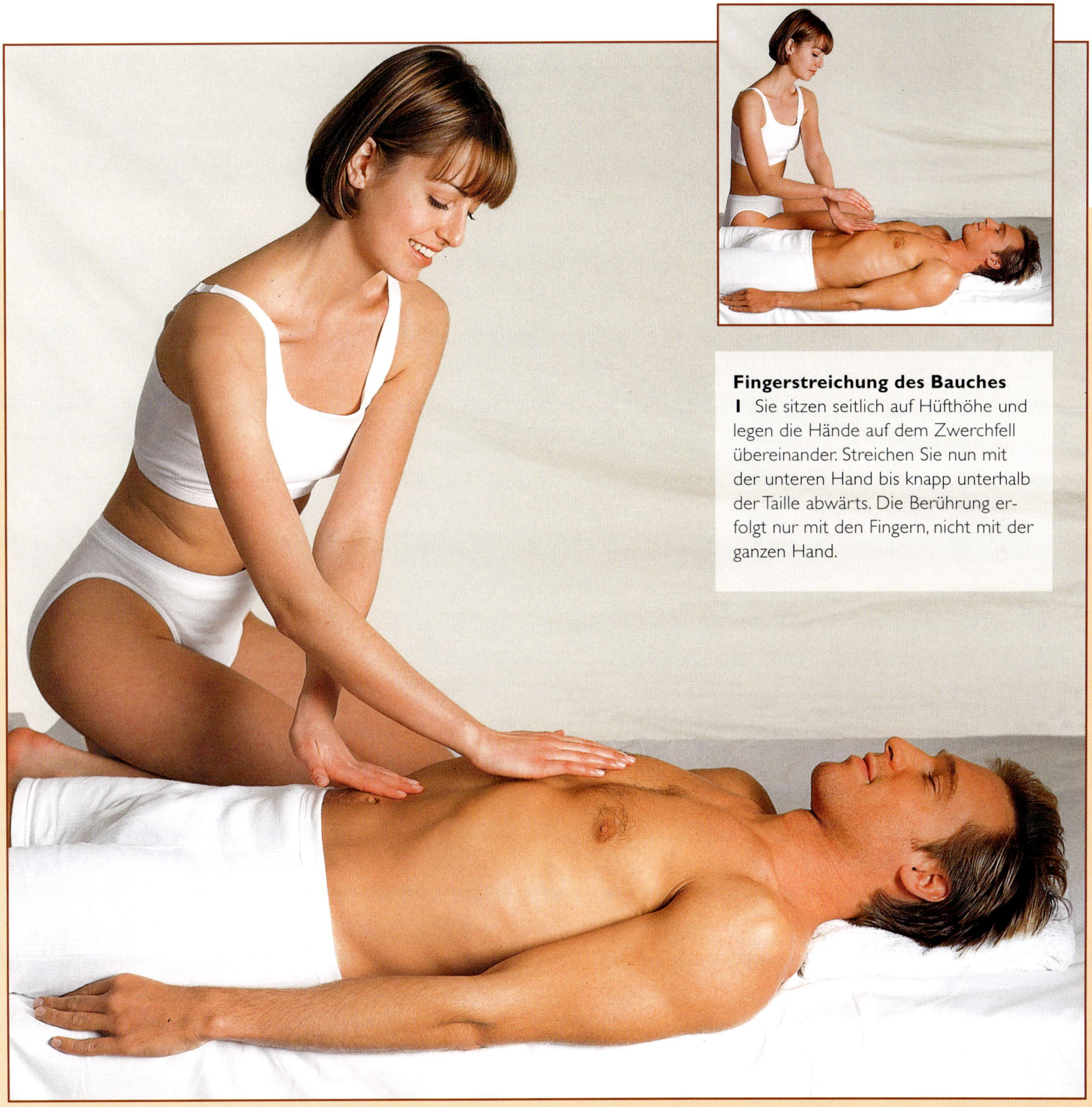

2 Wiederholen Sie die Bewegung mit der anderen Hand, und setzen Sie die abwechselnde Bewegung fort. Diese beruhigende, entspannende Massage hilft auch bei Magenbeschwerden und Menstruationskrämpfen.

Knöchelmassage

Bei dieser Massagetechnik ballt man die Hand zu einer lockeren Faust und streicht mit den Fingerknöcheln in geraden Linien oder Kreisen über die Haut. Durch Knöchelstreichungen lassen sich Verspannungen der Rückenstreckermuskeln links und rechts von der Wirbelsäule sehr gut lösen. Die Knöcheltechnik ist zur Anwendung an großen, muskulösen Personen, bei denen herkömmliche Streichungen und Knetungen schwer auszuführen sind, besonders gut geeignet. Durch kräftige Knöchelstreichungen an Oberschenkeln und Gesäß werden Verspannungen gelindert und eventuelle Fettpölsterchen abgebaut.

Geradlinige und kreisförmige Bewegungen mit den Knöcheln am Brustbereich eignen sich auch zur Verbesserung der Lymphdrainage, denn hier verlaufen die wichtigsten Lymphgefäße. Eine Knöchelmassage in der Achselhöhlenregion fördert den Lymphfluß zu den dort gelegenen Lymphknoten. Im Brustbereich kann man beim Massieren auch die einzelnen Finger wie beim Klavierspielen nacheinander aufdrücken.

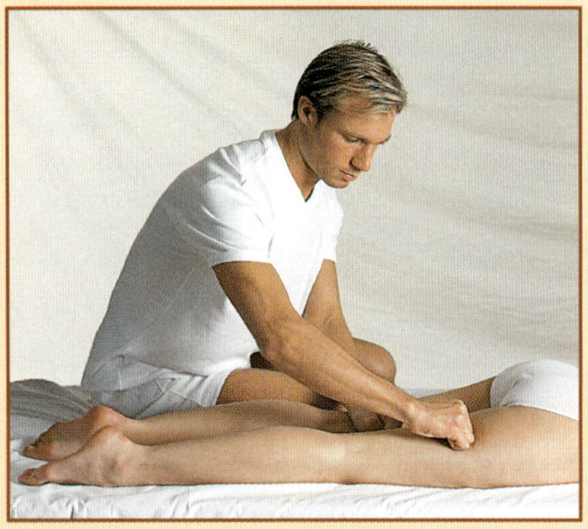

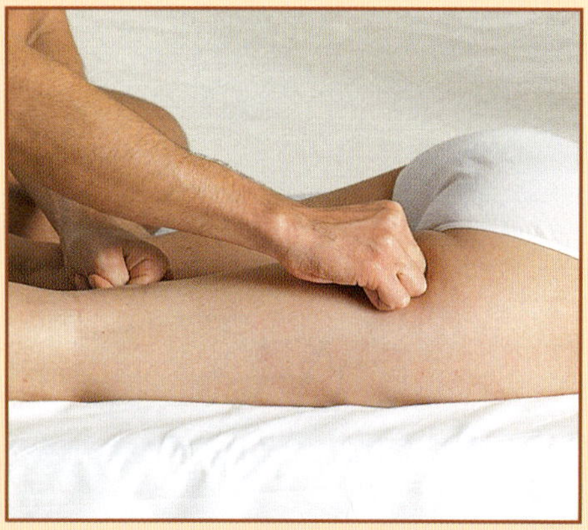

Knöchelmassage der hinteren Oberschenkel

1 Sie sitzen seitlich neben den Beinen und massieren den weiter entfernt liegenden Schenkel. Träufeln Sie Öl auf die Handflächen, und streichen Sie über die Muskeln. Machen Sie eine lockere Faust, und streichen Sie mit den Handknöcheln nach oben.

2 Wenn die rechte Hand unter dem Gesäß angelangt ist, wiederholen Sie die Bewegung mit den Knöcheln der linken Hand. Streichen Sie so mit abwechselnden Händen acht- bis zehnmal nach oben. Dann ist das andere Bein an der Reihe. Die Handgelenke nicht anwinkeln.

Knöchelmassage des Rückens

1 Sie knien rittlings auf den Beinen. Den Rücken leicht einölen und mit den Knöcheln der rechten Hand rechts von der Wirbelsäule nach oben streichen. Im Schulterbereich mit etwas weniger Druck arbeiten.

2 Wenn die rechte Hand oben angelangt ist, wiederholen Sie die Knöchelmassage mit der linken Hand an der linken Seite der Wirbelsäule. Zugleich massieren Sie mit den Knöcheln der rechten Hand wieder nach unten. Streichen Sie auf diese Weise den Rücken hinauf und herunter, und bewegen Sie sich allmählich weiter nach außen, so daß der ganze Rücken erfaßt wird. Wenn die Knöcheltechnik mit kräftigem Druck ausgeführt wird, können auch bei sehr muskulösen Menschen Verspannungen gelöst werden.

Rundreise über den Körper

In diesem Kapitel werden die verschiedenen Körperregionen, ihre Bedeutungen und Wechselbeziehungen vorgestellt. Außerdem werden die vorteilhaften Auswirkungen der Massage auf den jeweiligen Körperteil in einfachen Worten dargelegt und die einzelnen Massagetechniken Schritt für Schritt erklärt.

Die einmal erlernten Techniken wollen angewandt und verbessert werden. Die Kunst der Massage unterliegt einem ständigen Entwicklungsprozeß. Sie ist ein Kommunikationsmittel, das ohne Worte auskommt.

Rücken

Der Rücken ist sehr empfänglich für eine Massage. Die Rückenmassage ist daher ein guter Einstieg für eine Massagesitzung und wird in der Regel als angenehm empfunden. Das Rückenmark in der Wirbelsäule ist obendrein unser „Lebensmark", von dem durch die Wirbelzwischenräume 33 Nervenpaare wegführen. Wichtige Körperfunktionen werden dort gesteuert. Eine Massage der Rückenregion wirkt wohltuend auf Körper, Geist und Seele.

Der höchst empfindsame Rücken besteht aus 12 großen Muskelgruppen und zahlreichen tieferliegenden Muskeln. Sie ermöglichen wesentliche Tätigkeiten wie das Bücken, Hinsetzen, Aufstehen, Gehen, Heben, Autofahren, Laufen und das Ausüben von Sport. Es verwundert also nicht, daß Rückenschmerzen eine besonders häufige Krankheitsursache darstellen. Rückenbeschwerden sind zumeist auf eine schlechte Haltung rückführbar. Man sitzt gebückt am Schreibtisch oder schleppt schwere Lasten, so daß Verspannungen und Schmerzen auftreten.

Auf den nächsten Seiten werden Techniken zur Linderung von Rückenschmerzen und zur Steigerung des Wohlbefindens beschrieben. Die Massage kann als Teil einer Ganzkörpermassage eingesetzt werden.

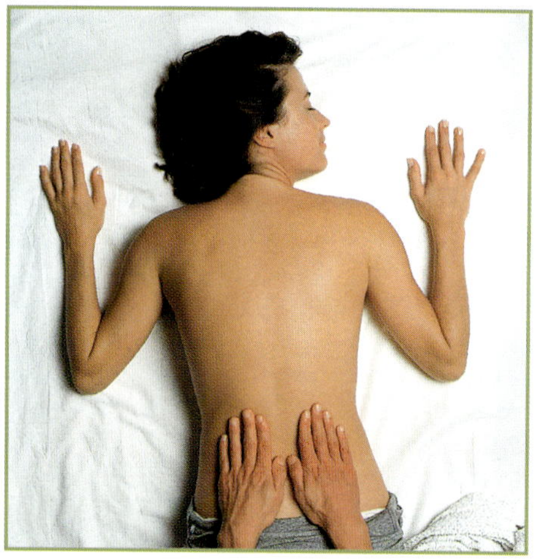

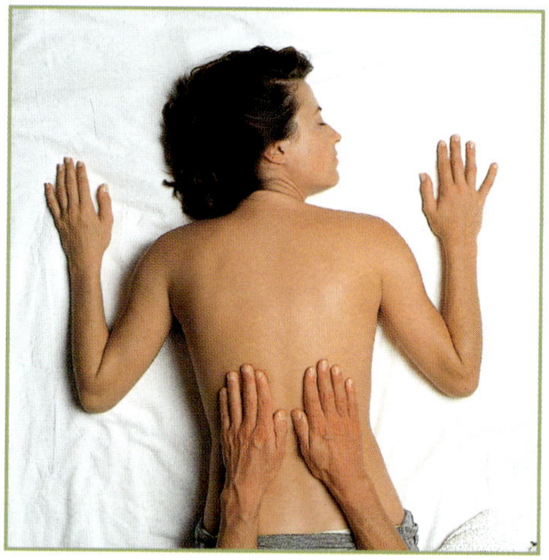

Streichung des Rückens

1 Die Person, die massiert wird, dreht den Kopf zur Seite. Bei Bedarf wird ein kleines Kissen unter das Becken geschoben. Die Schultern sollen locker bleiben. Knien Sie sich rittlings auf den Rücken oder neben den Körper. Träufeln Sie Öl auf die Handflächen, und legen Sie sie zunächst links und rechts von der Wirbelsäule einige Sekunden lang ruhig hin. Streichen Sie dann mit der flachen Hand langsam nach oben.

2 Streichen Sie über die gesamte Länge des Rückens, und achten Sie vor allem im Schulterbereich auf verspannte Stellen. Halten Sie sich dabei vor Augen, daß die Rückenstreckermuskeln links und rechts von der Wirbelsäule den Körper fast den ganzen Tag lang aufrecht halten müssen und daher besonders anfällig für Verspannungen sind. Durch das Massieren können diese Muskeln gelockert werden.

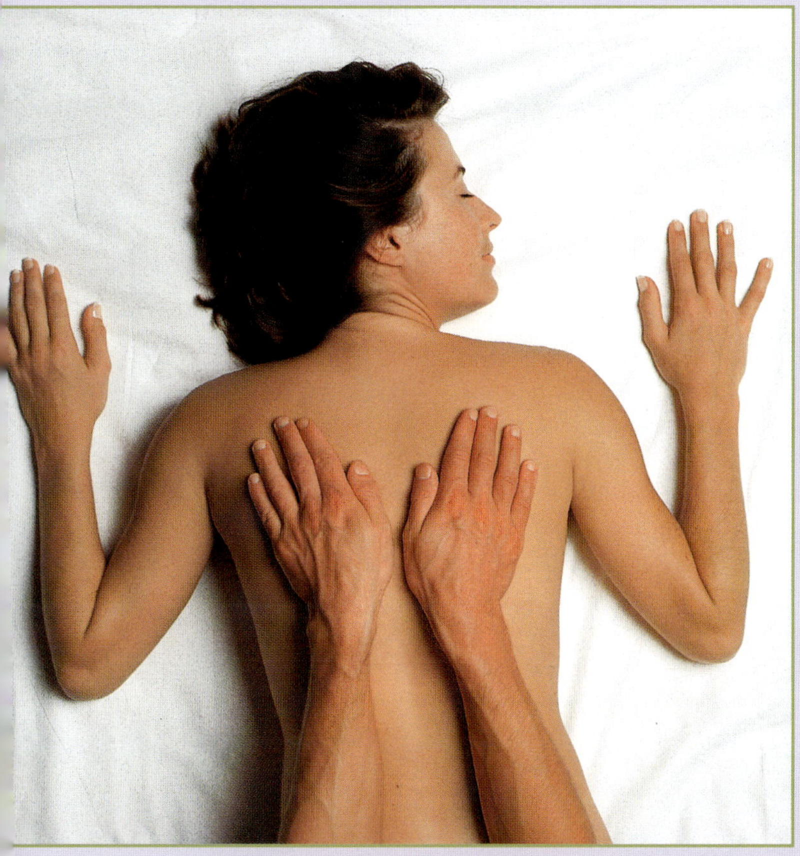

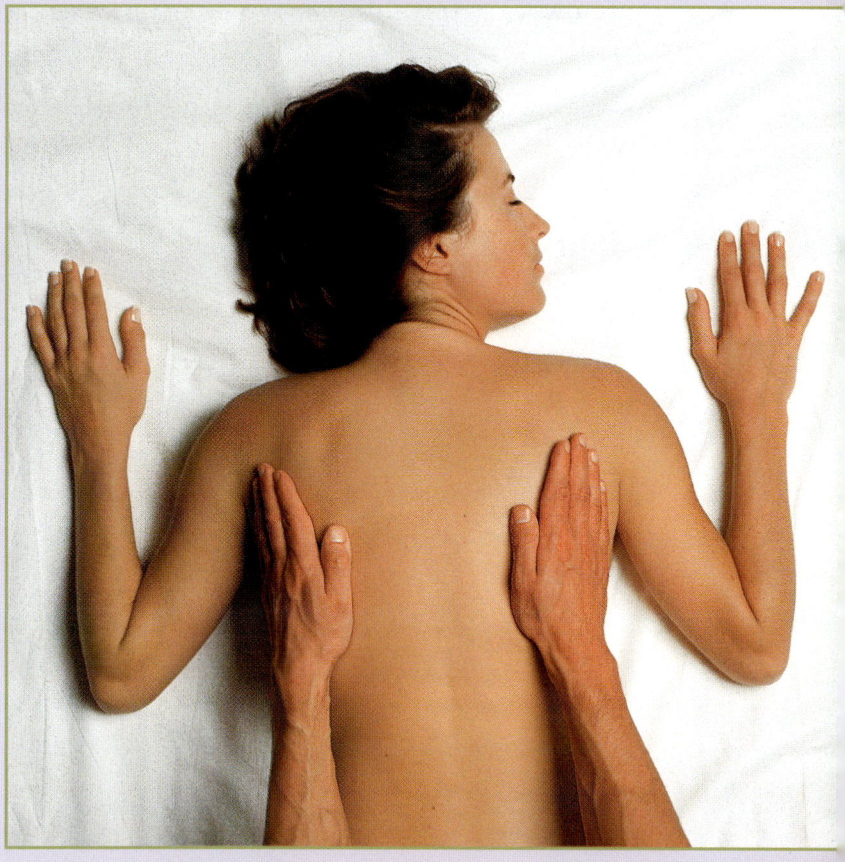

3 Wenn Sie an den Schultern angelangt sind, streichen Sie mit den Fingern voran nach außen und beugen sich zur Intensivierung des Drucks etwas vor. Versuchen Sie, mit den Fingerspitzen verhärtete Stellen an den Schulterblättern und im Bereich des Schultergelenks aufzuspüren. Am Schulterrand angekommen, lehnen Sie sich wieder zurück und reduzieren dadurch den Druck. Die Hände üben nun einen leichten Zug nach hinten aus, anstatt wie bei der Aufwärtsbewegung einen Schub nach oben zu erzeugen.

4 Ziehen Sie die Hände den äußeren Rückenrand entlang nach unten. Behalten Sie die ziehende Bewegung auch im Taillen- und Kreuzbereich bei, denn dort ist diese Dehnung besonders angenehm. Zuletzt drehen Sie die Handflächen seitlich des Kreuzbereichs gegen den Boden und bringen die Hände dann rasch wieder in die Ausgangsposition. Dort verharren Sie kurz und wiederholen dann den gesamten Bewegungsablauf noch vier- bis sechsmal. Achten Sie darauf, beim Aufwärtsmassieren immer mit der Bewegung mitzugehen und sich vorzubeugen, während beim Abwärtsstreichen ein leichter Zug entstehen soll.

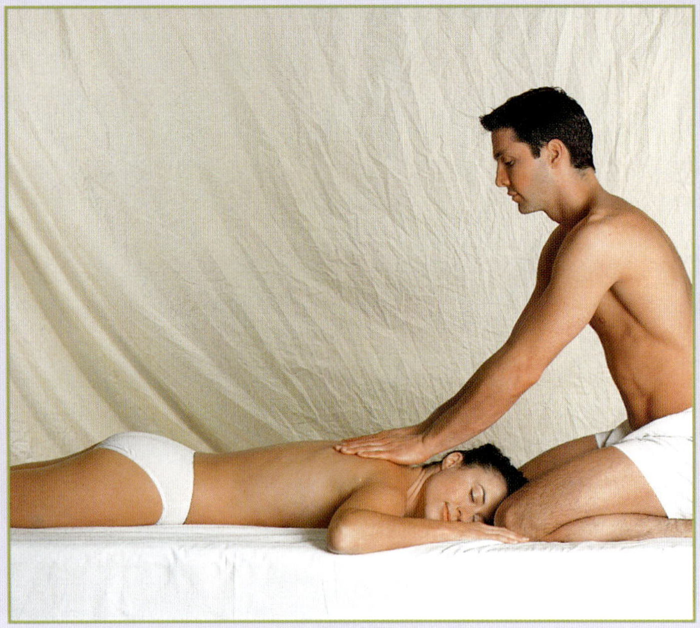

Rückenmassage abwärts

1 Sie stehen oder knien vor dem Kopf und legen die Hände zwischen die Schulterblätter. Streichen Sie mit der Hand langsam den Rücken hinunter, beugen sich zur Verstärkung etwas vor. Die erzielte Dehnung erleichtert die Entspannung der Muskeln entlang der Wirbelsäule.

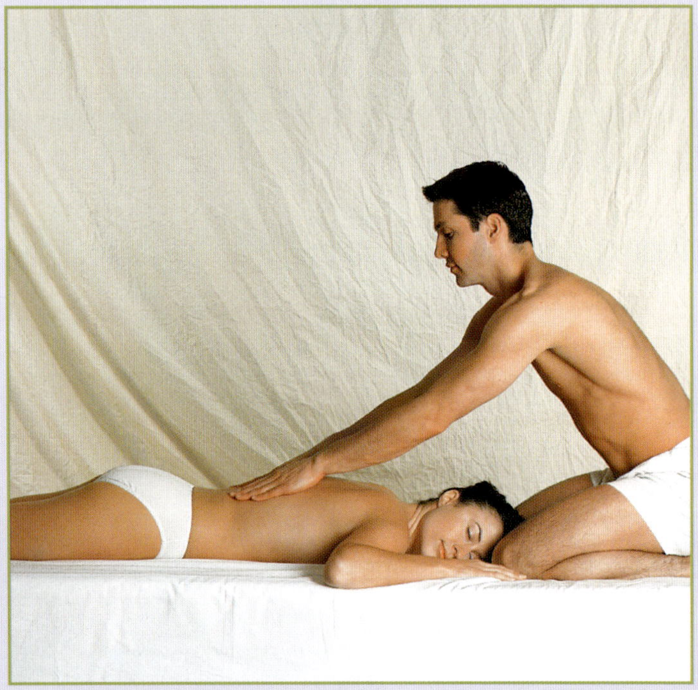

2 Massieren Sie bis zur Kreuzregion abwärts. Beugen Sie sich zur Druckverstärkung ruhig weiter vor, denn die unteren Rükkenmuskeln werden beim Sitzen sehr beansprucht.

3 (rechts) Streichen Sie mit auswärts gerichteten Händen zu den Hüften. Führen Sie die parallel liegenden Hände die Rückenseiten entlang wieder nach oben.

4 (oben)
Streichen Sie zu den Schultern hinauf, bis die Hände wieder in der Ausgangsposition liegen. Wiederholen Sie den Ablauf vier- bis sechsmal. Konzentrieren Sie sich dabei auf das Vorbeugen beim Abwärtsmassieren sowie auf die ziehende Bewegung bei der Streichung nach oben.

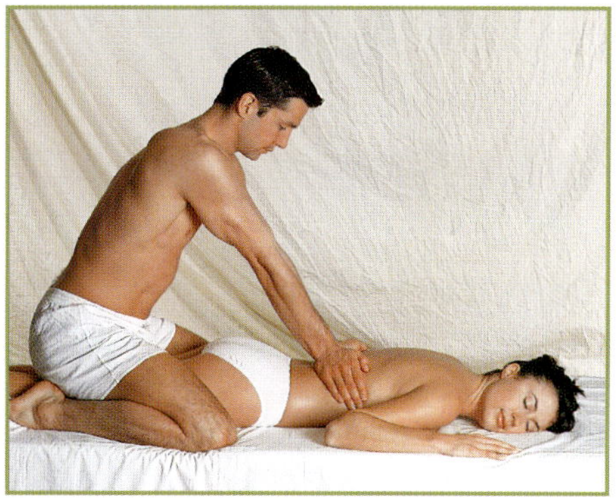

Knetung

1 Die Person, die massiert wird, liegt auf dem Bauch. Sie knien daneben und legen die Hände auf die untere Rückenregion, wobei die Finger nach außen zeigen. Die Handballen liegen in den Höhlungen links und rechts von der Wirbelsäule.

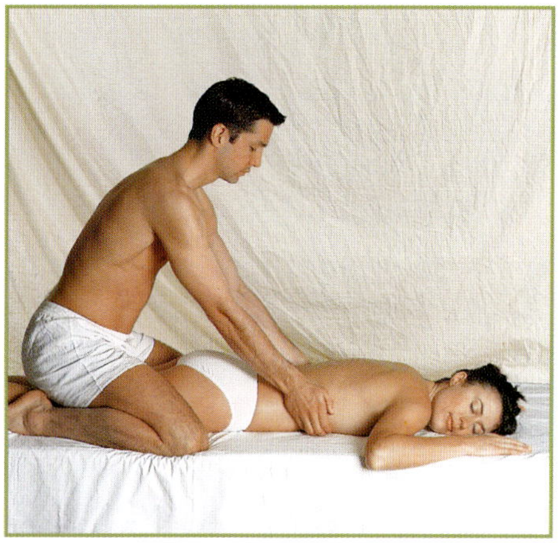

2 Schieben Sie nun die Handballen langsam zu den Fingern, als wollten Sie die Rückenmuskulatur „öffnen". Bewegen Sie die Hände nach außen, bis sie die Taille umfassen. Führen Sie die Ballen dann in die Mitte zurück, so daß sie etwas höher als zuvor aufliegen. Wiederholen Sie jetzt die Knetbewegung nach außen. Achten Sie darauf, im Bereich der Nieren nicht zuviel Druck auszuüben. Arbeiten Sie sich den gesamten Rücken entlang bis zu den Schulterblättern, und wiederholen Sie den gesamten Ablauf ein- bis zweimal. Die Bewegungen bleiben langsam und fließend.

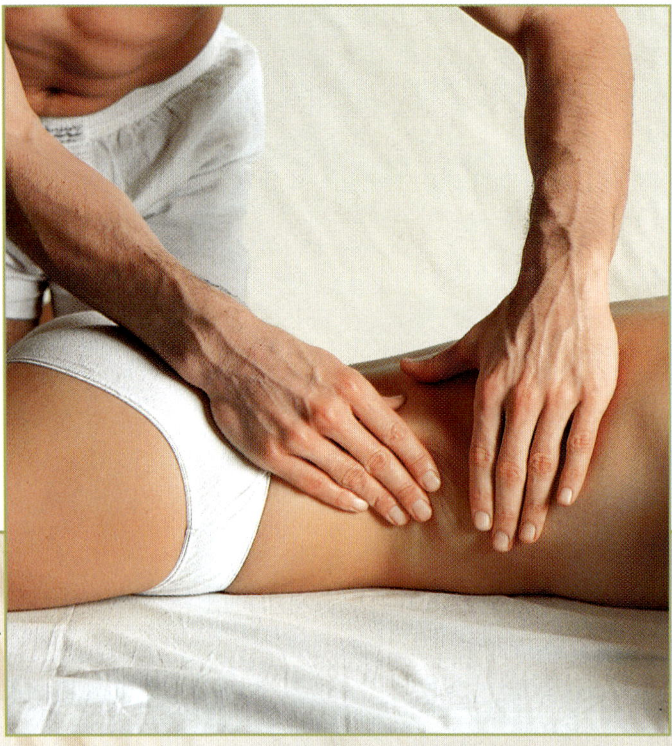

Weitere Knetgriffe

1 Unterstützen Sie bei Bedarf das Kreuz mit einem kleinen Kissen. Setzen oder stellen Sie sich seitlich neben die Person, die Sie massieren, so daß Sie auch die weiter entfernte Körperseite gut erreichen können. Träufeln Sie Öl auf die Handflächen, und legen Sie sie an die Taille, so daß die Finger zueinander zeigen. Ihre Ellbogen weisen nach außen. Heben Sie jetzt mit der rechten Hand eine Körperfalte ein wenig von der Taille ab, und halten Sie sie zwischen dem Daumen und den übrigen Fingern fest.

2 Ziehen Sie die Finger der rechten Hand nach oben, nehmen Sie zugleich den unteren Teil der Falte in die linke Hand. Wiederholen Sie diesen Ablauf, so daß Sie bei der Aufwärtsbewegung einer Hand das Gewebe zusammenschieben. Wenn eine Hand oben angelangt ist, beginnt die darunterliegende erneut zu kneten. Achten Sie auf fließende Bewegungen, und kneifen Sie nicht in die Haut. Arbeiten Sie sich die gesamte Taille entlang, und wiederholen Sie die Massage auf der anderen Seite.

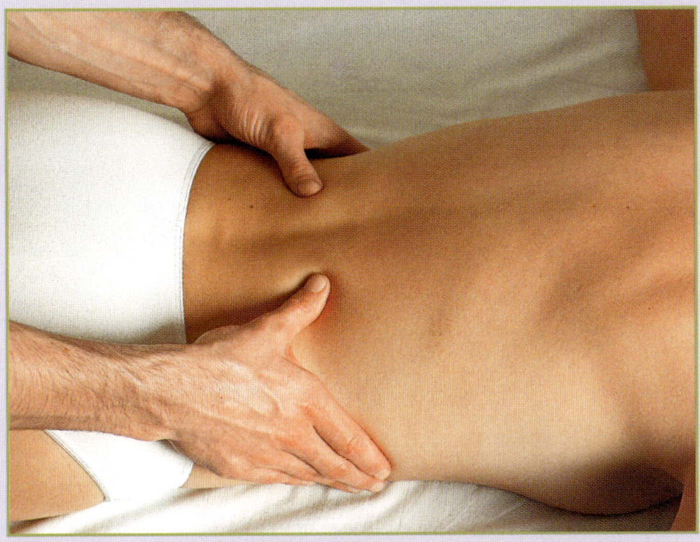

Daumenkreise
Entlasten Sie das Kreuz bei Bedarf mit einem kleinen Kissen. Setzen Sie sich neben die Beine oder rittlings auf diese. Nun legen Sie die Daumen knapp unterhalb der Taille links und rechts neben der Wirbelsäule auf und bewegen sie in kleinen Kreisen voneinander weg. Halten Sie die Daumen gestreckt, ohne sie zu verkrampfen. Ein Abbiegen würde die Gelenke zu sehr belasten. Massieren Sie die gesamte Kreuzregion auf diese Weise, um den Abtransport von Schadstoffen zu fördern und Verspannungen zu lösen.

Wenn bei der Rückenmassage auf einer Seite stärkere Verspannungen als auf der anderen zu spüren sind, ist das Energiegleichgewicht gestört. Massieren Sie in diesem Fall die verspannte Seite etwas länger als die andere. Übertreiben Sie es jedoch nicht, um das Gefühl des Wundseins am folgenden Tag zu vermeiden. Als Ergänzung zur Massage ist es günstig, später ein heißes Bad zu nehmen.

Am Rücken verlaufen zudem der Blasen- und der Gallenblasenmeridian. Bei der Massage werden auch diese beiden Energiebahnen erfaßt, so daß der Energiefluß gefördert wird.

Fingerstreichungen
(rechts) Diese entspannenden Streichungen lassen eine Rückenmassage ideal ausklingen. Die Fingerspitzen werden sanft über den Rücken gezogen. Sie können mit beiden Händen gleichzeitig oder mit abwechselnden Händen arbeiten. Wenn eine Hand unten angelangt ist, beginnen Sie mit der zweiten von den Schulterblättern abwärts zu streichen. Der Körperkontakt soll dabei nie abreißen. Diese Massageform bewirkt ein Abklingen der Energie, die zuvor aufgebaut worden ist.

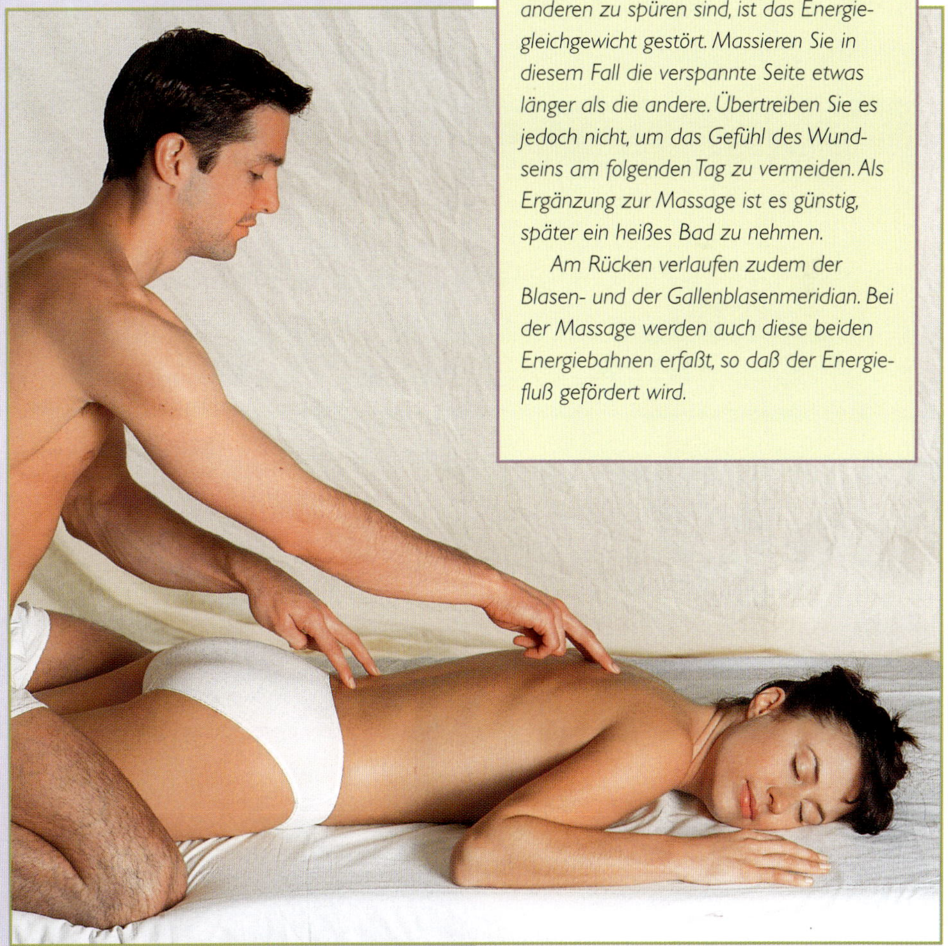

Nacken und Schultern

Der Nacken- und Schulterbereich ist besonders häufig verspannt. Der relativ dünne Hals muß immerhin den Kopf aufrecht halten, der im Durchschnitt 6 kg wiegt. Die Nacken- und Schultermuskeln werden außerdem bei zahlreichen Alltagstätigkeiten wie dem Tragen von Einkaufstaschen, beim Autofahren, Hochheben von Babys, Schieben von Kinderwagen, bei der Haus- und Gartenarbeit und sogar beim Hantieren mit Besteck beansprucht.

In den Nacken- und Schultermuskeln spiegeln sich Gefühle wider – nicht umsonst spricht man davon, man habe sich ein Problem „aufgehalst". Auch durch eine schlechte Körperhaltung, wie etwa durch vorgezogene Schultern aufgrund von Kälte oder Nervosität, verspannen sich die hinteren und seitlichen Nackenmuskeln, so daß Kopfschmerzen auftreten können. Verspannungen führen zu Bewegungseinschränkungen von Schultern, Armen und Hals. Manche Sportarten wie Golf, Tennis, Schwimmen und Kegeln belasten den Nacken und die Schultern. Eine ausreichende Lockerung dieser Körperregion ist daher sehr wichtig. Bei der Massage der Schultern werden auch Leber und Gallenblase angeregt, weil die entsprechenden Meridiane in diesem Bereich verlaufen.

Knetung

1 Die Person, die massiert wird, dreht den Kopf nach links und legt den rechten Arm auf das Kreuzbein. Sie sitzen oder stehen rechts davon. Diese Technik darf bei Arm- oder Schulterbeschwerden nicht ausgeführt werden. Stützen Sie das rechte Schultergelenk, indem Sie es mit der rechten Hand anheben, und massieren Sie mit der linken Handkante den Rand des Schulterblattes.

2 Führen Sie die Handkante um das gesamte Schulterblatt herum, und halten Sie das Schultergelenk mit der rechten Hand weiterhin leicht nach oben. Die Schulter wird gelockert, so daß Sie auch den etwas tiefergelegenen Bereich gut massieren können. Wiederholen Sie die Bewegung zwei- bis fünfmal, dann ist die andere Schulter an der Reihe. Auf diese Weise lassen sich Spannungen und Versteifungen gut lockern.

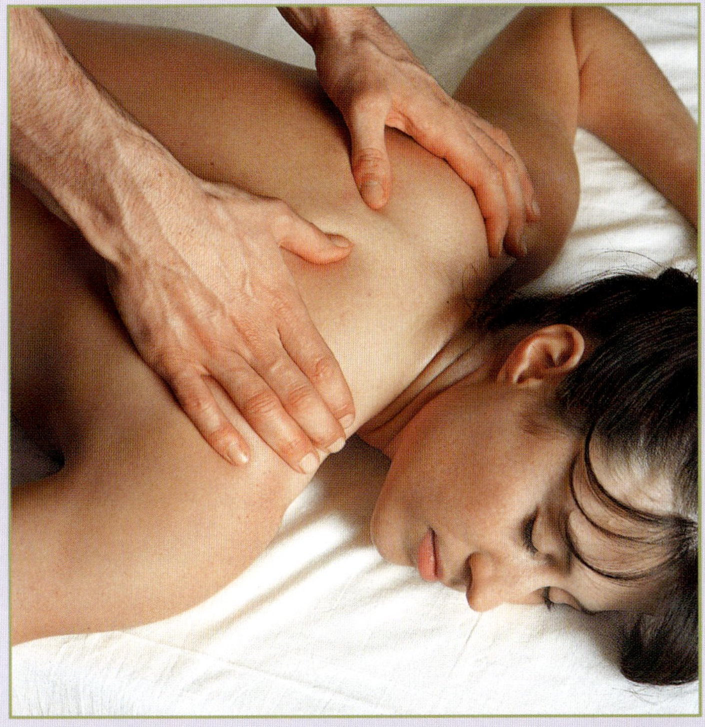

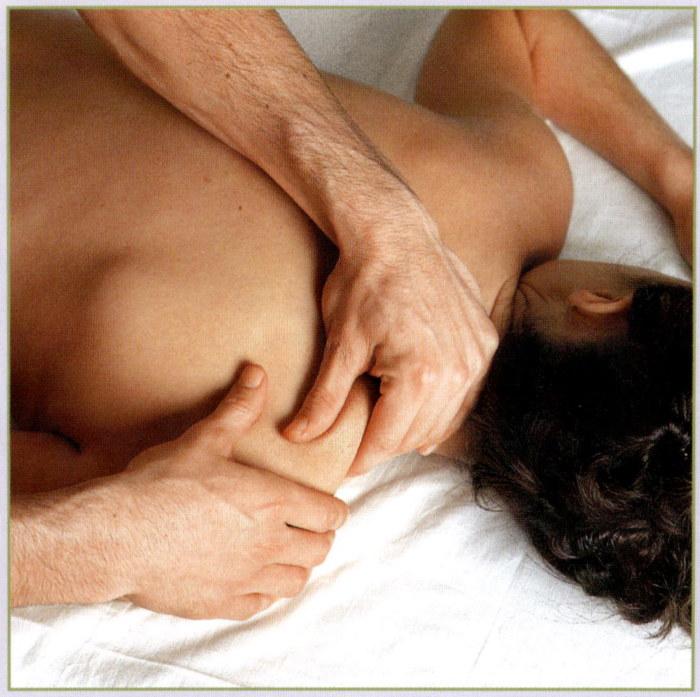

Weitere Knetgriffe
Die liegende Person dreht den Kopf nach links. Legen Sie beide Hände über den Rand der rechten Schulter, und kneten Sie den Muskel zwischen dem Daumen und den übrigen Fingern. Arbeiten Sie zum Lösen der Verspannungen in einer rhythmischen Bewegung abwechselnd mit beiden Händen, bis die ganze Schulter massiert worden ist. Dann ist die andere Schulter an der Reihe, wobei der Kopf nun auf der rechten Seite liegt.

Daumenkreise
Die Person, die massiert wird, dreht den Kopf zur Seite, wobei die Schultern möglichst entspannt bleiben sollen. Legen Sie die Daumen links und rechts von der Wirbelsäule zwischen den oberen Bereich der Schulterblätter, und massieren Sie langsam in kleinen, auswärts gerichteten Kreisen nach unten und leicht in Richtung der Schultern. Diese Technik kann auch bei sitzenden Personen und sogar durch die Kleidung hindurch ausgeführt werden (wobei in diesem Fall natürlich kein Öl verwendet wird).

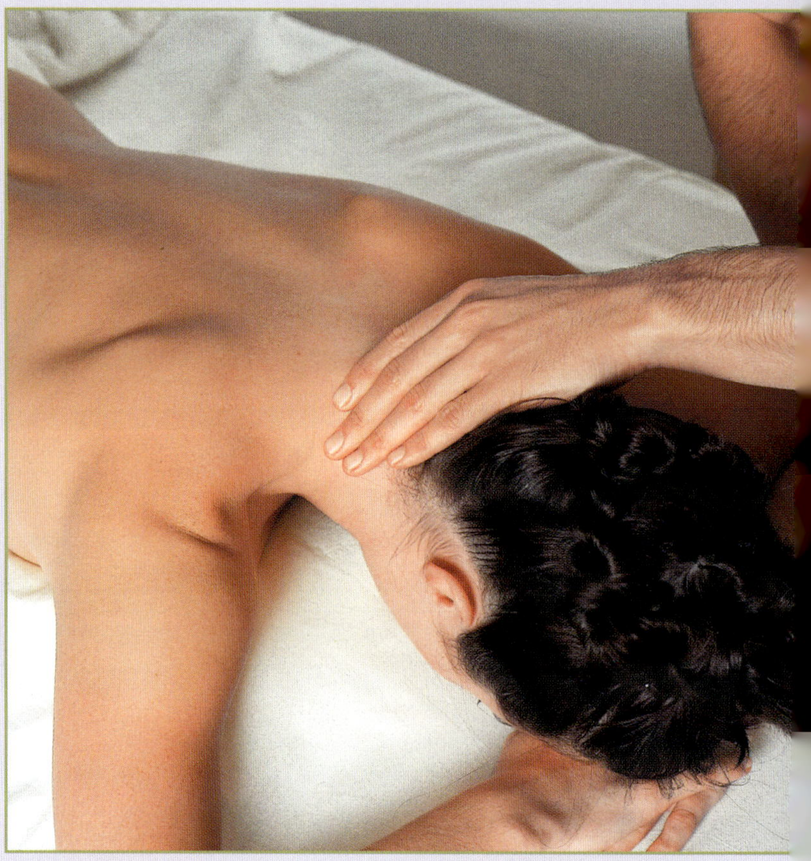

Streichung

1 Die Person, die massiert wird, legt die Stirn auf die Hände und hält die Schultern dabei möglichst entspannt. Sie stehen oder sitzen seitlich neben dem Kopf und legen die rechte Hand über den Nacken, so daß der angezogene Daumen auf der einen und die übrigen Finger auf der anderen Nackenseite zu liegen kommen. Nun ziehen Sie die rechte Hand mit sanftem Druck langsam nach oben, bis Sie am Kopfansatz angelangt sind (siehe Abbildung).

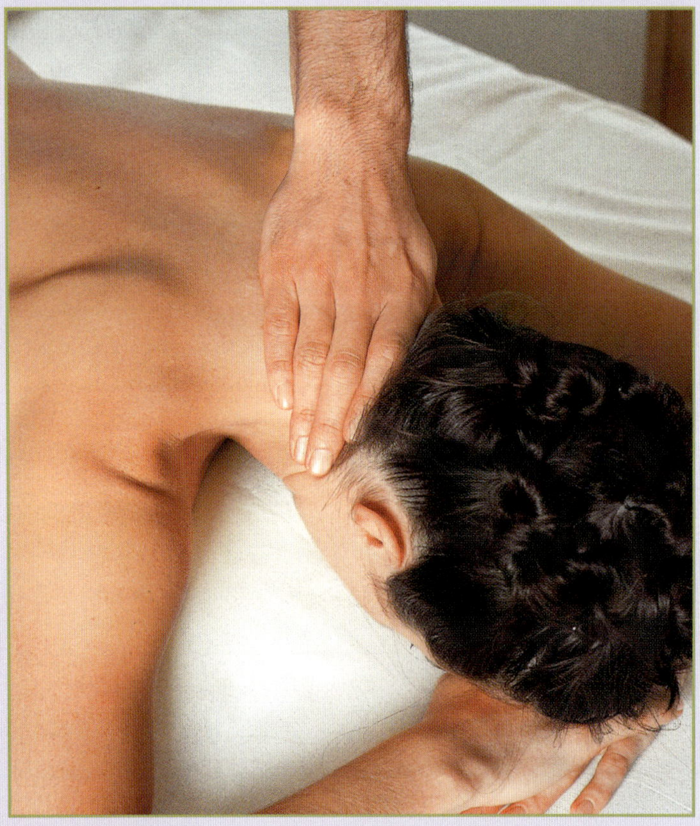

2 Legen Sie die linke Hand in den Nacken gleich unterhalb des Schädelansatzes, wobei die Finger wie zuvor ausgerichtet sind. Nun schieben Sie den Daumen mit sanftem Druck zu den anderen Fingern hin und bewegen die Hand zur unteren Nackenseite. Wiederholen Sie Phase 1 und 2 mit der rechten und der linken Hand, und massieren Sie abwechselnd auf- und abwärts. So werden verspannte Muskeln gelockert, und der Nacken wird leicht gedehnt.

2 (unten) Ziehen Sie die linke Hand langsam über den Nacken bis zum Kopfansatz nach oben. Wenn die linke Hand dort angelangt ist, legen Sie die rechte auf die Nackenunterseite, wobei die Finger wie zuvor ausgerichtet sind. Nun streichen Sie mit der rechten Hand ebenso nach oben. Dieses sanfte Aufwärtsstreichen, das abwechselnd mit linker und rechter Hand ausgeführt wird, bewirkt auch eine leichte Muskeldehnung. Wiederholen Sie den Ablauf acht- bis zehnmal, und achten Sie auf sachte, leichte Bewegungen.

Fingerstreichungen

1 (oben) Die Person, die massiert wird, liegt auf dem Rücken. (Verwenden Sie kein Kissen für den Kopf, damit er frei bewegt werden kann.) Legen Sie die linke Hand in den Nacken, so daß sich der Daumen locker an der Seite des Halses befindet. Geben Sie acht, daß der Daumen keinesfalls auf der Kehle zu liegen kommt.

Gesäß

Die Vorstellung, am Gesäß massiert zu werden, ist vielen Menschen unangenehm. Um peinliche Situationen zu vermeiden, fragen Sie daher am besten vorher, ob Sie auch das Gesäß behandeln sollen. Wenn Sie diese Frage nicht zuvor abklären, ist die Person während Ihrer Massage vielleicht ständig verunsichert oder verärgert.

Eine Massage dieser Region kann sehr angenehm sein, weil hier oft Verspannungen entstehen. Das Gesäß ist ein häufig vernachlässigter Körperteil, obwohl es keineswegs bloß dem Sitzen dient. Die Gesäßmuskeln sind auch zum Stehen, Gehen, Treppensteigen und Autofahren nötig. Beim Tanzen oder bei Sportarten wie Fußball, Eislaufen, Radfahren oder Reiten werden diese Muskeln stark angespannt und sollten regelmäßig massiert werden. Auch bei Kreuzschmerzen und Hüftbeschwerden ist es empfehlenswert, durch eine Massage für die Entspannung und Lockerung des Gesäßes zu sorgen, weil dadurch auch die umgebenden Körperregionen entkrampft werden. Gegen Zellulitis, Flüssigkeitsansammlungen und Fettpölsterchen kann eine gezielte Massage ebenfalls helfen.

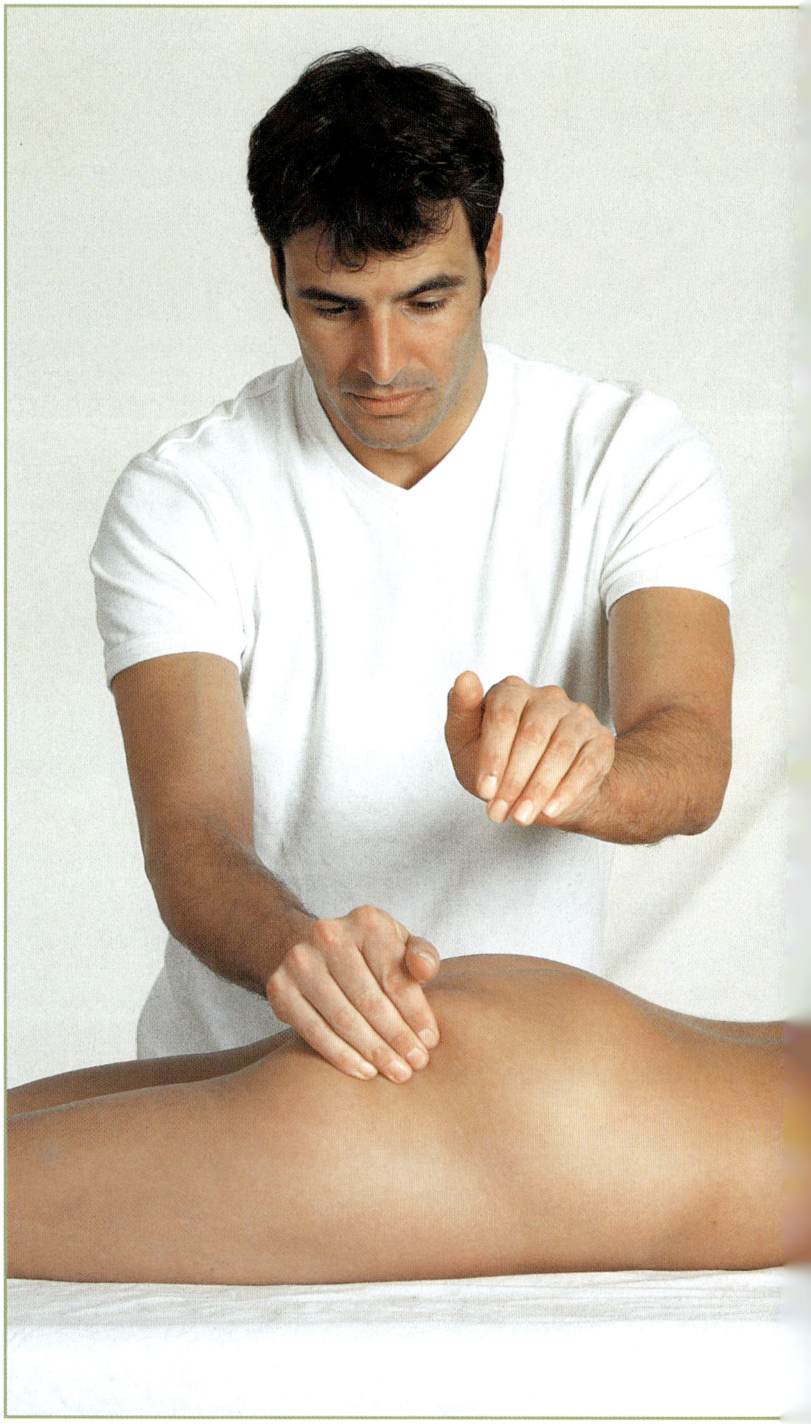

Klopfmassage
Sie stehen oder sitzen neben der Person, die Sie massieren. Legen Sie die leicht gewölbten Hände auf das Gesäß. Halten Sie dabei die Finger geschlossen, ohne sie zu verkrampfen. Klopfen Sie nun in leichten, raschen Bewegungen mit abwechselnden Händen auf das Gewebe. Die Hände sollen stets ausreichend gewölbt sein, und auch die Arme bleiben möglichst locker. Massieren Sie das gesamte Gesäß auf diese Weise. Bei Bedarf können Sie zur Massage der anderen Gesäßbacke die Seite wechseln.

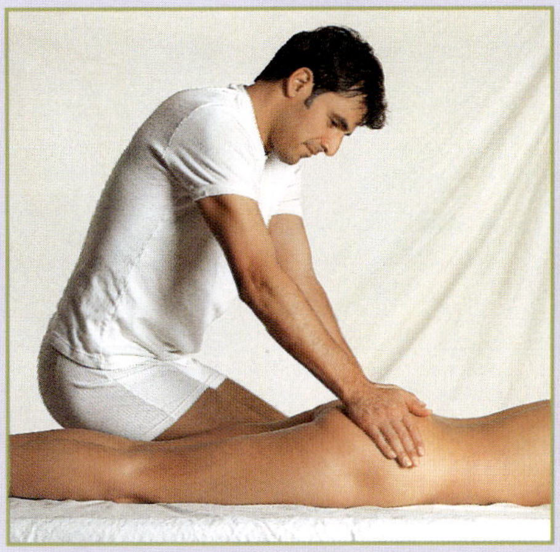

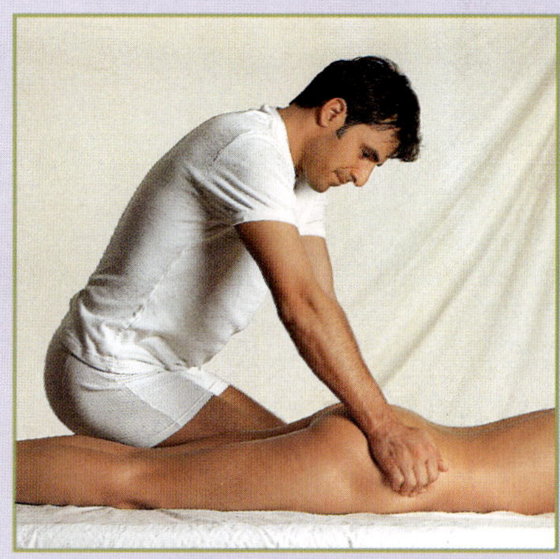

Hackmassage
Stellen oder setzen Sie sich auf Hüfthöhe neben die Person, die massiert wird. Führen Sie abwechselnd die Handkante der linken und rechten Hand auf das Gesäß. Die Finger bleiben geschlossen und unverkrampft. Heben Sie die Hände nicht zu weit an, und achten Sie auf einen gleichmäßigen Rhythmus. Wenn Sie mit der Technik vertraut sind, können Sie das Tempo steigern. Massieren Sie die gesamte linke und rechte Gesäßbacke auf diese Weise. Ein Wechsel zwischen Klopf- und Hackmassage wirkt besonders anregend.

Knetung
1 Sie sitzen oder knien in Richtung des Kopfes. Legen Sie den linken und rechten Handballen so auf die beiden Gesäßbacken, daß die Finger zur Hüfte zeigen. Drükken Sie mit den Ballen nach unten, und schieben Sie sie zugleich langsam nach außen zu den Fingern hin, so daß jede Gesäßbacke leicht zusammengedrückt wird.

2 Massieren Sie auf diese Weise in Richtung der Hüften nach außen. Wiederholen Sie den gesamten Bewegungsablauf von der Gesäßmitte bis zur Hüfte vier- bis sechsmal.

Hinterseite der Beine

Beim Stehen müssen die Beine das Gewicht des gesamten Körpers tragen. Die beteiligten Knochen sind die größten des Skeletts und von mehreren Muskelgruppen umgeben. Die Hinterseite der Beine wird oft vernachlässigt, weil man sie nur schwer selbst betrachten und nicht so einfach berühren kann. Eine Massage regt die Durchblutung an, und die Füße werden wieder besser mit Nährstoffen versorgt. Sportlich aktiven Menschen dient die Massage der Beinhinterseiten zunächst dem Aufwärmen und nach dem Sport der Lockerung angespannter Muskulatur. Auch schafft sie Abhilfe gegen zu große Ermüdung.

Bei Zellulitis und Flüssigkeitsansammlungen, die an diesen Stellen häufig zu finden sind, ist eine Massage der Hinterseiten der Beine ebenfalls hilfreich. Insbesondere während der Schwangerschaft schwellen die Fußgelenke mitunter stark an. Achten Sie beim Massieren darauf, daß nicht zuviel Druck auf die Kniekehlen ausgeübt wird, denn das belastet die Gelenke. Bei ausreichend aufgewärmten Muskeln ist auch eine etwas intensivere Massage mit gewölbten Handflächen möglich.

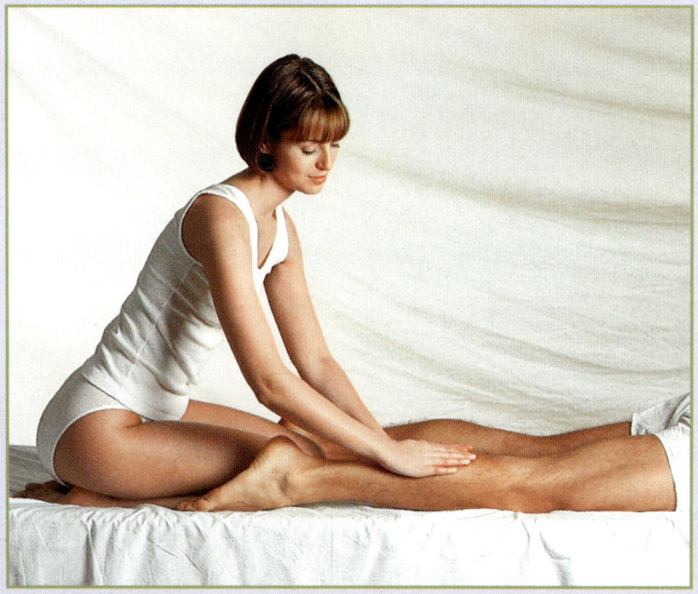

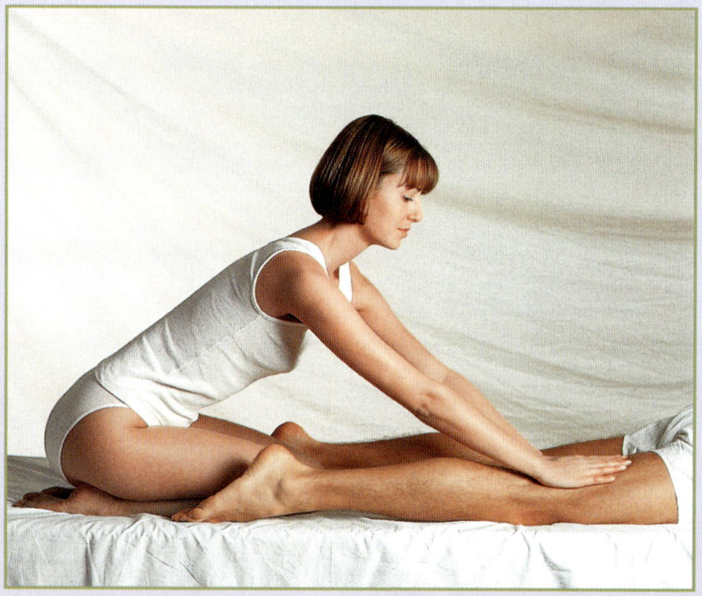

Streichung

1 Sie knien hinter der massierten Person und legen die eingeölten Handflächen knapp über dem Fußgelenk auf das Bein, das Sie massieren wollen. Handflächen und Finger zeigen nach unten. Lassen Sie die Hände zur Kontaktaufnahme ein paar Sekunden ruhig liegen. Dann streichen Sie langsam das Bein aufwärts und geben dabei der Form der Wade nach. Über dem Knie lassen Sie den Druck etwas nach, damit das Gelenk nicht belastet wird.

2 Oberhalb des Knies können Sie mit leicht gesteigertem Druck den Oberschenkel hinaufstreichen. Sie selbst müssen sich ab hier vermutlich aufrichten, um bis ganz nach oben massieren zu können. Achten Sie darauf, den eigenen Rücken nicht zu sehr zu strapazieren. Wenn Sie knapp unterhalb des Gesäßes angelangt sind, drehen Sie die Fingerspitzen leicht zueinander und gehen zu Phase 3 über.

3 Achten Sie darauf, an der Innenseite des Oberschenkels nicht zu hoch nach oben zu massieren, denn das könnte als Zudringlichkeit empfunden werden. An den Außenseiten können Sie ruhig weiter aufwärts streichen. Anschließend führen Sie die Hände bis zum Knie nach unten.

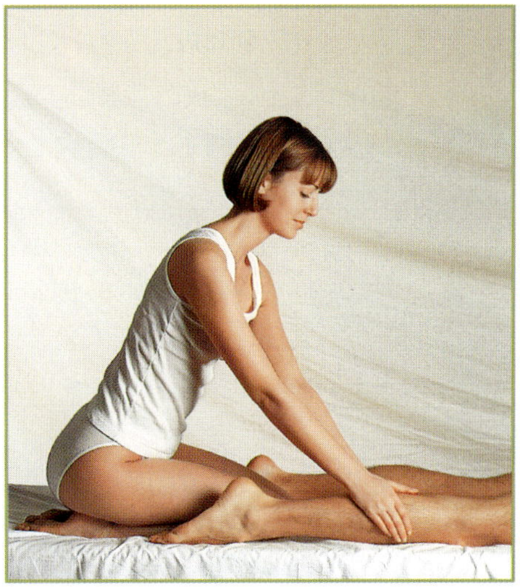

4 (oben) Streichen Sie langsam an den Wadenseiten nach unten, und drücken Sie die Muskeln mit den Händen leicht zusammen. Dann kehren Sie in die Ausgangsposition zurück und wiederholen diese vier Phasen noch ein- bis zweimal. Anschließend wird das andere Bein massiert.

Versuchen Sie bei den Streichungen stets auch die Atmung einzubeziehen. Atmen Sie zunächst tief ein, dann streichen Sie beim Ausatmen über die Muskeln nach oben und beim Einatmen nach unten. Auch die Person, die Sie massieren, soll möglichst auf diese Weise atmen.

Streichung mit gewölbten Händen

1 (rechts) Setzen Sie sich neben das Bein, das Sie massieren, und legen Sie die gewölbte linke Hand rund 7–10 cm oberhalb des Fußgelenks auf die Wade. Die Arme sind leicht angewinkelt und sollen nicht zu steif gehalten werden. Streichen Sie langsam über die Wade bis knapp unterhalb des Knies. Anschließend vollführen Sie dieselbe Bewegung mit der rechten Hand.

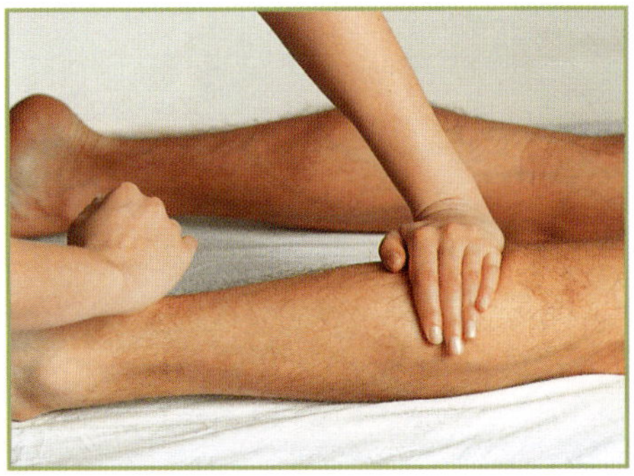

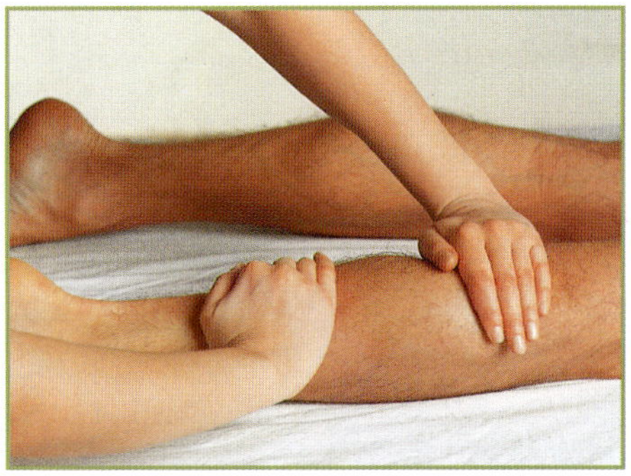

2 (oben) Halten Sie die Handflächen stets gewölbt, die Hände weisen in entgegengesetzte Richtung und wechseln einander beim Massieren ab. Der Oberkörper geht mit der Bewegung mit.

Daumenstreichungen

1 Setzen Sie sich neben den Körper oder hinter die Füße, und legen Sie die Daumen knapp oberhalb des Fußgelenks links und rechts der Achillessehne auf. Achten Sie darauf, nicht auf die Sehne zu drücken. Streichen Sie nun mit den Daumen langsam entlang der Sehne über die Wade bis knapp unterhalb des Knies. Der Druck muß gefühlvoll dosiert werden, denn manche Menschen sind an den Waden sehr empfindlich.

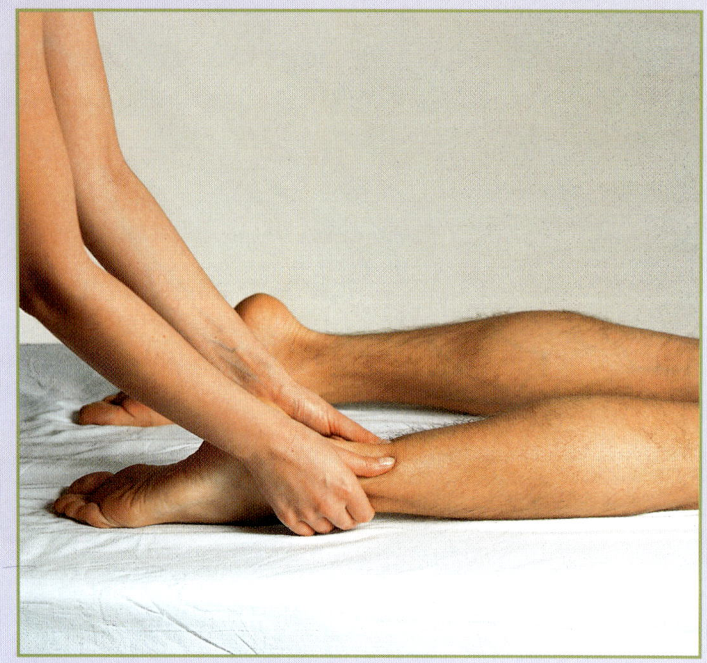

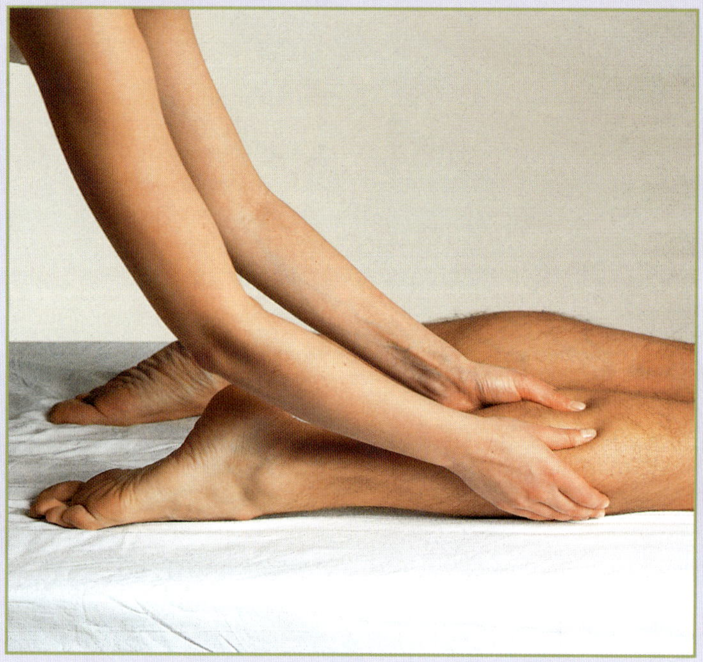

2 Wenn Sie unter dem Knie angelangt sind, nehmen Sie den Druck zurück und umfassen mit den Fingern sanft die Wade. Streichen Sie langsam die Außenseite des Unterschenkels entlang abwärts, und geben Sie die Daumen dann wieder in die Ausgangsposition. Wiederholen Sie die Massagebewegung noch zwei- bis dreimal, wobei Sie mit den Daumen nach oben und dann mit den übrigen Fingern nach unten streichen. Anschließend ist das andere Bein an der Reihe.

Walkung

1 (links) Positionieren Sie sich in Höhe der Oberschenkel, um das entfernter liegende Bein zu massieren. Legen Sie die Hände nebeneinander auf den oberen Teil des Oberschenkels. Der Abstand zwischen den Beinen soll so breit sein, daß Sie beim Massieren nicht das andere Bein berühren. Schieben Sie nun die linke Hand nach vor, und führen Sie zugleich die rechte Hand zurück.

2 Die Muskeln werden mit dieser Technik zugleich angehoben und zusammengeschoben. Sie müssen fest zugreifen, denn diese Muskelpartie ist relativ groß. Massieren Sie die gesamte Rückseite der Oberschenkel in diesen gegenläufigen Vorwärts- und Rückwärtsbewegungen. Im Kniebereich nicht mehr walken. Diese Griffe dürfen nur an aufgewärmten Muskeln durchgeführt werden, die zuvor mit anderen Techniken gelockert worden sind. Das andere Bein wird auf gleiche Weise massiert.

Gesicht

Die Gesichtsmuskeln gehören zu den kleinsten Muskeln des Körpers. Im Unterschied zu den anderen Muskeln führen sie nicht beidseitig zu einem Knochen (eine Ausnahme ist der Kieferbereich). Die Gesichtsmuskeln verbinden die Haut entweder mit Gesichtsknochen oder mit anderen Gesichtsteilen. Sie ermöglichen uns das Mienenspiel sowie das Lächeln, Stirnrunzeln, Kauen oder Weinen. Sie werden oft benutzt und sind oft überbelastet. Nicht einmal im Schlaf sind sie voll entspannt.

Die Gesichtsmassage kann als eigenständige Behandlung oder als Teil einer Ganzkörpermassage ausgeführt werden. Meist ist man sich gar nicht bewußt, wie groß die Muskelverspannungen im Gesicht sein können. Die Massage erfolgt in kleinen, sanften Bewegungen mit den Fingerspitzen, so daß man die Konturen gut spüren kann. Die Fingernägel dürfen nicht zu lang sein.

Die Massage tut auch der Haut gut. Durchblutung und Lymphfluß werden angeregt und übermüdete, verspannte Muskeln gelockert. Sie hilft außerdem bei Kopfschmerzen und überanstrengten Augen und wirkt insgesamt erfrischend. Eine Gesichtsmassage ist jedenfalls billiger und erholsamer als jedes Lifting.

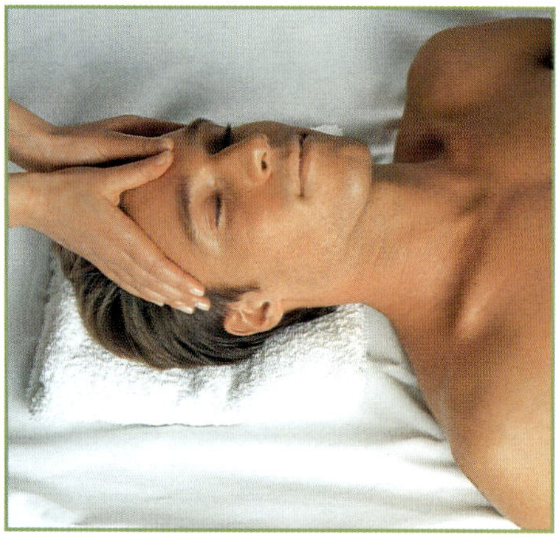

Daumenstreichungen

1 Ein kleines, flaches Kissen oder ein eingerolltes Handtuch unterstützt den Kopf. Verwenden Sie nur wenig Öl, sofern die Haut nicht sehr ausgetrocknet ist. Sie sitzen oder knien hinter dem Kopf und legen die Daumen knapp oberhalb der Augenbrauen auf die Stirn. Die übrigen Finger sind locker um den Kopf gewölbt. Streichen Sie nun mit den Daumen nach außen.

2 Streichen Sie mit den Daumen in Richtung der Schläfen. Verringern Sie den Druck, und kehren Sie ein Stück oberhalb des Ausgangspunkts in die Mitte der Stirn zurück. Halten Sie die Daumen gestreckt, aber unverkrampft, und massieren Sie die Stirn in geraden Linien. Nach jeder Streichung werden die Daumen ein Stück weiter oben aufgelegt, bis der Haaransatz erreicht ist. Dann wiederholen Sie den Bewegungsablauf.

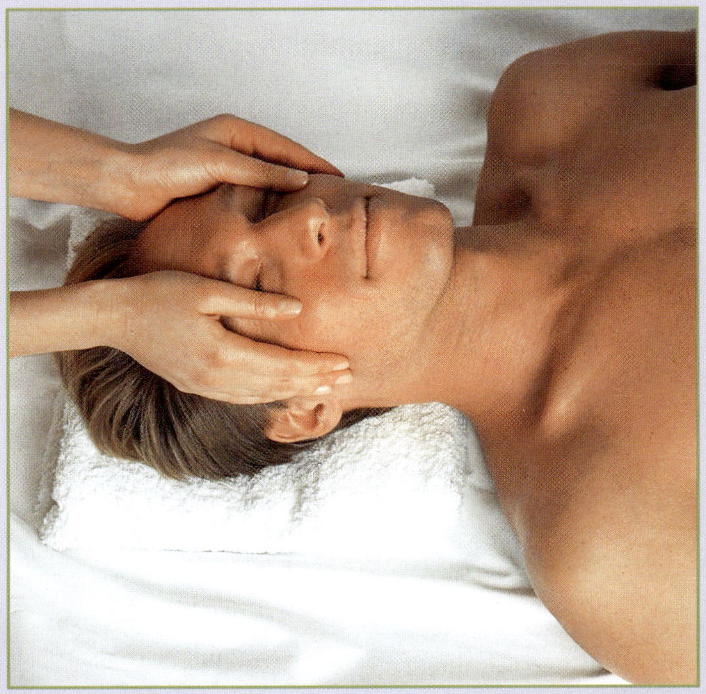

Daumenstreichungen

(links) Personen mit Kontaktlinsen sollen diese vor einer Behandlung der Augenpartie entfernen. Die Augen werden geschlossen. Legen Sie die Daumen links und rechts von den Nasenlöchern auf. Die übrigen Finger liegen locker auf den Wangen. Streichen Sie mit den Daumen nach außen, ohne die Haut zu sehr zu spannen. Wenn Sie an den Backenknochen angelangt sind, lassen Sie locker und kehren zum Ausgangspunkt zurück. Wiederholen Sie die Massagebewegung einige Male. Diese Technik hilft auch bei Nebenhöhlenentzündung.

Daumenkreise

(rechts) Sie knien knapp hinter dem Kopf und legen die Hände so auf, daß die Daumen auf den Schläfen und die übrigen Finger hinter den Ohren ruhen. Ziehen Sie mit den Daumen in gleichmäßigen Bewegungen auf den Schläfen sanfte Kreise. Fragen Sie, ob der Druck angenehm ist und Sie ihn etwas verstärken können. Nach einigen Kreisbewegungen lassen Sie die Daumen einige Sekunden ruhig auf den Schläfen liegen und heben sie dann langsam.

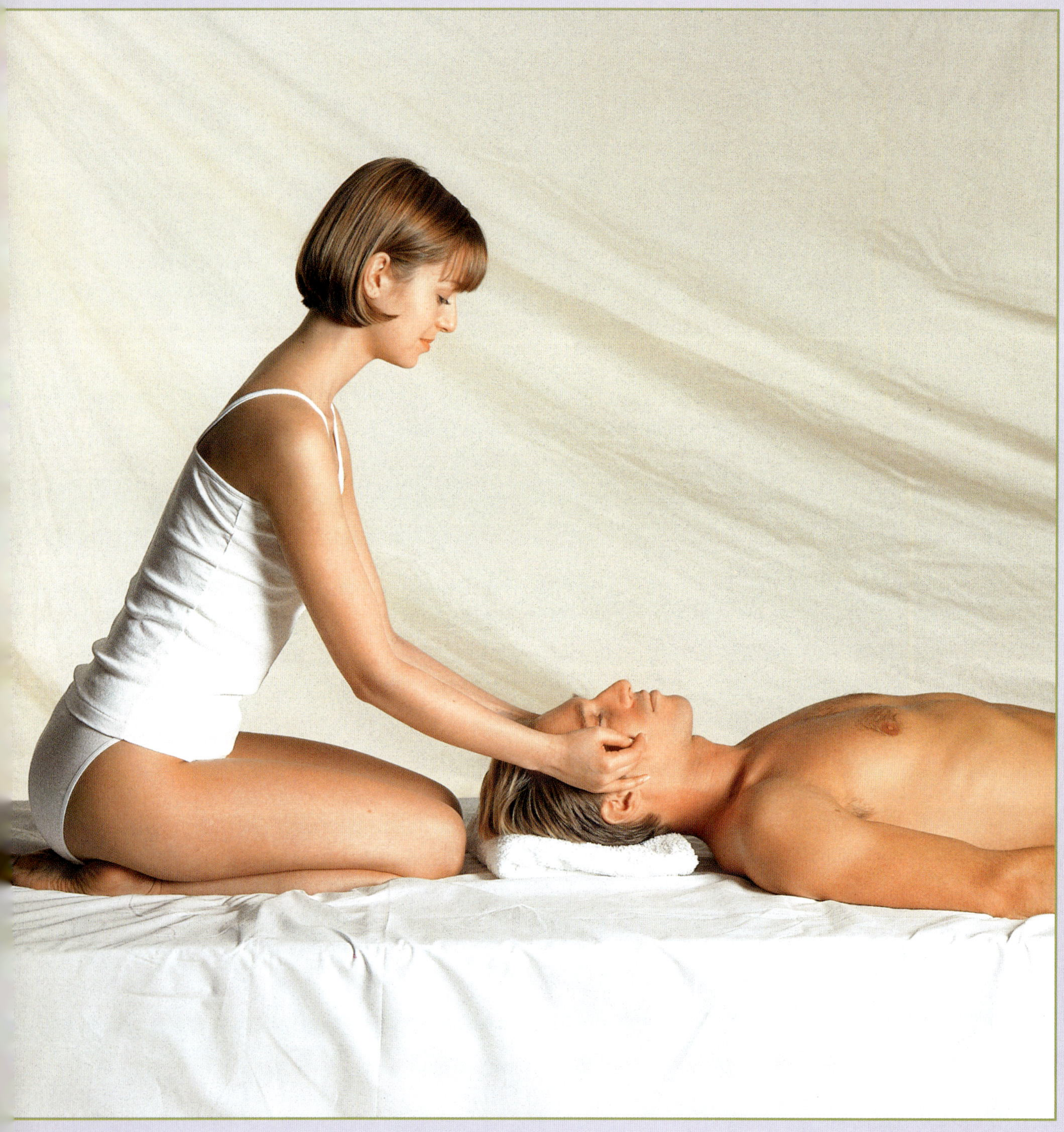

Finger-streichung der Wangen

Die massierte Person hält die Augen geschlossen. Legen Sie die Hände etwa 1 cm von der Nase entfernt unterhalb der Wangenknochen auf. Halten Sie die Finger lokker, und streichen Sie mit dem Rand des kleinen Fingers und der Spitze des Ringfingers langsam den Knochen entlang bis zum Ohr. Dann kehren Sie zum Ausgangspunkt zurück und wiederholen die Bewegung. Fahren Sie die Umrisse der Backenknochen nach. Sie können ruhig etwas Druck ausüben. Zwei- bis viermal wiederholen.

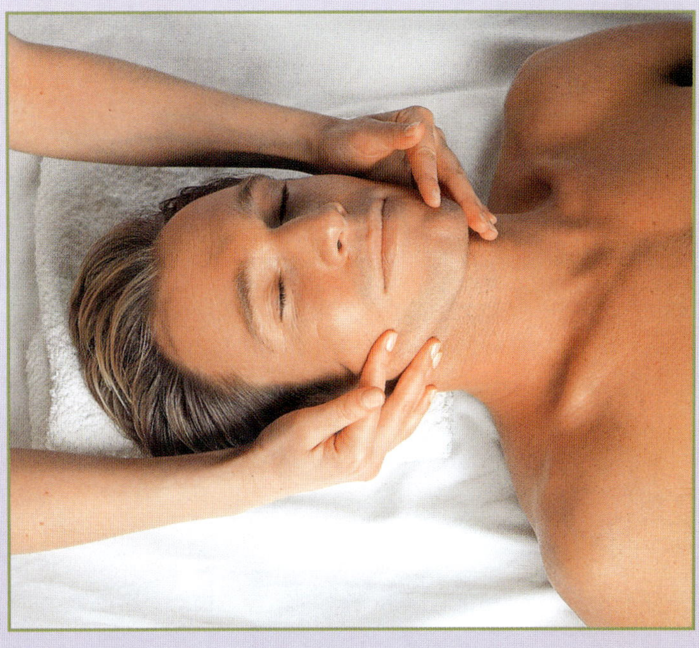

Fingerstreichung rund um den Kiefer

1 Die Person, die massiert wird, hält die Augen geschlossen. Legen Sie die Fingerspitzen sanft auf das Kinn, so daß der Kieferknochen zwischen Zeige- und Mittelfinger liegt. Die übrigen Finger bleiben locker. Streichen Sie langsam mit abwechselnden Händen den Kiefer entlang zu den Ohren. Dort angelangt, heben Sie die Finger und legen Sie wieder auf das Kinn. Durch Kaubewegungen, Sprechen oder infolge von nächtlichem Zähneknirschen können sich die Kiefermuskeln verspannen. Mit dieser Technik lassen sich solche Probleme sehr gut vermindern. Bei lockeren Zähnen, Zahn- oder Zahnfleischproblemen darf der Kiefer nicht massiert werden.

2 Bei diesen Fingerstreichungen kommt es vor allem auf fließende, weiche Bewegungen an. Immer wenn eine Hand am Ohr angelangt ist, beginnt die andere vom Kinn weg zu massieren. Wiederholen Sie den Bewegungsablauf zwei- bis viermal, und verstärken Sie dabei allmählich den Massagedruck.

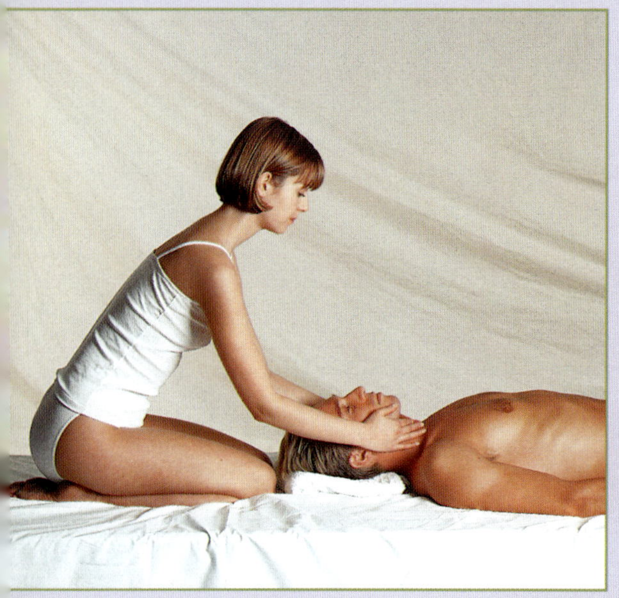

Fingerstreichung von Hals und Wangen

1 Der Kopf wird mit einem kleinen, flachen Kissen oder einem eingerollten Handtuch gestützt. Die Person, die massiert wird, schließt die Augen. Legen Sie die Finger sanft unter das Kinn, so daß die Fingerspitzen auf dem Hals ruhen. Vermeiden Sie jegliches Würgen. Streichen Sie mit den Fingerspitzen vorsichtig den Kiefer entlang über die Halsseite.

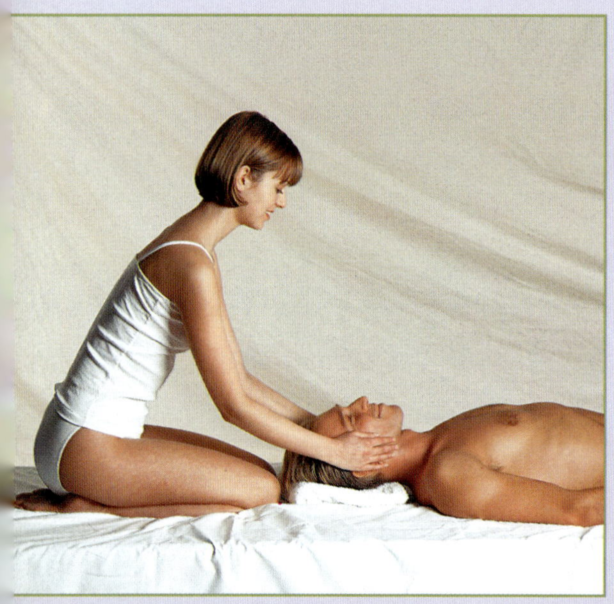

2 Massieren Sie unterhalb des Kieferknochens weiter bis fast zu den Ohrläppchen. Hier können Sie mit dem Mittelfinger etwas Druck ausüben, um den Lymphknoten zu massieren. Verhärtete oder schmerzempfindliche Lymphknoten dürfen nicht massiert werden – es könnte eine Infektionskrankheit vorliegen.

3 (rechts) Führen Sie die Fingerspitzen an der Seite des Gesichts aufwärts bis oberhalb der Ohren. Stellen Sie sich vor, Sie würden damit Energie nach oben transportieren. Streichen Sie sanft über die Wangenknochen, und verstärken Sie auf den Schläfen den Druck mit dem Mittelfinger. Massieren Sie kurz diesen Bereich. Dann bewegen Sie sich seitlich der Stirn über den Schädelknochen nach oben. Stellen Sie sich wieder vor, Sie würden die Energie bis zum Scheitel mitnehmen und zugleich den Streß ableiten. Kämmen Sie dann mit den Fingern durch die Haare.

Kehren Sie zum Ausgangspunkt am Hals zurück, und wiederholen Sie den gesamten Bewegungsablauf zwei- bis sechsmal.

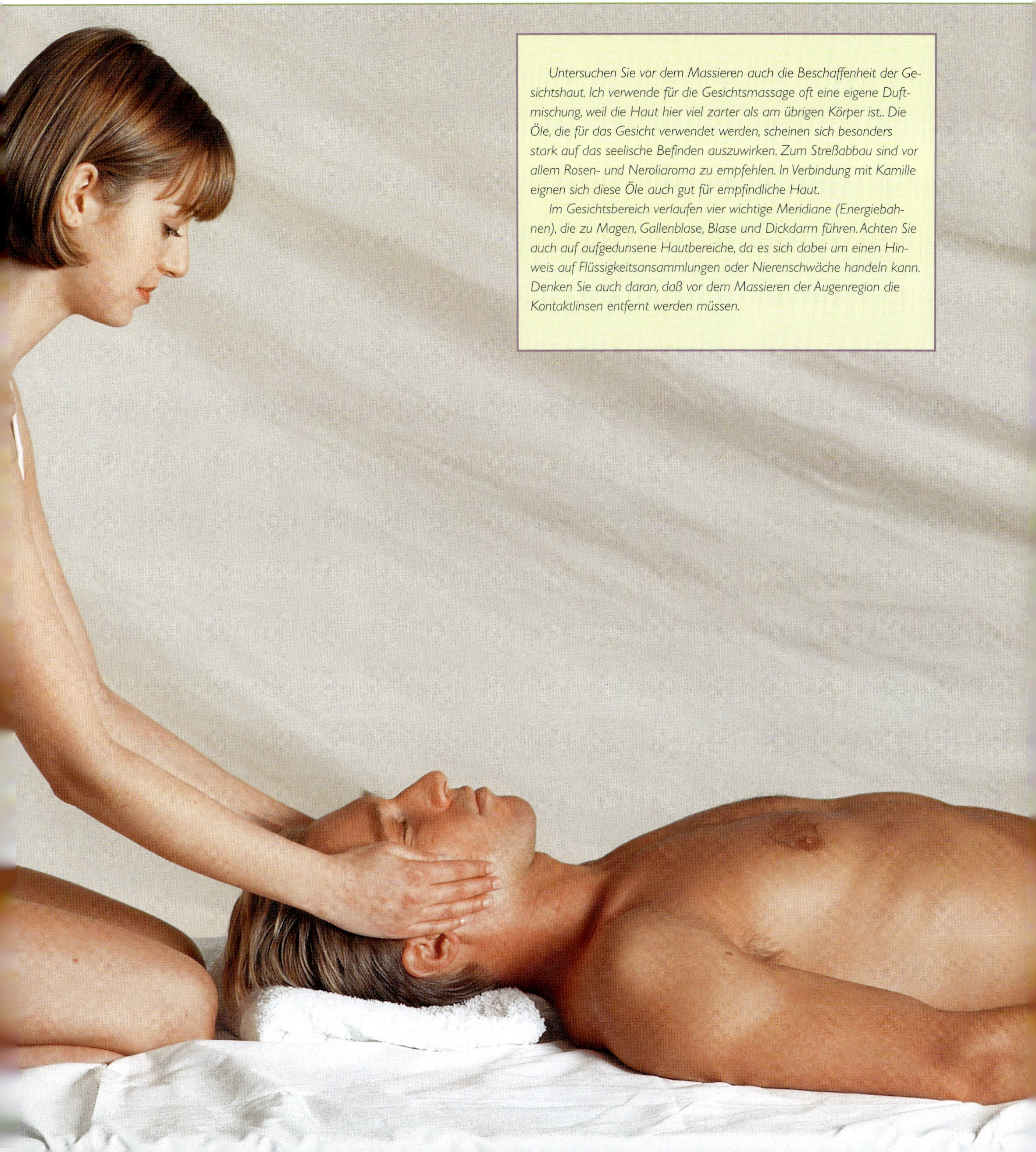

Untersuchen Sie vor dem Massieren auch die Beschaffenheit der Gesichtshaut. Ich verwende für die Gesichtsmassage oft eine eigene Duftmischung, weil die Haut hier viel zarter als am übrigen Körper ist.. Die Öle, die für das Gesicht verwendet werden, scheinen sich besonders stark auf das seelische Befinden auszuwirken. Zum Streßabbau sind vor allem Rosen- und Neroliaroma zu empfehlen. In Verbindung mit Kamille eignen sich diese Öle auch gut für empfindliche Haut.

Im Gesichtsbereich verlaufen vier wichtige Meridiane (Energiebahnen), die zu Magen, Gallenblase, Blase und Dickdarm führen. Achten Sie auch auf aufgedunsene Hautbereiche, da es sich dabei um einen Hinweis auf Flüssigkeitsansammlungen oder Nierenschwäche handeln kann. Denken Sie auch daran, daß vor dem Massieren der Augenregion die Kontaktlinsen entfernt werden müssen.

Kopf und Kopfhaut

Nach dem Gesicht sollen auch Kopf und Kopfhaut behandelt werden. Auch hier befinden sich zahlreiche Reflexzonen. Durch eine Massage kann der gesamte Energiefluß verbessert werden. Zugleich wird die dünne Muskelschicht an der Schädeldecke gelockert. Die Massage fördert die Durchblutung der Hirnregion und kann zu einer sehr tiefen Entspannung führen.

Durch das Massieren der Kopfhaut werden außerdem die Haarwurzeln besser durchblutet. In Indien ist es üblich, Erwachenen wie auch Kindern Kopf und Kopfhaut regelmäßig zu massieren, wobei zum besseren Wachstum und zur Kräftigung der Haare Kokosöl verwendet wird. Auch der Yoga-Kopfstand fördert die Blutzufuhr zum Gehirn und zu den Haarwurzeln.

In Friseursalons wird die Haarwäsche immer öfter mit einer Massage verbunden. Sie können sich den Kopf auch daheim oder im Büro massieren. Da man mit den Fingerspitzen arbeitet, sind kurzgeschnittene Nägel wichtig.

Knetung der Energiepunkte
Die Person, die massiert wird, legt die Stirn auf die Hände. Sie knien hinter dem Kopf und legen die Fingerspitzen auf den Schädelansatz. Bitten Sie Ihr Gegenüber, tief einzuatmen. Beim Ausatmen drücken Sie mit den Fingerkuppen auf die dort liegenden Energiepunkte. An den Meridianen, die hier entlang zum Kopf führen, liegen auch wichtige Akupressurpunkte. Diese Muskelregion ist häufig stark verspannt und für eine lockernde Massage dankbar. Wiederholen Sie die Druckmassage zwei- bis dreimal.

Fingerstreichung
(unten) Die Person, die massiert wird, liegt auf dem Bauch und legt die Stirn auf die Hände. Sie knien hinter dem Kopf und legen die Fingerspitzen auf den Kopfansatz. Streichen Sie mit den Fingern langsam über die Kopfhaut nach oben. Oben angelangt, heben Sie die Hände und kehren zum Ausgangspunkt zurück. Wiederholen Sie die Bewegung zwei- bis viermal. Diese Massageform wirkt belebend auf Kopf und Kopfhaut und hilft bei Kopfschmerzen.

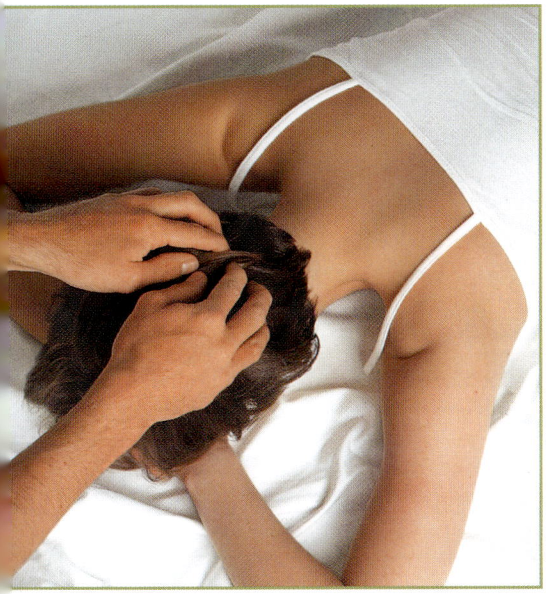

Daumenstreichung und Fingerkreisen
1 (oben) Schieben Sie als Stütze ein kleines Kissen oder ein gefaltetes Handtuch unter den Kopf. Legen Sie die Hände links und rechts an die Seite des Kopfes. Bewegen Sie die Fingerspitzen in langsamen Kreisen über den gesamten oberen und seitlichen Kopfbereich bis zu den Ohren hinunter. Die Finger der rechten Hand bewegen sich im Uhrzeigersinn, die der linken in umgekehrter Richtung. Dann wiederholen Sie die Massage mit geraden Fingerstreichungen.

2 Der Kopf wird zur Seite gedreht, so daß er gut aufliegt. Wiederholen Sie die Kreisbewegungen an der Seite des Kopfes, und dehnen Sie die Massage auf den Hinterkopf aus. Drehen Sie den Kopf auf die andere Seite, und wiederholen Sie den Bewegungsablauf.

Brust

Im Brustraum liegt das Zentrum des Lymphsystems. Alle Schadstoffe in der Lymphe, die von den Lymphknoten wegtransportiert werden, gelangen schließlich in die beiden großen Lymphgefäße in der Brustregion. Die gereinigte Lymphe gelangt über die Venen des oberen Brustraums zurück in den Körper. Vor allem bei Menschen mit flacher Atmung sind die Brustmuskeln oft verspannt.

Durch das Autofahren oder das Arbeiten am Computer kommt es leicht zu Muskelverspannungen, weil man den Körper ständig unbewußt verkrampft. Auch bei einer schlechten Haltung verkrampfen sich die Brustmuskeln, was wiederum die obere Rückenpartie stärker belastet. Durch die Brustmassage werden somit auch die Schulter- und oberen Rückenmuskeln entlastet. Bei Frauen wird nur der obere Brustkorb und der Rippenbereich behandelt, die Brüste bleiben jedoch ausgespart. Der Massagedruck darf dabei nicht zu groß sein. Männer können fester massiert werden, da ihre Muskulatur meist kräftiger entwickelt ist. Bei starker Behaarung benötigen Sie etwas mehr Öl, damit die Reibung nicht unangenehm wird.

Streichung
Knien Sie sich rittlings hinter den Kopf. Streichen Sie Öl auf die Brust, und legen Sie beide Hände auf die Brustmitte, wobei die Finger nach innen zeigen. Strecken Sie die Arme nicht ganz durch. Atmen Sie tief ein und fordern Ihr Gegenüber auf, die Atmung der Ihren anzugleichen. Beim Ausatmen streichen Sie über die Brust nach außen. Dann legen Sie die Hände ein Stück höher als zuvor wieder in die Mitte der Brust und streichen auf dieselbe Weise auswärts, bis die ganze Brust „geweitet" ist. Verspannungen in diesem Bereich hängen auch mit dem Gefühlsleben zusammen, so daß die tiefe Atmung in Verbindung mit der Massage sehr befreiend wirkt. Wiederholen Sie den Massageablauf zwei- bis dreimal.

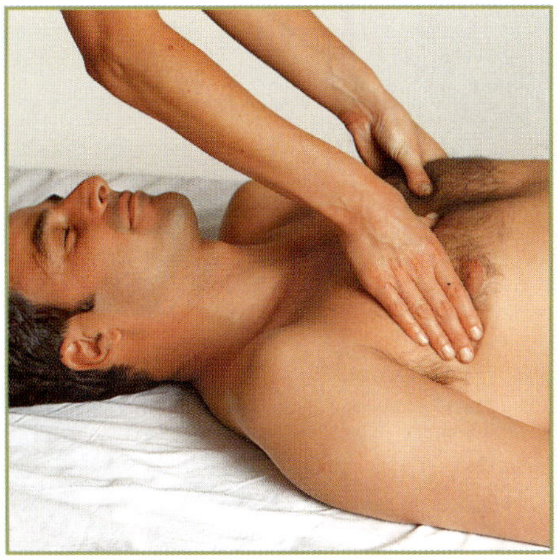

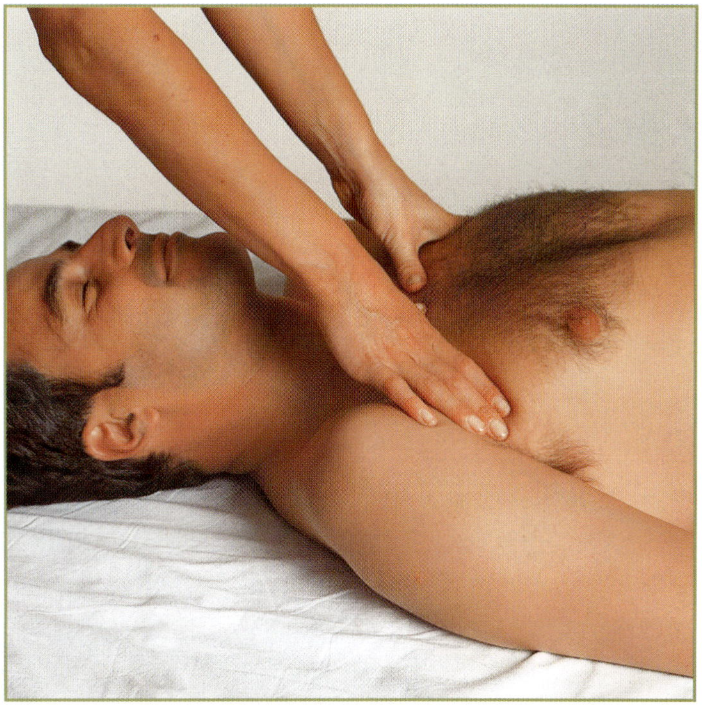

Daumenstreichung
1 Sie knien rittlings hinter dem Kopf und legen die Daumen in die Mitte der Brust. Nun atmen Sie beide tief ein. Beim Ausatmen streichen Sie mit den Daumen langsam über den Brustkorb nach außen.

2 Legen Sie die Daumen ein Stück weiter oben neuerlich auf die Mitte der Brust. Beim gemeinsamen Ausatmen streichen Sie mit den Daumen wieder nach außen. Dann wandern Sie erneut ein Stück nach oben, bis Sie an den Schlüsselbeinen angelangt sind. Die beschriebenen zwei Streichungstechniken helfen auch bei Erkältungskrankheiten.

Knöchelmassage
Sie knien rittlings hinter dem Kopf, machen mit beiden Händen eine lockere Faust und legen sie mit den Knöcheln zueinander auf die Mitte der Brust. Mit derselben Atemtechnik wie bei den Streichungen massieren Sie nun mit den Knöcheln nach außen. Wenn der Brustbereich wenig schmerzempfindlich ist, können Sie bei der Wiederholung etwas mehr Druck anwenden. Arbeiten Sie sich die Brust entlang nach oben, und wiederholen Sie die Massage zwei- bis sechsmal. Diese Technik eignet sich vor allem bei Männern mit kräftigen Brustmuskeln, weil dadurch auch der Bereich zwischen den Rippen erfaßt wird.

Arme

Die Armknochen entsprechen im Aufbau den Beinknochen, sie sind aber kleiner und weniger robust. Die Schultermuskeln stabilisieren den Schultergürtel und gewährleisten damit die Beweglichkeit der Arme und Hände.

Das Massieren der Arme erweist sich Anfängern als gar nicht einfach. Am besten werden die Ober- und Unterarme daher getrennt behandelt. Diese Massage ist nicht nur sehr angenehm, es werden auch Verspannungen im Hals-, Schulter- und Handbereich gelockert. Kopfschmerzen sowie Nacken- und Schulterbeschwerden können ebenfalls mit Verspannungen der Arme zusammenhängen und lassen sich daher durch eine Armmassage lindern.

Bei häufigen Zerrungen oder Daumenballenatrophie ist eine Armmassage sehr zu empfehlen. Es ist hier besonders wichtig, den Arm bei der Massage voll zu entspannen. Am besten wird der Arm gut abgestützt, oder er liegt neben dem Körper, wobei in diesem Fall aber nicht alle Muskeln gut erreicht werden können.

Daumenkreise

1 Die Person, die massiert wird, kann wahlweise sitzen oder liegen. Sie selbst sitzen daneben und stützen den Arm mit einer Hand ab, während Sie mit der anderen die Massage ausführen. Legen Sie die Finger um die Rückseite des Oberarms, und vollführen Sie mit den Daumen oberhalb des Ellbogens kleine Kreise, wobei Sie sich den Bizeps entlang bis zur Schulter vorarbeiten.

2 Legen Sie den Daumen an das Schultergelenk, und verstärken Sie den Druck ein wenig. Massieren Sie den gesamten Oberarm und die Schulter, bis sich die Muskeln lockern. Bei der Massage im Liegen können Sie mit dem linken und rechten Daumen abwechselnd arbeiten. Zum Abstützen legen Sie in diesem Fall die Finger unter den Arm. Der andere Arm wird auf gleiche Weise massiert.

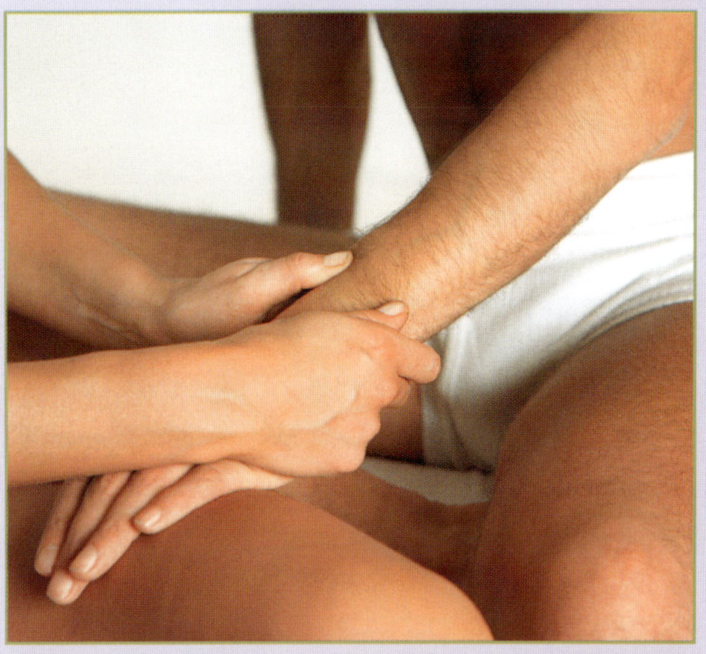

Daumenstreichung der äußeren Armseite

1 Ergreifen Sie den linken Arm mit beiden Händen, und legen Sie ihn mit der Handfläche nach unten auf Ihr Knie, so daß der Arm nicht belastet wird. Streichen Sie mit beiden Daumen am Handgelenk beginnend nach außen.

Daumenstreichung der inneren Armseite

(unten) Ergreifen Sie die linke Hand mit Ihrer Rechten, und legen Sie sie mit der Handfläche nach oben auf Ihre Knie. Stützen Sie den Arm mit der linken Hand ab, und streichen Sie mit dem linken Daumen vom Gelenk zum Ellbogen. Die Sehnen in diesem Bereich werden vor allem beim Tennisspielen, an der Computertastatur und beim Musizieren belastet. Streichen Sie über die gesamte Innenseite des Unterarms. Massieren Sie den anderen Arm auf dieselbe Weise.

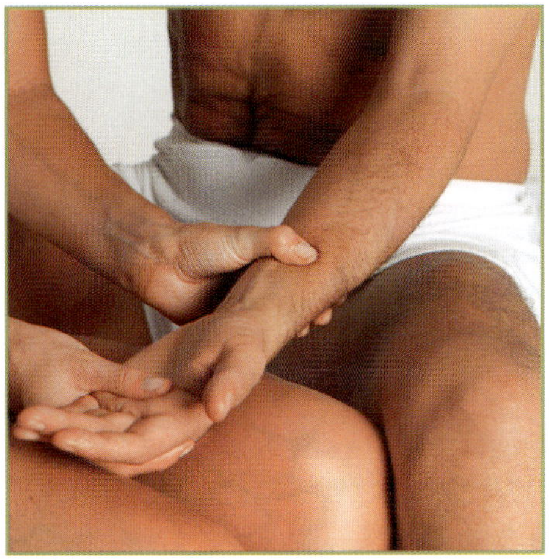

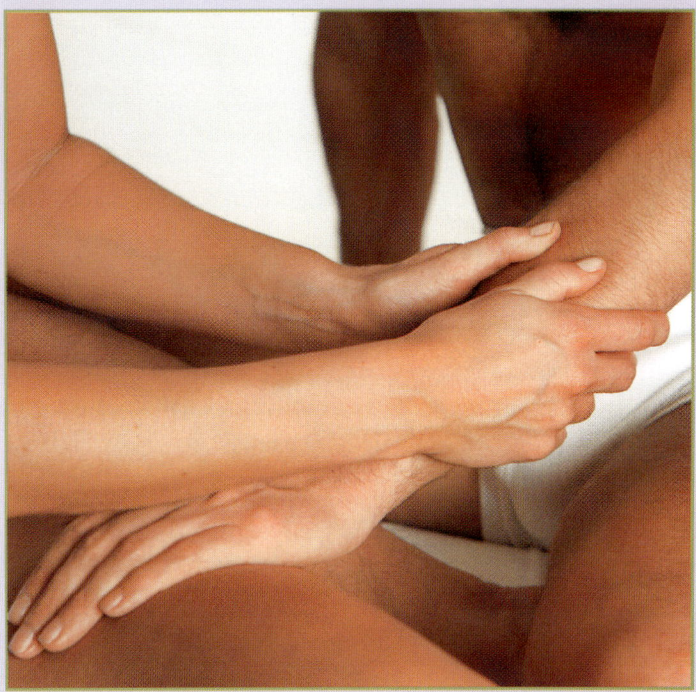

2 Wiederholen Sie die Daumenstreichung, und wandern Sie dabei langsam bis knapp unter den Ellbogen nach oben. Auch diese Armmuskeln werden im Alltag stark beansprucht und können von der Massage sehr profitieren. Wiederholen Sie die Streichung dann an dem anderen Arm.

Hände

Die Hände sind hochsensible Körperteile. Hier enden Tausende Nervenstränge, und wie an den Füßen befinden sich an den Händen zahlreiche Reflexzonen. Die Hände sind ständig der Witterung ausgesetzt und kommen häufig mit Wasser in Berührung. Außerdem ist ihre Haut besonders dünn, so daß sich an ihnen relativ früh Alterserscheinungen zeigen können.

Fast alle Menschen empfinden eine Handmassage als äußerst angenehm – man muß sich außerdem nicht eigens entkleiden, um in ihren Genuß zu kommen. Unsere Hände sind fast immer im Einsatz. Musiker, Computergraphiker, Handwerker und andere Menschen, die ständig ihre Hände gebrauchen, wissen eine entsprechende Massage sehr zu schätzen. Auch ältere Menschen, Babys und Kinder lassen sich hier gerne massieren.

Wenn die Hände als Teil einer Ganzkörpermassage behandelt werden, können Sie dasselbe Öl wie für die anderen Muskeln benützen. In den übrigen Fällen empfiehlt es sich, mit einer fetthaltigen Feuchtigkeitscreme zu massieren.

Fingerstreichungen
Die Person, die massiert wird, kann sitzen oder liegen. Setzen Sie sich an die rechte Seite, und legen Sie die rechte Hand zum leichteren Massieren mit der Handfläche nach unten auf Ihr Knie. Halten Sie die Hand als Stütze mit den Fingern beider Hände, wobei die Daumen oben liegen. Streichen Sie mit den Daumen von der Mitte ausgehend nach außen, als wollten Sie die Hand „öffnen". Dann führen Sie die Daumen in die Mitte zurück und wiederholen die Streichung etwas weiter oberhalb. Nach zwei bis vier Wiederholungen drehen Sie die Hand um und massieren die Handfläche. Hier können Sie mit etwas mehr Druck arbeiten. Dann setzen Sie sich auf die andere Seite und massieren die zweite Hand. Diese Massage wird meist als sehr entspannend erlebt.

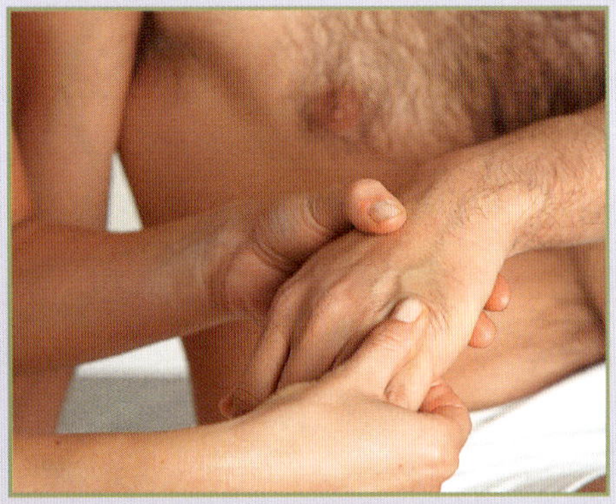

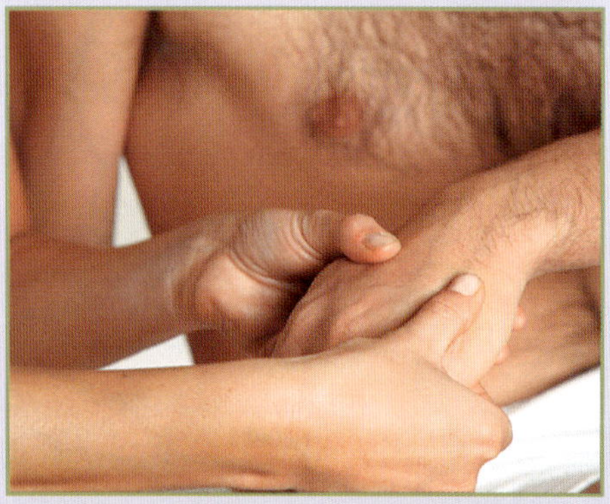

Daumenstreichung zwischen den Sehnen

1 Die Person, die massiert wird, kann sitzen oder liegen. Sie sitzen an der Seite und stützen die linke Hand mit Ihrer Linken ab. Legen Sie den rechten Daumen zwischen die Knöchel des kleinen Fingers und des Ringfingers. Streichen Sie langsam zwischen den Knochen und Sehnen in einer geraden Linie in Richtung Handgelenk.

2 Massieren Sie auf diese Weise zwischen allen Fingern die Knochen und Sehnen entlang. Zuletzt ist der Abschnitt zwischen Daumen und Zeigefinger an der Reihe. An diesen Massagestellen verlaufen wichtige Meridiane, weshalb viele Menschen hier besonders empfindlich sind.

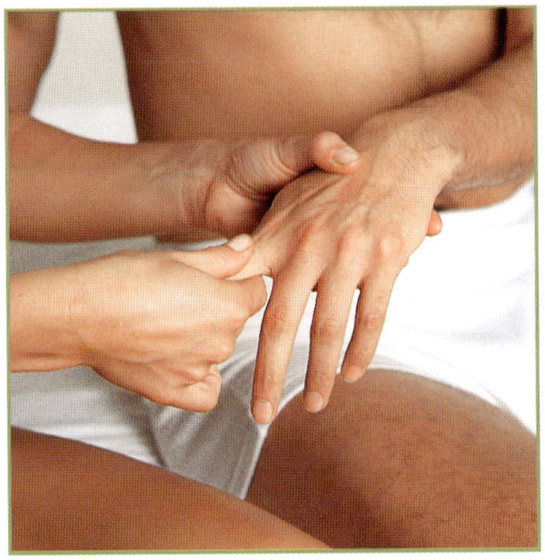

Fingermassage mit Dehnung

1 Setzen Sie sich an die rechte Seite, nehmen Sie die linke Hand mit der Handfläche nach unten in Ihre Linke. Plazieren Sie den Zeigefinger an der Wurzel zwischen dem rechten Daumen und den übrigen Fingern. Massieren Sie bis zur Fingerspitze, wobei Sie den Finger leicht nach oben ziehen. Zur Stimulierung der Nervenenden wird die Fingerspitze leicht zusammengedrückt.

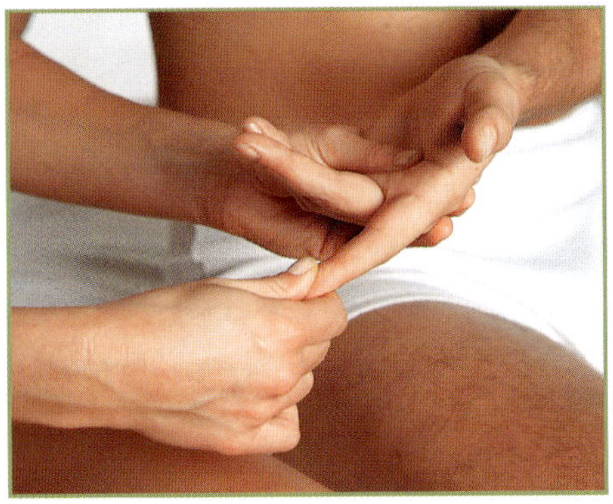

2 Massieren Sie jeden Finger auf diese Weise. Zuletzt ist der Daumen an der Reihe. Dann drehen Sie die Hand um und massieren mit derselben Methode. Anschließend wird die rechte Hand behandelt. Falls die Massage nicht zu schmerzhaft ist, eignet sich diese Technik auch bei Arthritis und steifen Gelenken.

Händedruck

Zum Abschluß des Massagedurchgangs können Sie Ihr Gegenüber „erden", indem Sie sich mit ineinandergeschlungenen Fingern kurz festhalten. Durch diesen Energieaustausch werden außerdem die Handmeridiane geöffnet.

Bauch

Der Bauch ist eine Region, an der nicht jeder Mensch gerne massiert wird. Hier sammeln sich oftmals unangenehme Emotionen an, und der Mensch fühlt sein Inneres entblößt, wenn er an dieser Stelle berührt wird. In der östlichen Philosophie gilt der Bauchraum *(Hara)* als Sitz des Bewußtseins, dort sei die Lebensenergie gebündelt.

In der Bauchhöhle befinden sich zwei Organsysteme, die für das Leben eine zentrale Rolle spielen – die Verdauungs- und Geschlechtsorgane. Diese hochsensible Region sollte möglichst nur mit sanften Streichungen und Kreisbewegungen behandelt werden. Durch das Massieren des Bauches lassen sich Verdauungsstörungen wie Verstopfung, Blähungen oder Grimmdarm lindern. Eine entsprechend sanfte Behandlung hilft auch bei Menstruationskrämpfen. Sofern keine Schmerzen oder sonstigen Beschwerden auftreten, ist eine Schwangerschaft kein Hinderungsgrund für das Ausführen einer Bauchmassage. Sie kann sogar sehr beruhigend und entspannend wirken.

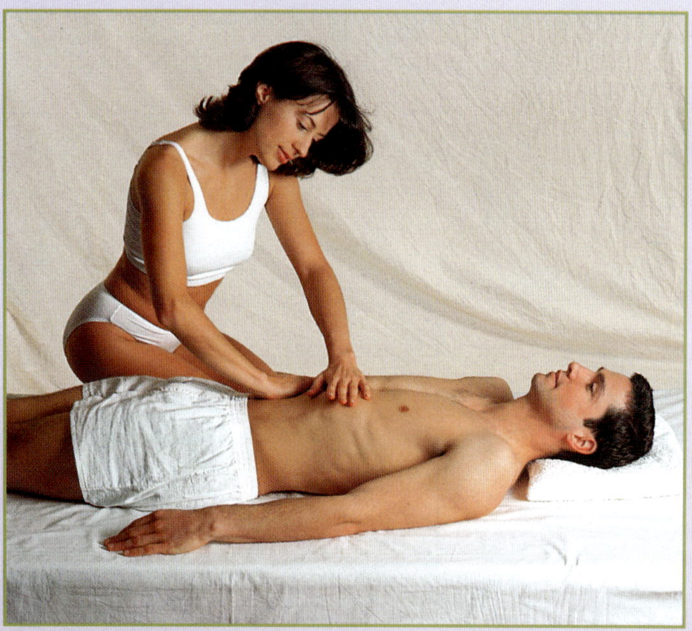

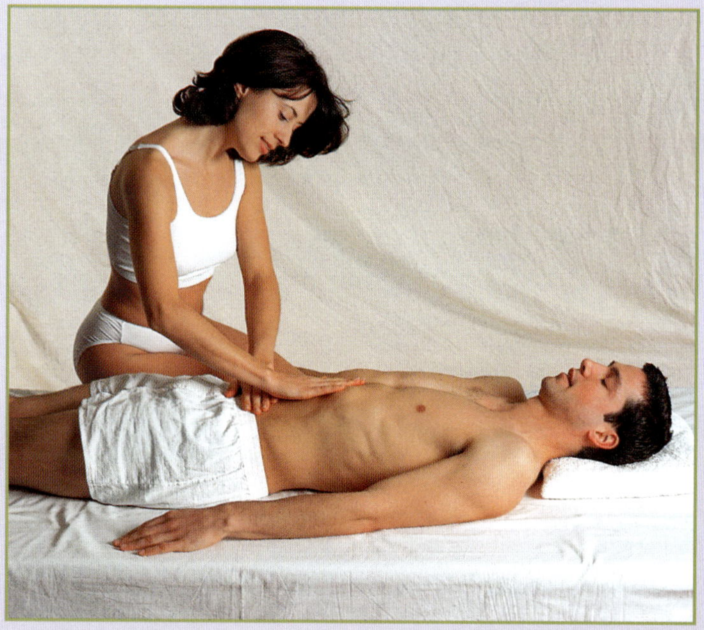

Kreisbewegungen

1 Sie sitzen oder knien neben der Hüfte. Legen Sie die leicht eingeölten Hände mit der Handfläche nach unten auf den Bauch. Halten Sie die Hände kurz ruhig, um den Kontakt herzustellen und den Bauch zu erwärmen. Streichen Sie mit der rechten Hand langsam nach rechts, wobei Sie hauptsächlich mit dem Handballen aufdrücken. Dann drehen Sie die Hand und streichen mit dem Ballen über den Bauch zurück nach links.

2 Streichen Sie nun mit der linken wie zuvor mit der rechten Hand über den Oberbauch. Führen Sie mit beiden Händen Kreisbewegungen aus, als wollten Sie eine Acht nachziehen. Anfangs brauchen Sie vermutlich etwas Übung, bis die Bewegung gut klappt. Das Wichtigste ist, daß die Streichung nicht zu abrupt erfolgt und der Kontakt zum Körper nicht abreißt. Diese sanfte Massage kann Verdauungs- und Menstruationsbeschwerden lindern.

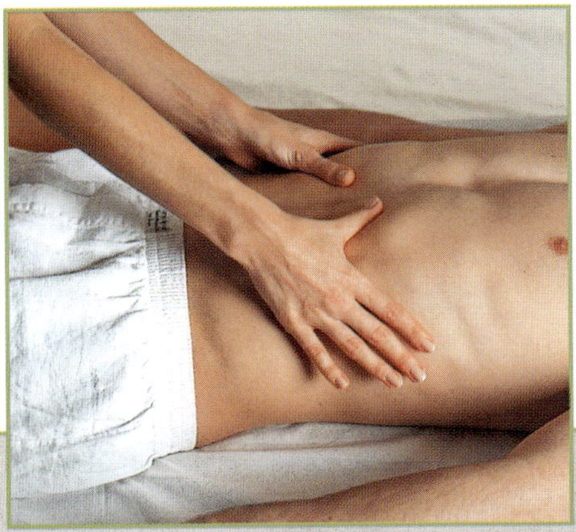

Daumenstreichung

1 Setzen oder knien Sie sich neben den Körper, und legen Sie die Daumen nebeneinander auf das Sonnengeflecht, das sich knapp unterhalb des Brustbeins befindet. Die übrigen Finger ruhen locker auf den Rippen. Bitten Sie Ihr Gegenüber, tief einzuatmen. Beim Ausatmen drücken Sie mit den Daumen leicht nach unten und streichen abwärts zum Nabel hin.

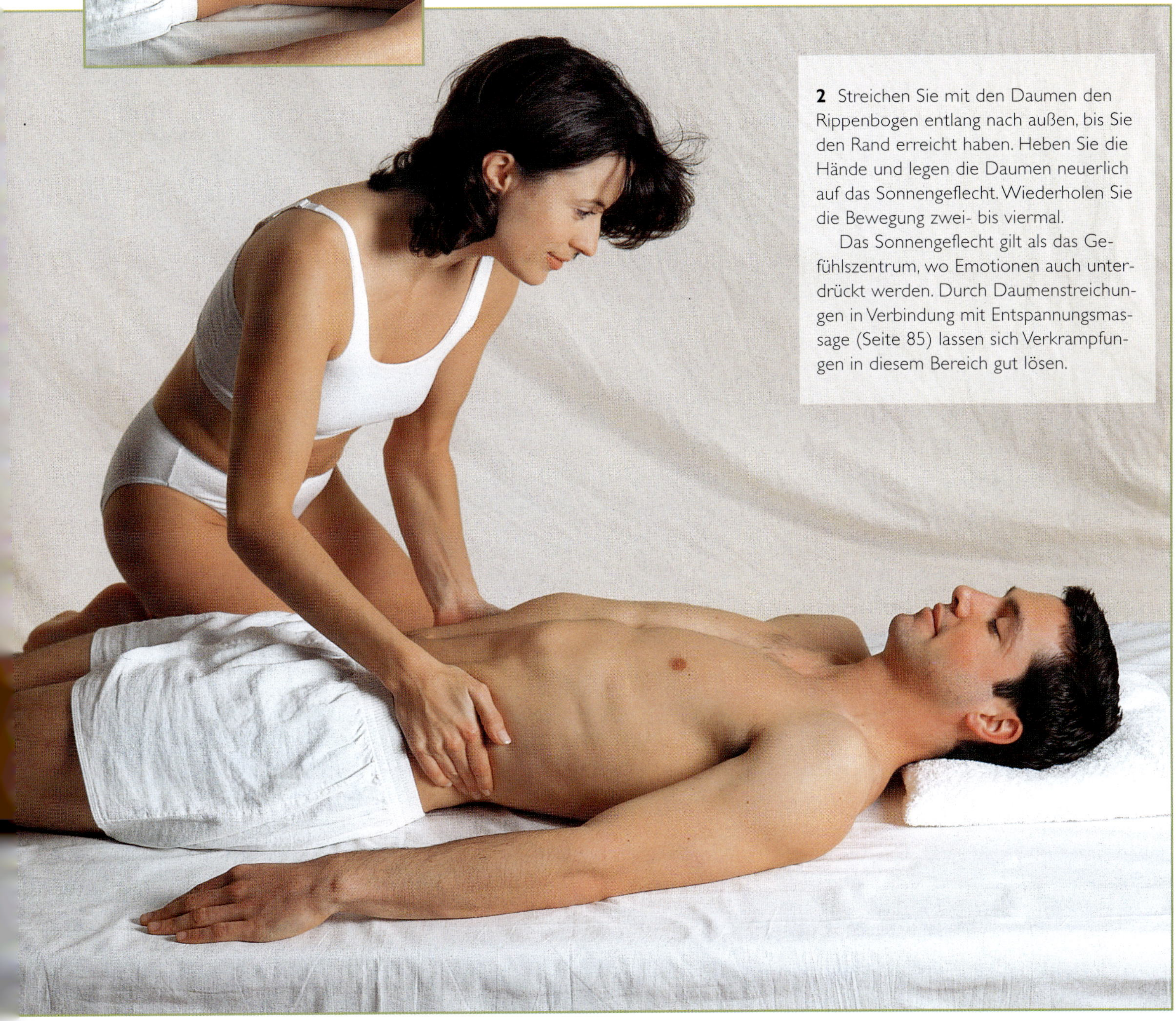

2 Streichen Sie mit den Daumen den Rippenbogen entlang nach außen, bis Sie den Rand erreicht haben. Heben Sie die Hände und legen die Daumen neuerlich auf das Sonnengeflecht. Wiederholen Sie die Bewegung zwei- bis viermal.

Das Sonnengeflecht gilt als das Gefühlszentrum, wo Emotionen auch unterdrückt werden. Durch Daumenstreichungen in Verbindung mit Entspannungsmassage (Seite 85) lassen sich Verkrampfungen in diesem Bereich gut lösen.

Dehnmassage von der Taille aus

1 (rechts) Setzen oder knien Sie sich auf Hüfthöhe. Sie brauchen für diese Massagetechnik kein Öl, sofern die Haut nicht sehr ausgetrocknet ist. Bitten Sie Ihr Gegenüber, tief einzuatmen. Beim Ausatmen beginnen Sie mit der Massage. Schieben Sie beide Hände so weit wie möglich unter die Taille, wobei die Handflächen nach oben zeigen. Ziehen Sie die Hände langsam zum äußeren Rand der Taille, so daß die Kreuzregion auf diese Weise „geöffnet" wird.

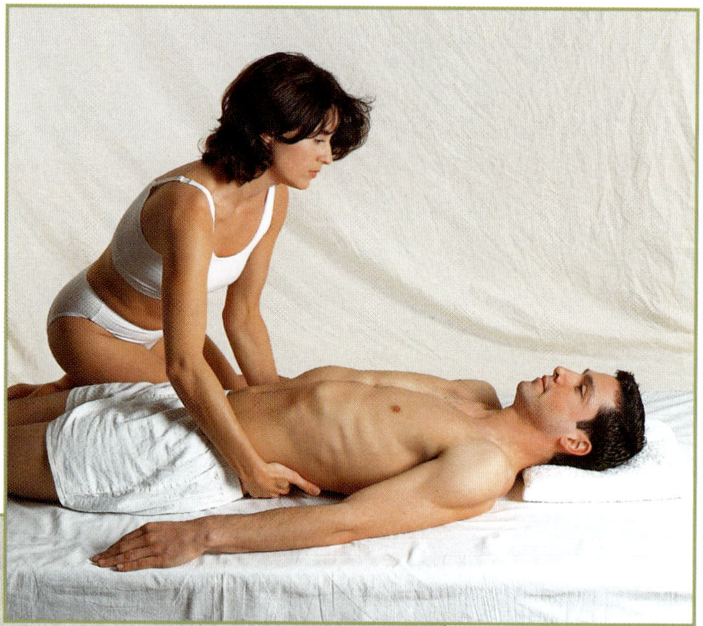

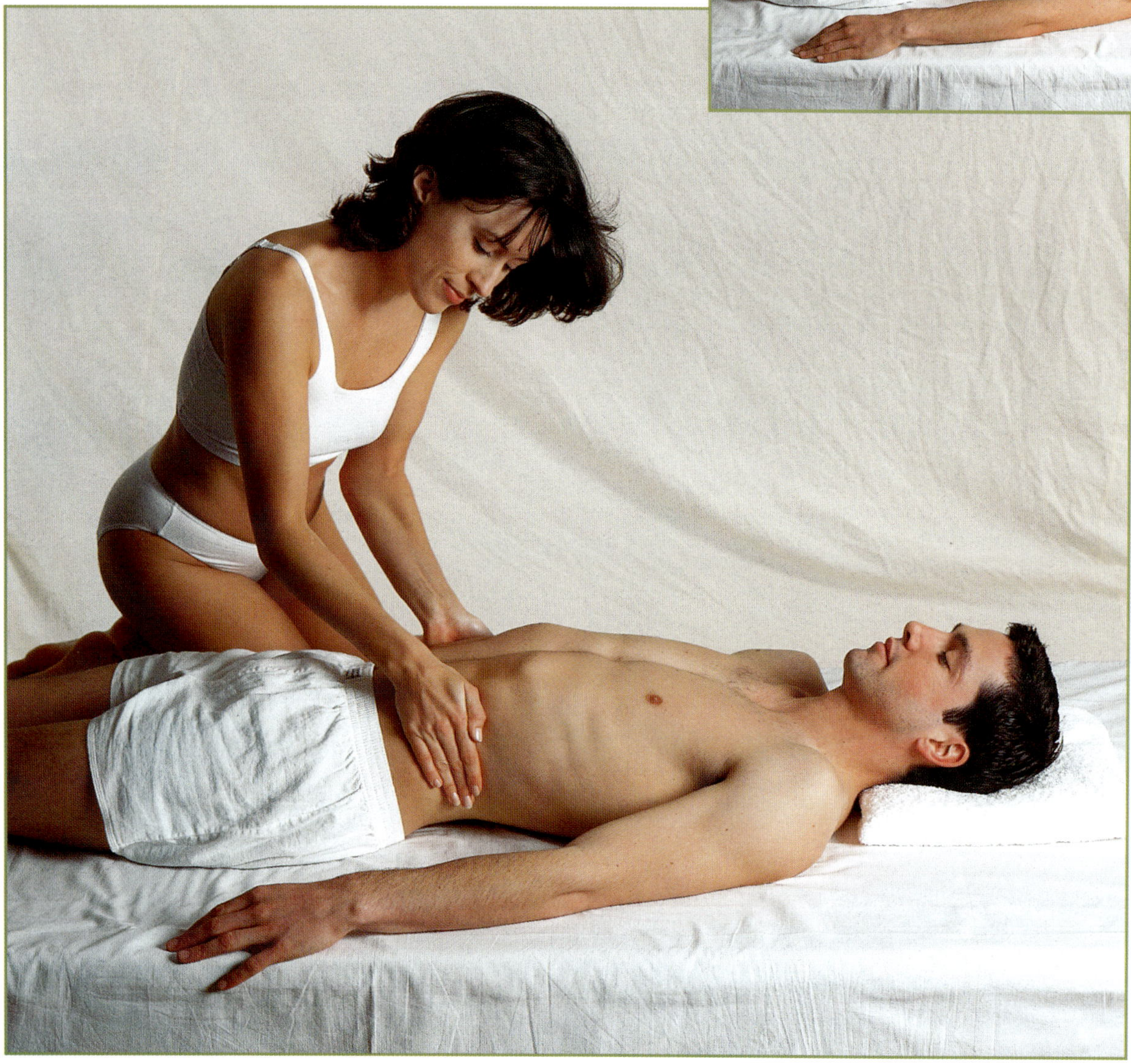

2 (links) Führen Sie die Hände entlang der Taille zum Bauch, so daß das Gewebe mit den Fingern in Richtung Nabel geschoben wird. Dort angelangt, heben Sie die Hände und kehren zum Ausgangspunkt zurück. Wiederholen Sie die Bewegung zwei- bis viermal.

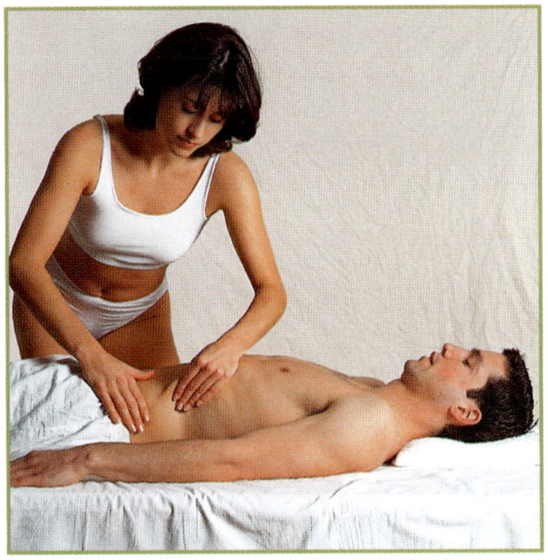

Knetgriffe
1 (oben) Sie sitzen oder knien auf Hüfthöhe. Die Handflächen sind leicht eingeölt. Legen Sie die Hände auf die von Ihnen entfernte Taillenseite. Dann heben Sie mit den Fingern der rechten Hand eine Gewebefalte zwischen Rippen und Hüfte an und rollen sie zwischen den Fingern, während Sie mit dem Daumen nach innen drücken.

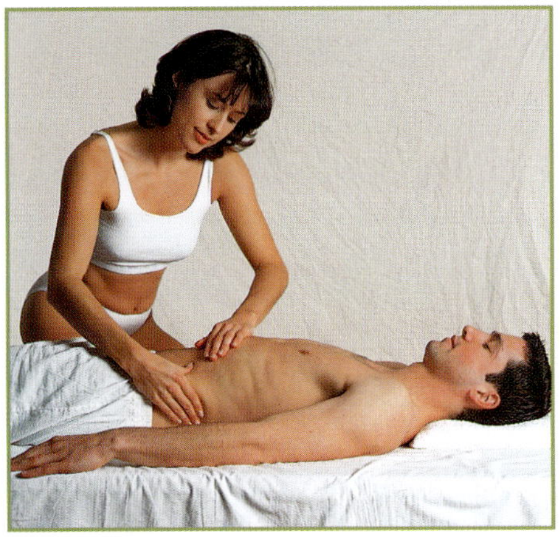

2 Wiederholen Sie die Knetung mit der linken Hand. Bearbeiten Sie dann das Gewebe in einer rhythmischen Bewegung mit abwechselnden Händen. Achten Sie darauf, nicht in die Haut zu kneifen. Diese Technik ist nur für die Körperseite, nicht für den Bauch bestimmt. Die Muskeln müssen durch Streichungen aufgewärmt werden.

Atmungsbezogene Entspannungsmassage
Setzen oder knien Sie sich neben den Körper, und legen Sie die Hände mit den Handflächen nach unten auf dem Sonnengeflecht übereinander. Atmen Sie gemeinsam tief ein, und beim Ausatmen geben Sie mit der oberen Hand vorsichtig Gewicht auf die untere, um die Luft aus dem Zwerchfell zu drücken und dadurch den Bereich des Sonnengeflechts zu entspannen. Sie können den Fingerdruck bei jeder Ausatmung ein wenig verstärken.

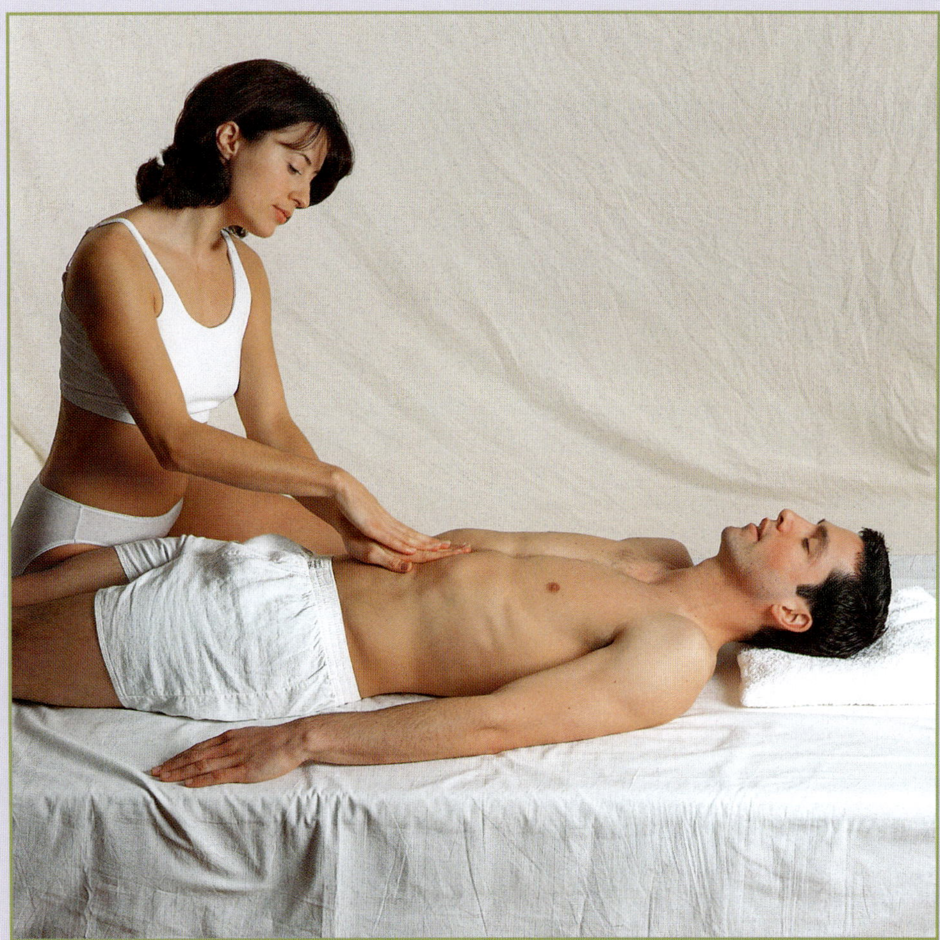

Vorderseite der Beine

Ob in der Badewanne oder bei einem Blick in den Spiegel – oft können wir die Vorderseite unserer Beine kritisch begutachten. Außer zu den Schlaf- und Ruhezeiten sind die Beinmuskeln ständig im Einsatz. Sind die Muskeln am inneren Oberschenkel verspannt, können Hüft-, Knie- und Kreuzbeschwerden auftreten. Zu schwache Beinmuskeln, die ja den Rumpf aufrecht halten sollten, verursachen Rückenschmerzen. Die wichtigsten Beinmassagegriffe wurden bereits im Abschnitt über die Hinterseite der Beine beschrieben (Seite 64).

Vor allem für Tänzerinnen und Sportler oder andere Menschen, die sich viel bewegen, ist eine Beinmassage wichtig. Doch sie ist in jedem Fall lohnend, denn die Durchblutung und der Lymphkreislauf in den Beinen werden angeregt. Knie und Schienbein sind empfindliche Stellen, bei denen Vorsicht geboten ist. Auch direkt über Krampfadern darf nicht massiert werden. Auf dem Oberschenkel kann der Massagedruck kräftiger als auf der Wade ausfallen. Das Massieren hilft zudem gegen Fettpölsterchen an den Oberschenkeln.

Streichung mit gewölbten Händen
1 Sie sitzen oder knien neben der Person, die Sie massieren, und behandeln das Ihnen zugewandte Bein. Legen Sie die gewölbten Hände etwa 10 cm oberhalb des Knies auf den Oberschenkel, so daß sie den Muskel umschließen. Die Finger liegen locker aneinander. Streichen Sie mit einer Hand langsam aufwärts. Schieben Sie den Ballen dabei mit leichtem Druck zu den Fingern hin.

2 Wenn Sie mit einer Hand oben angelangt sind, streichen Sie mit der zweiten Hand auf dieselbe Weise aufwärts. Massieren Sie so den gesamten Oberschenkel in fließenden Bewegungen mit abwechselnden Händen. Anschließend das andere Bein behandeln.

Walkung

1 Sie sitzen oder knien neben dem Körper mit Blickrichtung zu den Oberschenkeln. Da Sie die Innenseiten massieren, sollen die Beine leicht geöffnet sein. Legen Sie die Hände nebeneinander etwa 10 cm oberhalb des Knies auf den entfernter liegenden Oberschenkel. Schieben Sie nun eine Hand langsam nach vorne und zugleich die zweite in die Gegenrichtung.

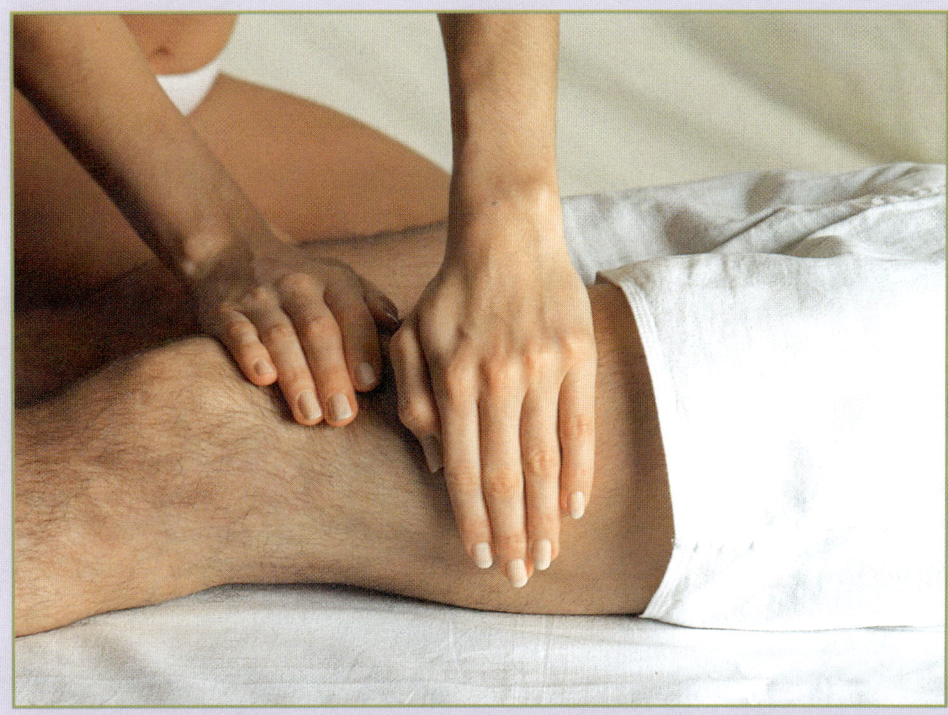

2 Kehren Sie nun die Bewegung um. Die Hand, die vorgeschoben wurde, wird zurückgezogen, und die andere kommt nach vorne, wobei der Muskel angehoben und zwischen den Händen gewalkt wird. Je stärker Sie den Muskel anheben, desto leichter läßt sich die Walkung ausführen. Wieviel Druck Sie ausüben, hängt vom Körperbau der jeweiligen Person ab. Sie können sich auch vorbeugen und das Körpergewicht einsetzen, um den Muskel stärker zu walken. Zur Massage des anderen Oberschenkels wechseln Sie die Seite.

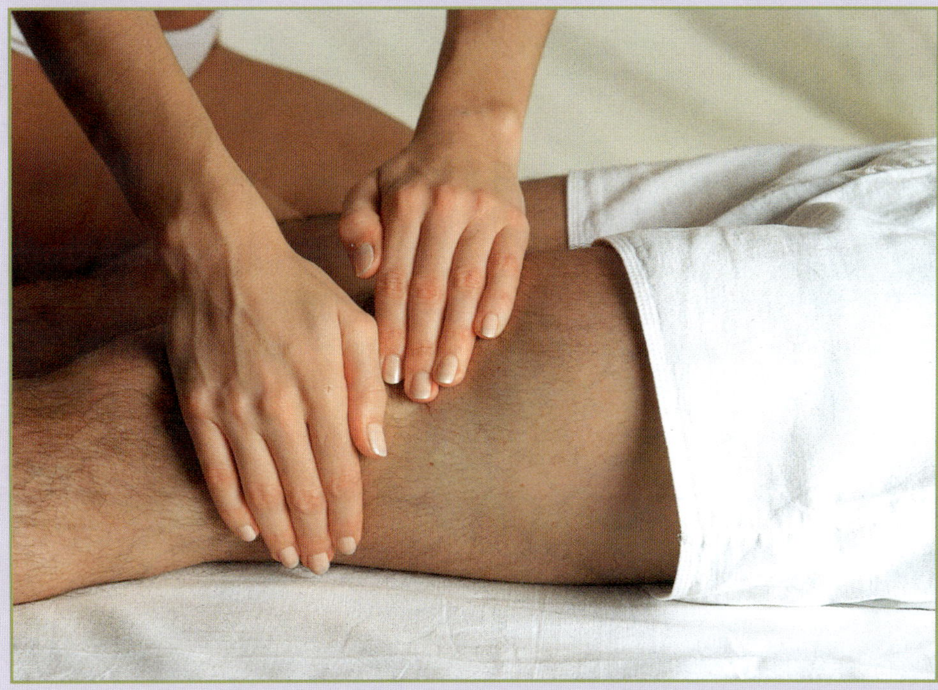

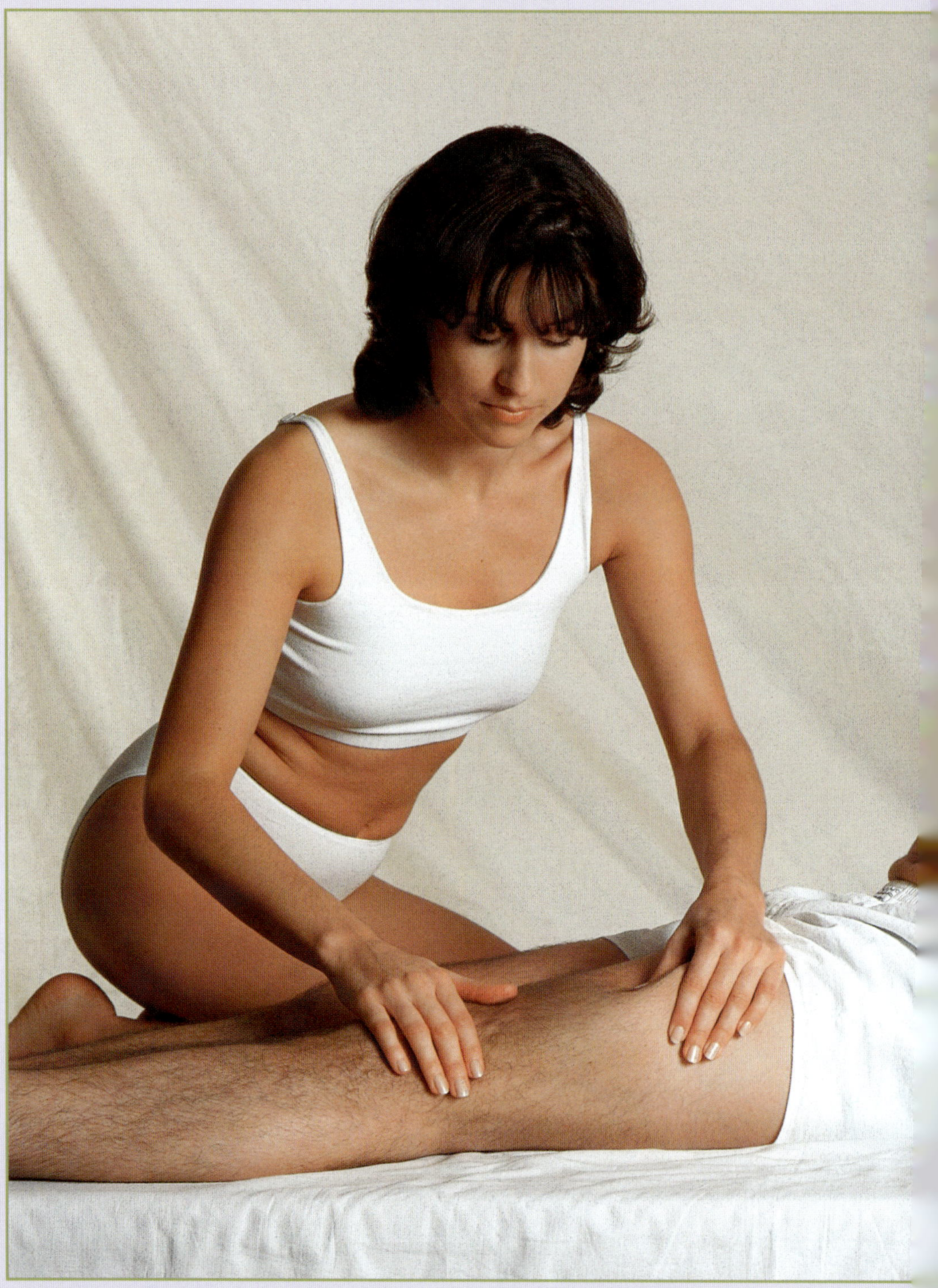

Knetgriffe

1 Sie sitzen oder knien dem Bein zugewandt und legen die Hände auf den weiter entfernten Oberschenkel. Nun nehmen Sie den Muskel zwischen den Daumen und die übrigen Finger der linken Hand, schieben ihn leicht zusammen und rollen ihn zwischen den Fingern. Wiederholen Sie die Knetung mit der rechten Hand.

2 Massieren Sie die gesamte Vorderseite des Oberschenkels mit sich abwechselnden Händen in einer langsamen, gleichmäßigen Bewegung. Der Kniebereich wird jedoch nicht mitbehandelt. Wiederholen Sie die Massage dann an dem anderen Bein. Sehr dünne Beine sowie Stellen mit Krampfadern oder defekten Kapillargefäßen werden nicht massiert.

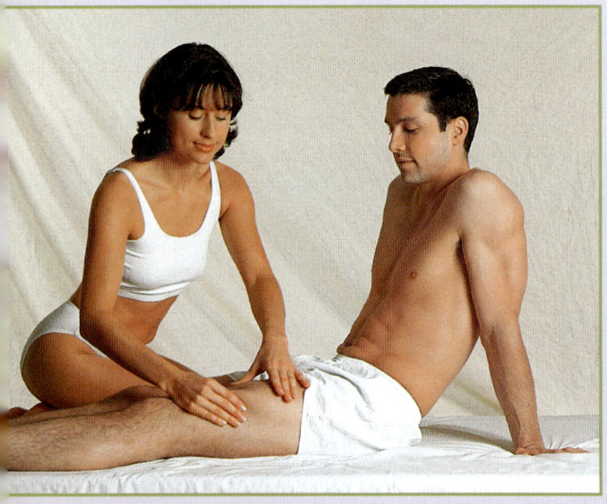

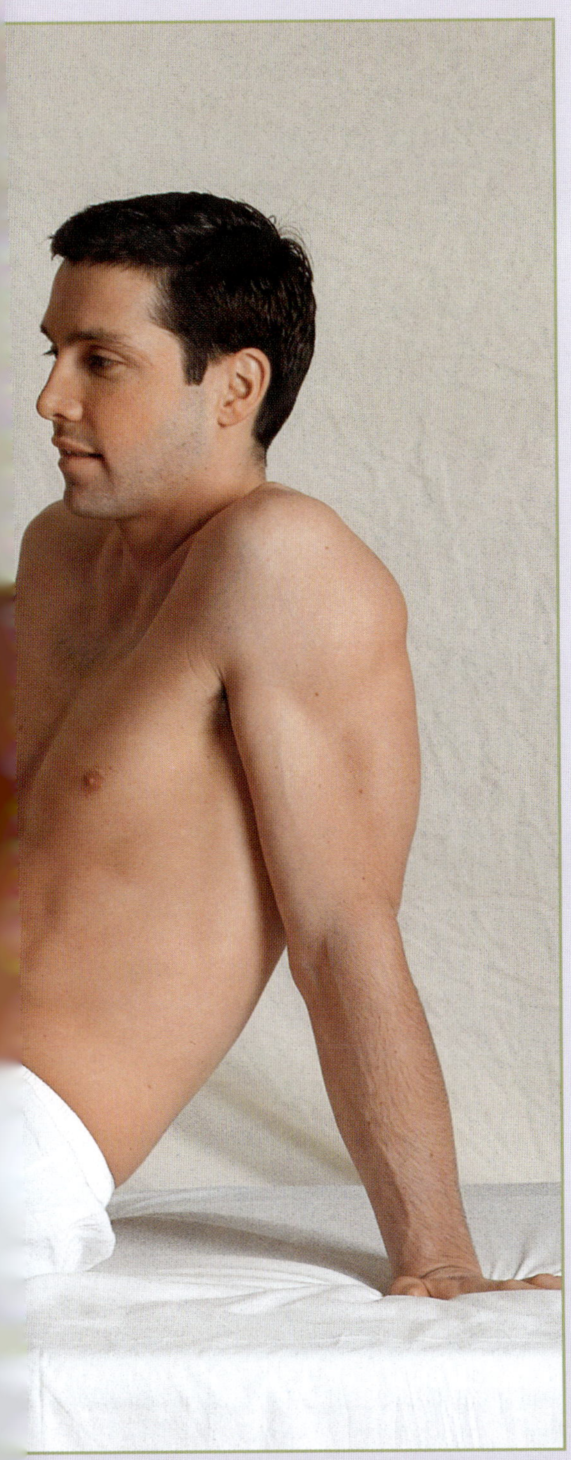

Knöchelmassage
(rechts) Sie sitzen oder knien neben dem Körper und massieren das Bein der Ihnen zugewandten Seite. Ballen Sie die Hände zu einer lockeren Faust, und streichen Sie mit den Knöcheln das Bein hinauf und herunter, wobei die Massagebewegung etwa 10 cm oberhalb des Knies beginnt. Diese Technik ist besonders für Menschen mit muskulösen Beinen angenehm, weil mit viel Druck massiert werden kann. Massieren Sie jedoch nicht an Krampfadern.

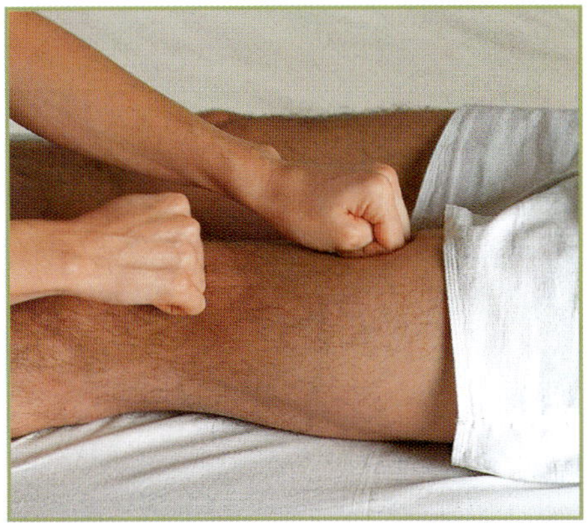

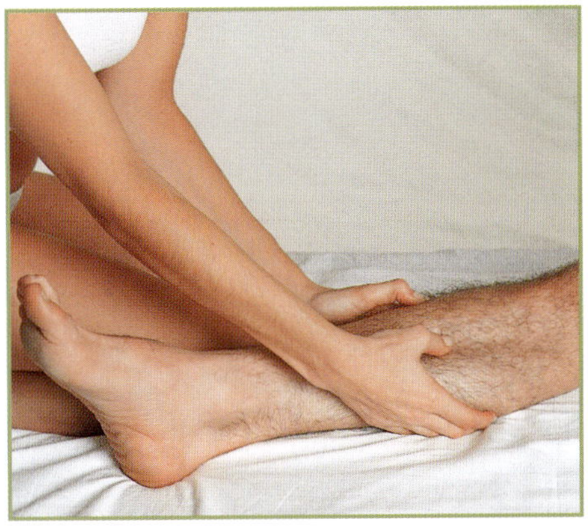

Knetung der Schienbeinseite
(links) Sie sitzen oder knien auf Höhe der Füße. Legen Sie die Daumen knapp über dem Fußknöchel links und rechts vom Schienbein auf, und führen Sie die Daumen bis zum Knie aufwärts. Dann verringern Sie den Druck und kehren zum Ausgangspunkt zurück. Drücken Sie jedoch nicht direkt auf das Schienbein. Wiederholen Sie den Bewegungsablauf an beiden Beinen jeweils zwei- bis viermal.

Knetung im Kniebereich
Sie sitzen oder knien auf Höhe der Waden. Legen Sie die Daumen knapp oberhalb der Kniescheibe auf, so daß die übrigen Finger das Knie seitlich umschließen. Massieren Sie nun die Knieregion, indem Sie die Daumen jeweils zwei Sekunden lang aufdrükken und dann locker lassen. Die Kniescheibe darf keinesfalls mitmassiert werden. Das Gewebe rund um die Knie wird zweimal auf diese Weise durchgeknetet.

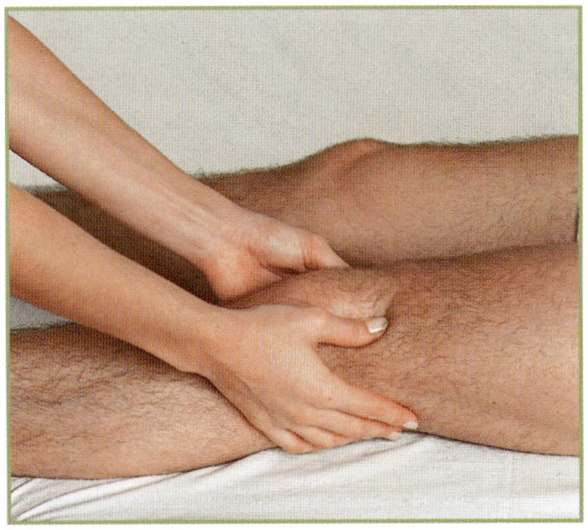

Füße

Die Füße sind höchst wichtige, nahezu unentbehrliche Körperteile, denen meist zuwenig Aufmerksamkeit zuteil wird. Im Laufe seines Lebens legt ein Mensch die Strecke von fünf Erdumkreisungen zu Fuß zurück. Leonardo da Vinci bezeichnete den Fuß als die großartigste Erfindung der Welt. Der Fuß besteht aus 28 Knochen. An den Fußsohlen befinden sich etwa 7.000 Nervenenden.

An den Füßen liegen zahlreiche Reflexzonen, so daß man durch eine Massage den Energiefluß durch den gesamten Organismus verbessern kann. Bei steifen Füßen sind vorsichtige Drehungen des Fußgelenks sehr wohltuend. Auch Zehenkreisen trägt zur Lockerung des Fußes bei. Die meisten Menschen lassen sich die Füße sehr gerne massieren. Falls die Behandlung als Kitzeln erlebt wird, arbeiten Sie mit etwas mehr Druck. Die Massage kann sowohl entspannend als auch belebend wirken und den ganzen Körper erfrischen, so daß man sich danach beschwingt und voller Energie fühlt.

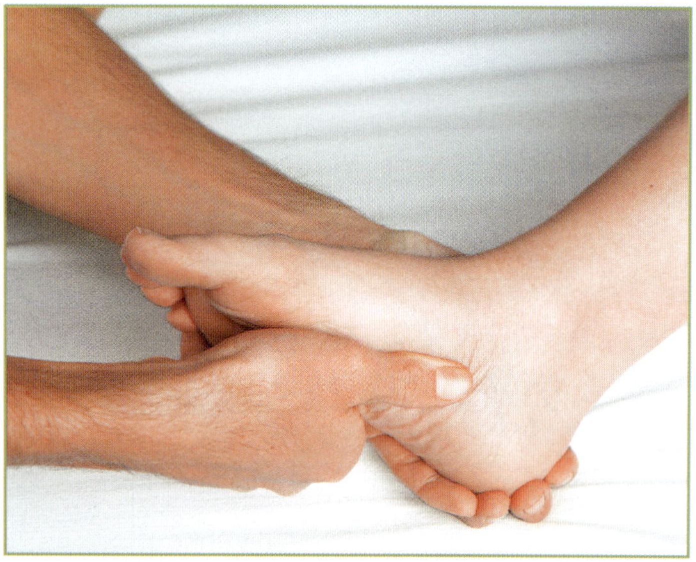

Daumenstreichung der Fußinnenseiten
(oben) Nehmen Sie den rechten Fuß in die linke Hand, und stützen Sie ihn an der Ferse mit den Fingern ab. Streichen Sie dann mit dem rechten Daumen von der großen Zehe ausgehend die Außenseite des Fußes entlang bis zur Ferse. Dort angelangt, heben Sie den Daumen und wiederholen die Streichung, wobei Sie jedesmal den Druck ein wenig steigern. Da auch hier Reflexzonen liegen, die mit dem Rückenmark korrespondieren, sind manche Stellen besonders empfindlich. Wiederholen Sie die Massage an dem linken Fuß, wobei nun der linke Daumen zum Einsatz kommt.

Daumenstreichung zwischen den Sehnen
(unten) Nehmen Sie den rechten Fuß in die linke Hand, und stützen Sie die Ferse mit den Fingern ab. Legen Sie nun den rechten Daumen zwischen die große Zehe und die zweite Zehe, und streichen Sie mit dem Daumen langsam zwischen den Knochen und Sehnen dieser zwei Zehen bis zum Fußgelenk. Dann heben Sie den Daumen und wiederholen die Streichung mit etwas mehr Druck. Massieren Sie alle Sehnen- und Knochenzwischenräume an beiden Füßen mit diesen Daumenstreichungen. An manchen Stellen ist mit erhöhter Schmerzempfindlichkeit zu rechnen, denn durch die Füße führen wichtige Meridiane.

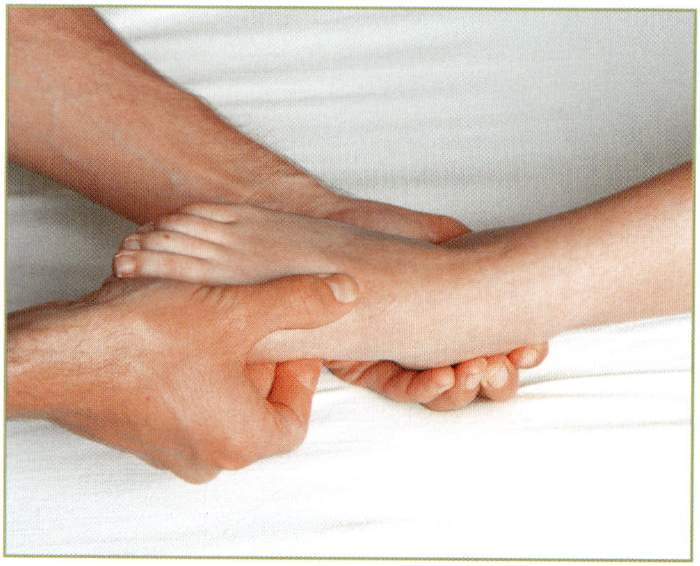

Knöchelmassage der Fußsohlen

1 (links) Halten Sie Ferse und Fußgelenk mit einer Hand fest. Mit der anderen formen Sie eine lockere Faust und legen die Knöchel unterhalb des Zehenballens auf.

2 (unten) Streichen Sie mit den Knöcheln die Fußsohle entlang bis über die Ferse, wobei diese intensive Massagetechnik auch durch die dicken Hautschichten an der Ferse hindurch wirkt. Wiederholen Sie den Bewegungsablauf drei- bis sechsmal an jedem Fuß. Wenn Sie möchten, können Sie beide Füße mit derselben Hand massieren.

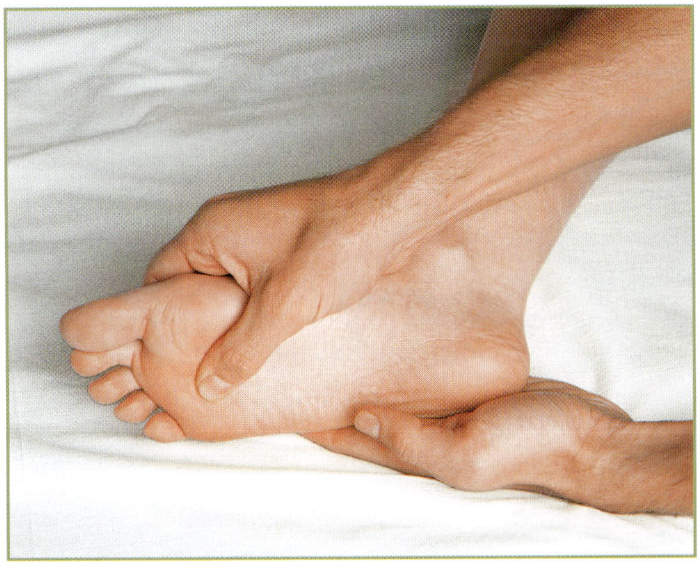

Daumenkreise

Stützen Sie den Fuß mit einer Hand ab, und legen Sie die andere so um den Fuß, daß die Daumenspitze auf dem Zehenballen zu liegen kommt. Massieren Sie die Sohle rund um den Ballen herum mit langsamen Kreisbewegungen des Daumens, und üben Sie dabei ein wenig Druck aus. Dann wiederholen Sie die Massage an dem anderen Fuß.

Dehnungsmassage der Zehen

(rechts) Halten Sie Ferse und Fußgelenk mit einer Hand fest. Nehmen Sie die große Zehe zwischen Daumen und Zeigefinger der anderen Hand, massieren von der Zehenwurzel ausgehend aufwärts und ziehen dabei leicht nach oben. Wiederholen Sie die Massage mit etwas mehr Druck. Sie können die Seiten der Zehen gleichermaßen behandeln. Massieren Sie alle Zehen auf diese Weise, und wiederholen Sie die Massage an dem anderen Fuß.

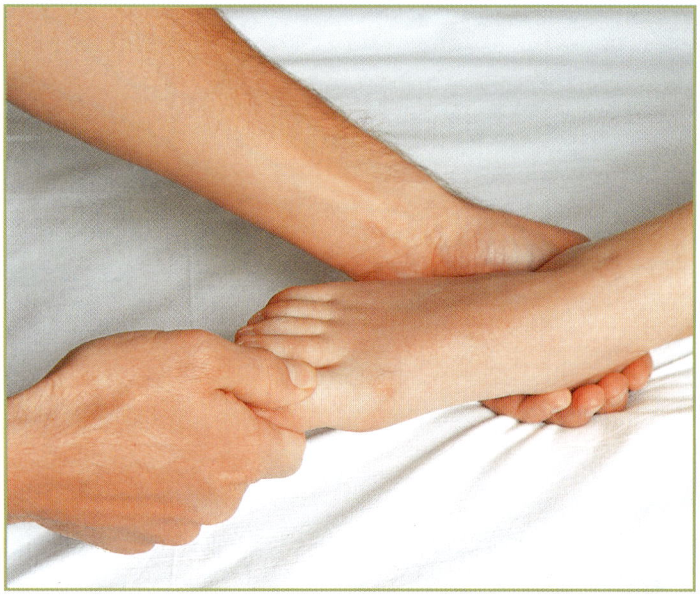

Sanfte Streichung

1 Umschließen Sie den Fuß mit beiden Händen. Die oben liegende Hand zeigt mit den Fingern nach unten, die untere nach oben. Halten Sie den Fuß einige Sekunden lang fest. Streichen Sie dann mit den Händen vom Fußgelenk beziehungsweise von der Ferse ausgehend zu den Zehen. Die Hände geben dabei den Formen von Fußsohle und Rist nach.

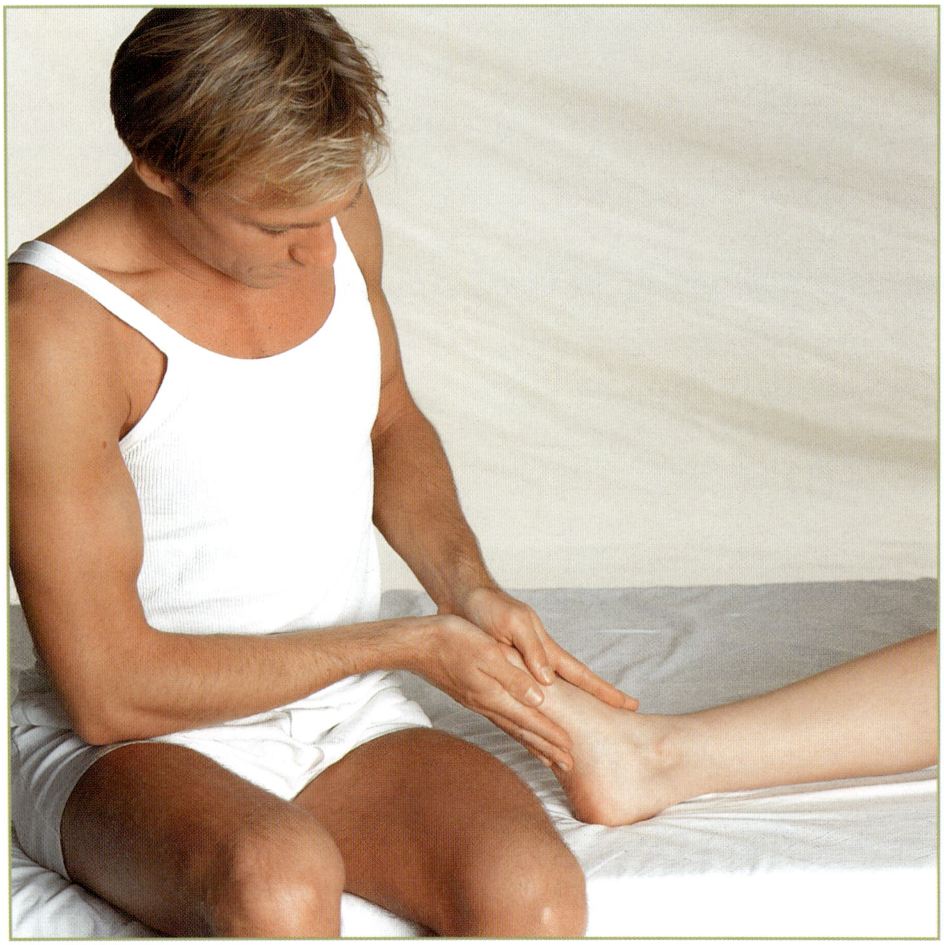

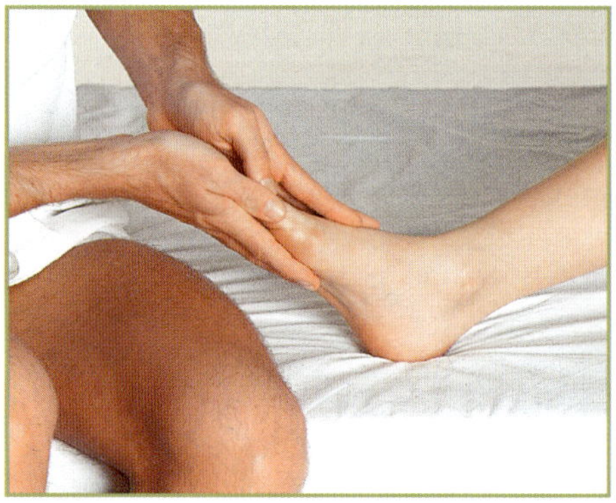

2 Streichen Sie bis zu den Zehenspitzen. Ziehen Sie dabei den Fuß vorsichtig in die Länge. Umschließen Sie die Zehen beim Darüberstreichen mit den Fingern, und lassen Sie sie dann sanft los. Wiederholen Sie den gesamten Bewegungsablauf zwei- bis viermal. Beim letzten Aufwärtsstreichen halten Sie den Fuß etwas länger fest, um den Massagedurchgang abzurunden. Anschließend wird der andere Fuß auf dieselbe Weise massiert.

Erdung

Legen Sie die Handflächen an die Fußsohlen. Konzentrieren Sie sich darauf, tief und langsam zu atmen. Stellen Sie sich vor, Wärme und positive Energie ströme von Ihren Händen auf die Füße über. Atmen Sie nochmals tief ein, und drücken Sie beim Ausatmen die obere Fußregion leicht nach vorne, um das Gelenk zu lockern. Bleiben Sie einige Sekunden in dieser Position, dann ziehen Sie die Hände langsam zurück.

Sinne und Jahreszeit

Der Lauf der Natur ist vom Wechsel der Jahreszeiten bestimmt. Im Frühling regen sich die Lebenssäfte des Baumes. Es bilden sich Knospen und Blüten, die im Sommer den Blättern weichen. Im Herbst ziehen sich die Säfte zurück, und die Wurzeln speichern Nährstoffe für den Winter.

Auch wir Menschen stehen unter dem Einfluß der Jahreszeiten. Dieses Kapitel beschreibt unsere körperlichen und seelischen Zyklen und empfiehlt eine jeweils entsprechende Massageform.

Der Einfluß der Jahreszeiten

Früher war das Leben vom Wechsel der Jahreszeiten geprägt. Nach Aussaat, Wachstumsperiode und Ernte folgte ein langer, dunkler Winter bei Kerzenschein und offenem Feuer. Heute spielen die Jahreszeiten keine gleichrangige Rolle mehr, sie wirken sich aber nach wie vor auf die körperliche und seelische Befindlichkeit aus.

Mit Hilfe von Duftessenzen in Massageölen oder als Badezusatz lassen sich viele jahreszeitlich bedingte Beschwerden wie Winterdepression oder unangenehme Hitzesymptome beeinflussen. Die Tabelle auf der folgenden Seite bietet einen Überblick über die jeweils passenden Öle. Die meisten der hier empfohlenen Essenzen sind in Reformhäusern und Apotheken erhältlich. Ist ein bestimmtes Produkt im Handel aber nicht aufzutreiben, können Sie die im Adressenteil angegebenen Stellen um Rat fragen.

Einige Öle lassen sich zu mehreren Jahreszeiten anwenden. Lavendel etwa ist ein sehr vielseitiges Aroma. Fruchtige Essenzen werden im Sommer vor allem ihrer erfrischenden Note wegen verwendet, während sie im Herbst und Winter eher eine gemütserhellende Wirkung verbreiten. Sie werden dann mit Gewürz- und Holzölen kombiniert.

Als Massage- und Badeöle wirken die Essenzen entspannend, wecken die Lebensgeister und fördern die natürlichen Selbstheilungskräfte des Körpers.

Frühling

- Bergamotte
- Fenchel
- Gardenie
- Geranie
- Grapefruit
- Hyazinthe
- Jasmin
- Kamille
- Lavendel
- Narzisse
- Neroli
- Rose
- Rosmarin
- Wacholder
- Zypresse

Herbst

- Gewürznelke
- Ingwer
- Kardamom
- Lavendel
- Lindenbaum
- Majoran
- Muskatnuß
- Orange
- Patschuli
- Rosenholz
- Rosmarin
- Sandelholz
- Weihrauch
- Zedernholz
- Zimt

Sommer

- Deutsche Kamille
- Geranie
- Grapefruit
- Lavendel
- Limette
- Mandarine
- Melisse
- Muskatellersalbei
- Palmarosa
- Petitgrain
- Pfefferminze
- Ringelblume
- Rose
- Veilchen
- Zitrone
- Zitronengras
- Zypresse

Winter

- Basilikum
- Benzoe
- Elemi
- Eukalyptus
- Ingwer
- Kajeput
- Koriander
- Myrrhe
- Neroli
- Niaouli
- Pinie
- Rosmarin
- schwarzer Pfeffer
- Teebaum
- Thymian
- Wacholder
- Zimt

Frühlingsmassage

Frühling ist die Zeit des Aufbruchs. Er bringt neues Leben, neue Energie und Vitalität. Der lange, dunkle Winter geht zu Ende, die Bäume treiben aus, die Blumen knospen und erblühen in einem Meer aus Farben und Düften, die Geist und Seele beflügeln. Jetzt ist es auch an der Zeit, Körper und Geist zu reinigen und die Winterträgheit abzuschütteln.

Nehmen Sie in dieser Zeit viel frisches Obst und Gemüse zu sich. Entschlacken Sie den Körper durch das Bürsten und Massieren der trockenen Haut. Eine Fußreflexzonenmassage regt die Tätigkeit der Lymphgefäße und Nieren an. Einfache Blumenessenzen wie Kamillen-, Rosen-, Neroli- und Lavendelöl beleben Körper und Seele.

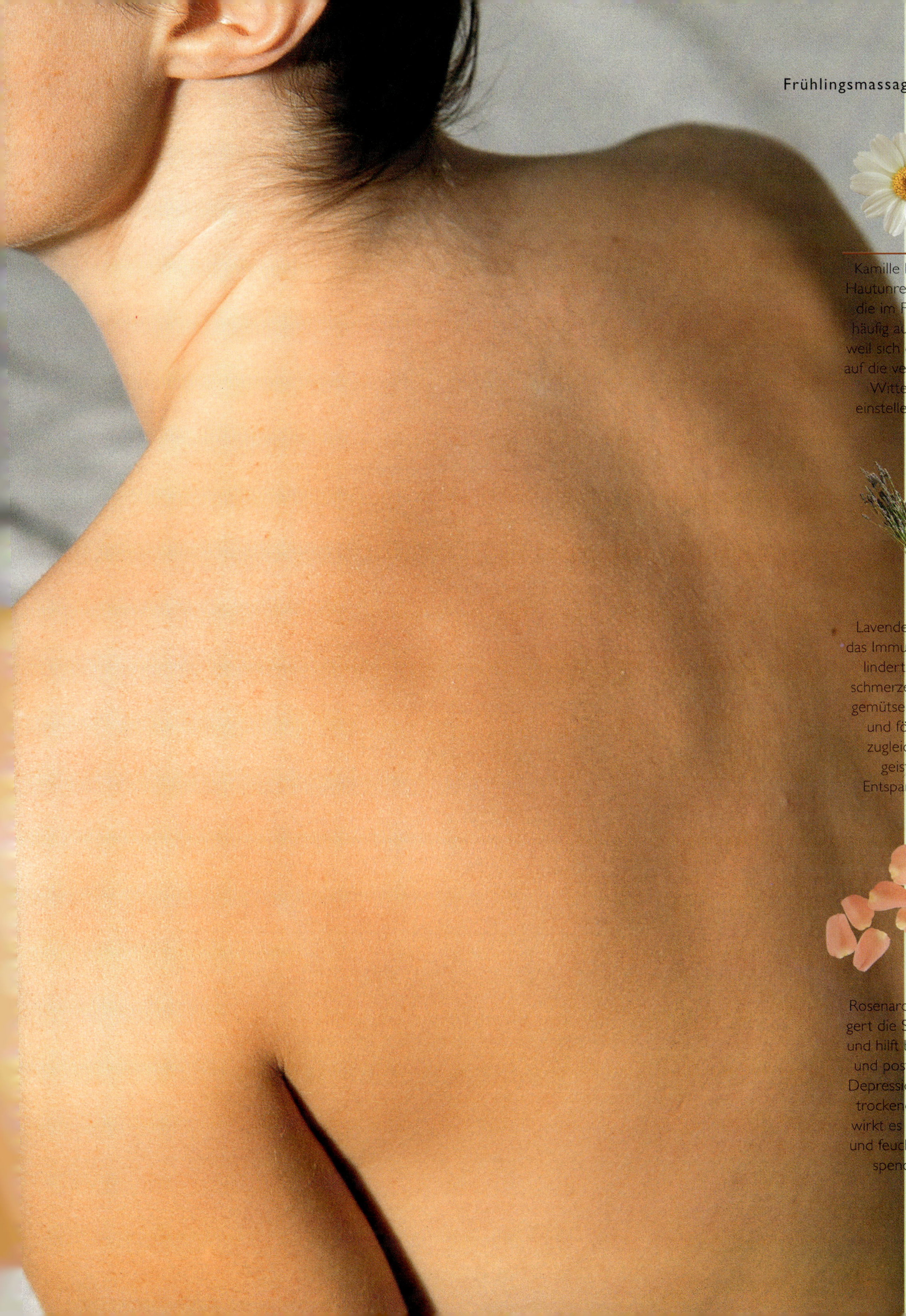

Kamille hilft bei Hautunreinheiten, die im Frühling häufig auftreten, weil sich die Haut auf die veränderte Witterung einstellen muß.

Lavendel stärkt das Immunsystem, lindert Kopfschmerzen, wirkt gemütserhellend und fördert zugleich die geistige Entspannung.

Rosenaroma steigert die Sinneslust und hilft bei Angst und postnatalen Depressionen. Bei trockener Haut wirkt es lindernd und feuchtigkeitsspendend.

Innere Reinigung

Der Frühling ist die Zeit des Großreinemachens in Haus und Garten. Auch der Körper soll jetzt durch eine Lymphdrainage entschlackt werden. Die Lymphe ist eine farblose Flüssigkeit, die den Zellen Nährstoffe zuführt und Schadstoffe von dort ableitet. Bei körperlicher Betätigung und während einer Massage übt die Bewegung der Muskeln Druck auf die Lymphgefäße aus, so daß der Lymphfluß angeregt wird. Die Lymphe wird in den Lymphknoten gefiltert, wobei Bakterien unschädlich gemacht und an der Ausbreitung gehindert werden.

Die wichtigsten Lymphknoten liegen im Hals, in den Achselhöhlen, an den Ellbogen, in der Leiste und in den Kniekehlen. Die größten Lymphgefäße verlaufen im Brustraum. Ein unzureichender Lymphfluß begünstigt Infektionen, Flüssigkeitsansammlungen im Gewebe sowie Zellulitis. Eine Lymphdrainage mit Geranien-, Wacholder-, Zypressen- oder Rosmarinöl eignet sich in Verbindung mit einer Bürstenmassage gut dazu, den Kreislauf anzuregen.

2 (unten) Wiederholen Sie die Druckmassage, und bewegen Sie sich mit den Fingern jedesmal ein Stück weiter. Mit dieser Technik wird der Lymphfluß in die großen Lymphgefäße im Brustraum verstärkt. Die Hände werden zu diesem Zweck vom oberen Teil des Brustbeins insgesamt etwa 10 cm abwärts bewegt. Kehren Sie in die Ausgangsposition zurück und wiederholen die Massage noch zweimal. Achten Sie darauf, beim Drücken nach unten die Finger jedesmal leicht nach vorne zu schieben.

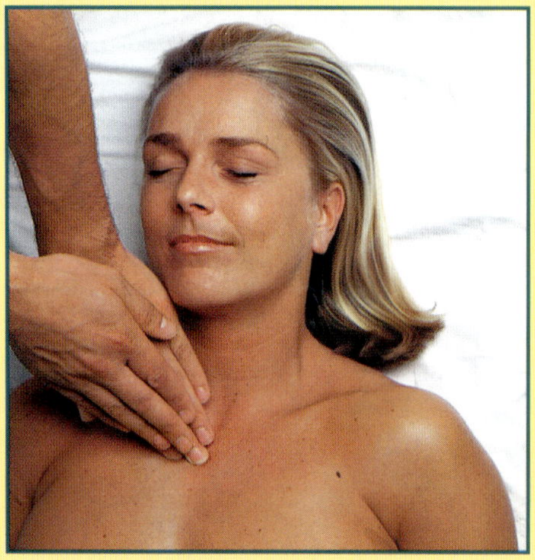

Lymphdrainage im Brustkorb

1 Sie stehen oder sitzen neben der Person, die massiert wird. Legen Sie die linke Hand an den oberen Teil des Brustbeins und die rechte Hand auf die linke. Halten Sie die Handgelenke locker und die Finger nicht zu steif. Drücken Sie mit der rechten Hand einige Sekunden lang auf die linke, und lassen Sie dann wieder locker.

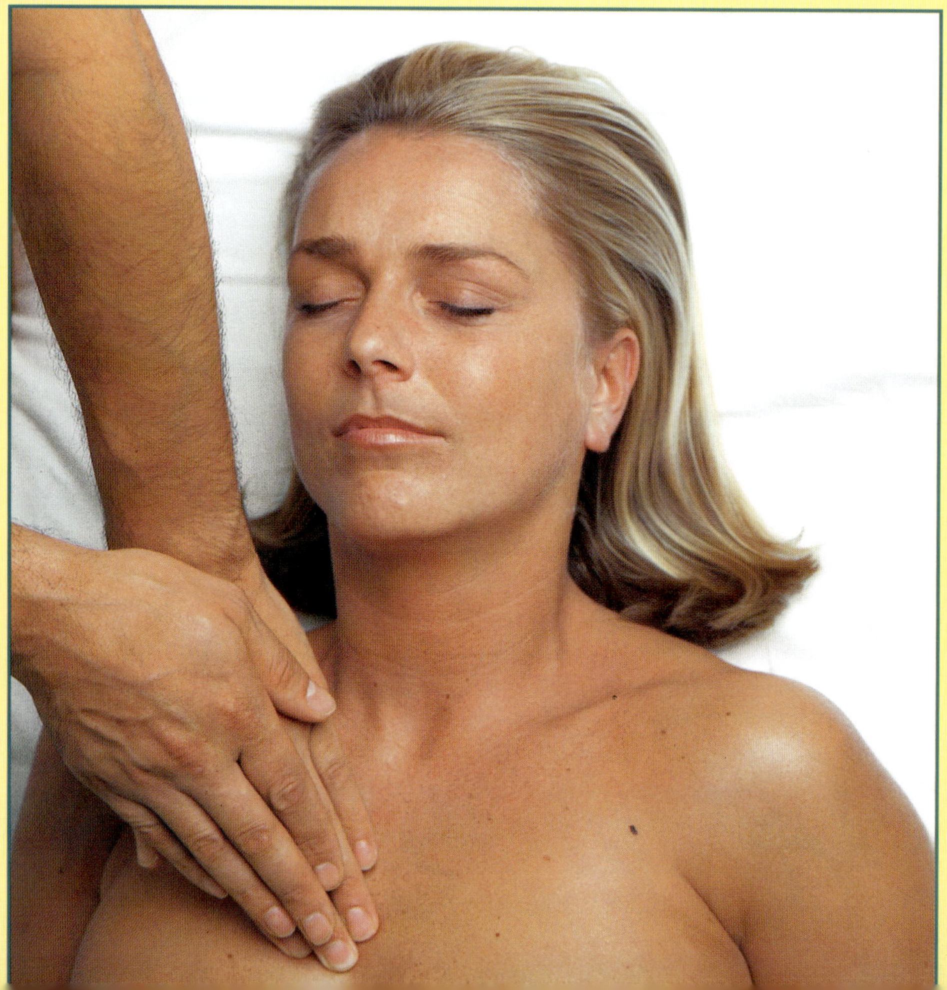

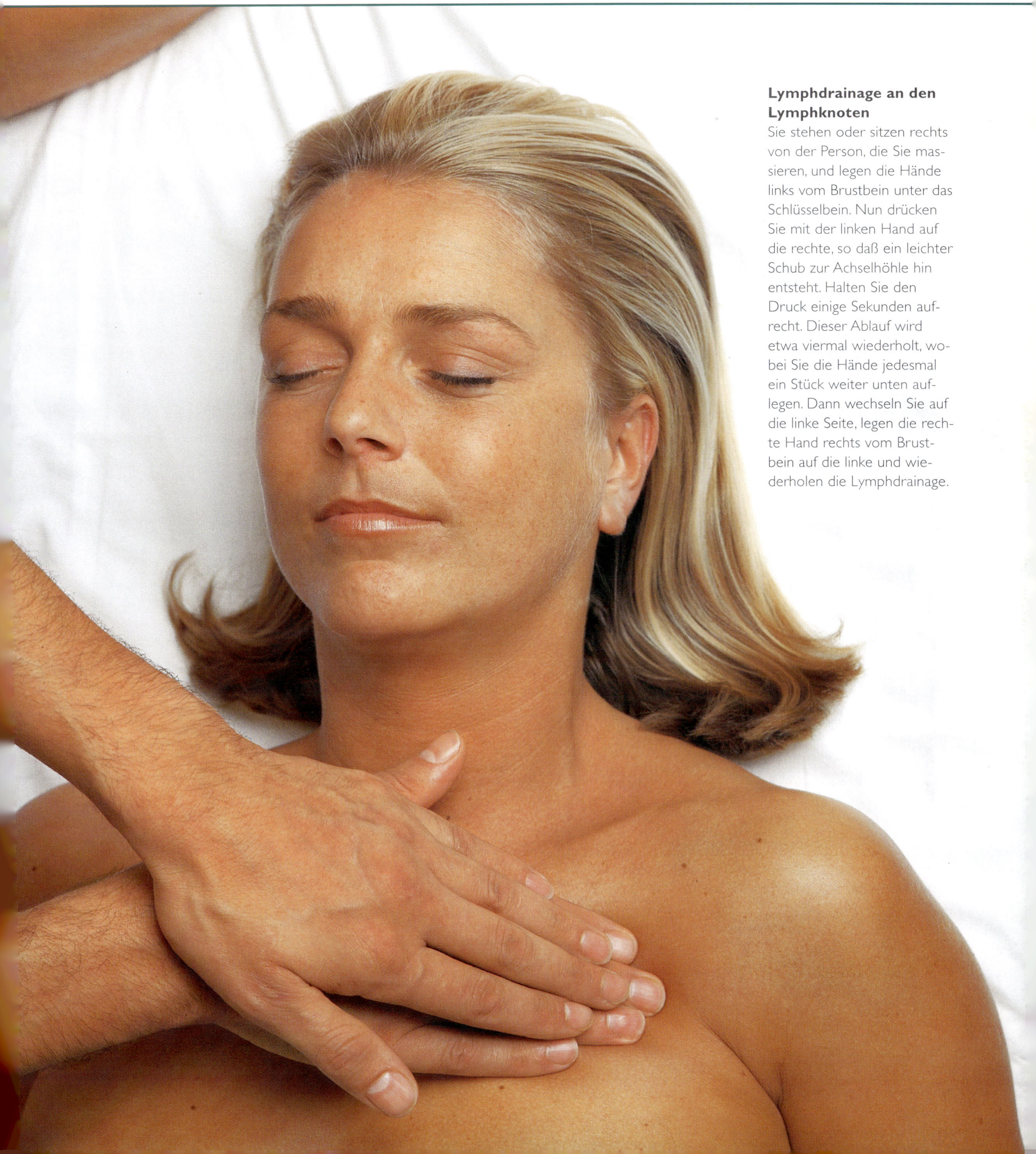

Lymphdrainage an den Lymphknoten
Sie stehen oder sitzen rechts von der Person, die Sie massieren, und legen die Hände links vom Brustbein unter das Schlüsselbein. Nun drücken Sie mit der linken Hand auf die rechte, so daß ein leichter Schub zur Achselhöhle hin entsteht. Halten Sie den Druck einige Sekunden aufrecht. Dieser Ablauf wird etwa viermal wiederholt, wobei Sie die Hände jedesmal ein Stück weiter unten auflegen. Dann wechseln Sie auf die linke Seite, legen die rechte Hand rechts vom Brustbein auf die linke und wiederholen die Lymphdrainage.

Lymphdrainage

Lymphdrainage am Hals

1 (unten) Sie sitzen oder stehen hinter der Person, die Sie massieren, und schieben die Finger unter den Nacken, so daß die Daumen vorne auf dem Hals liegen. Drücken Sie jedoch nicht auf die Kehle. Nun streichen Sie mit den Daumen mit sanftem Druck ein Stück über den Hals aufwärts und lassen dann locker.

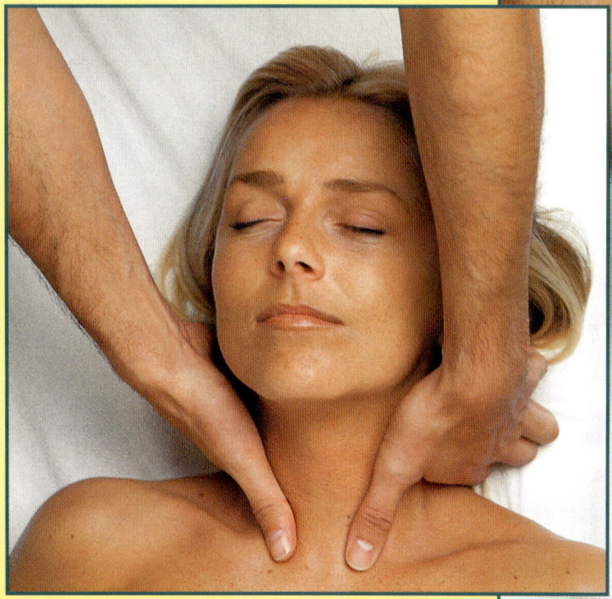

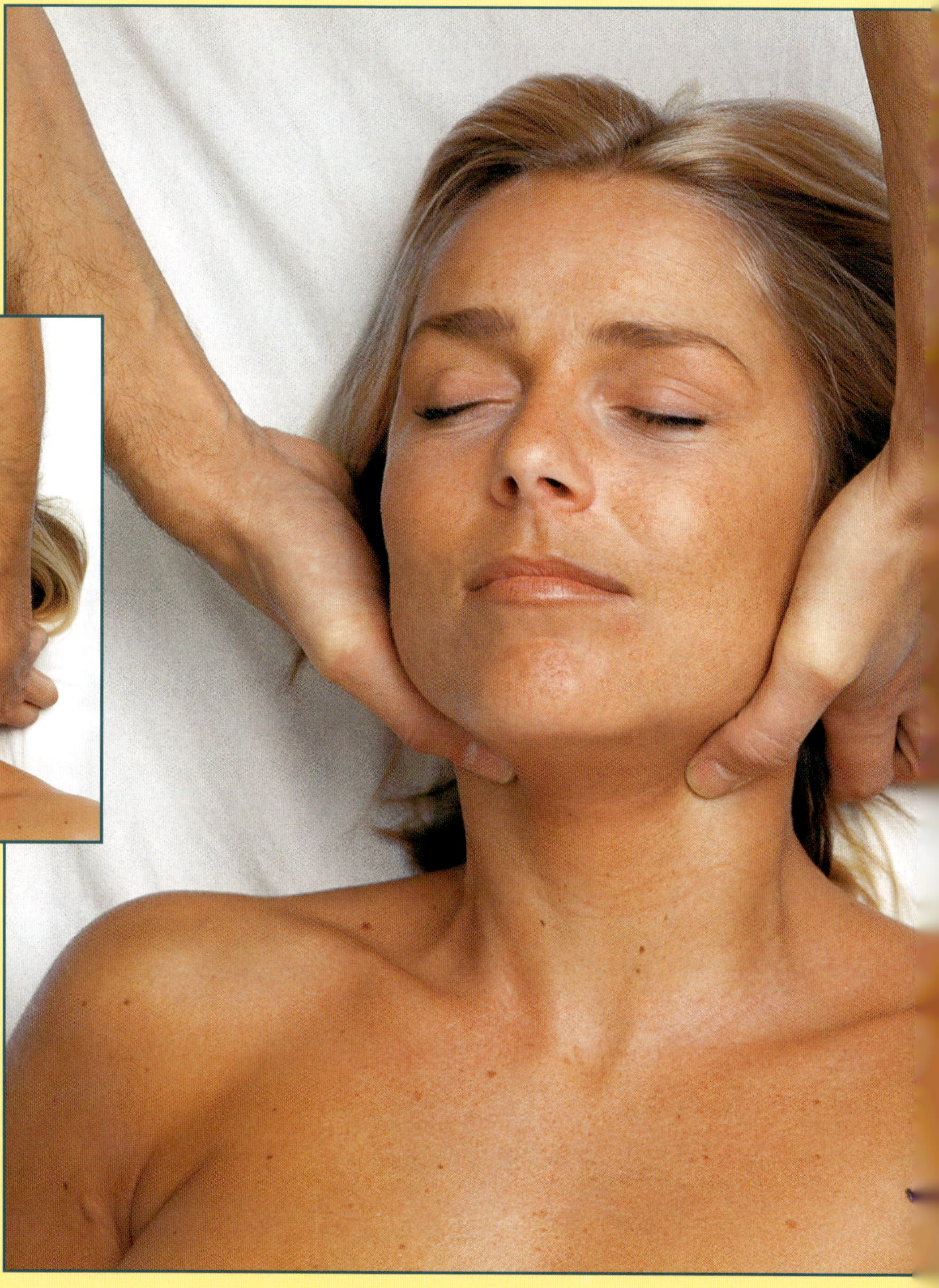

2 (rechts) Arbeiten Sie sich auf diese Weise über die Vorderseite des Halses nach oben. Im oberen Teil streichen Sie leicht nach außen. Massieren Sie unter dem Kieferknochen weiter zu den Ohren, um die Lymphe zu den Lymphknoten in der Nähe der Ohrläppchen zu leiten. Wiederholen Sie den gesamten Ablauf drei- bis viermal.

Lymphdrainage in der Armbeuge
Die Person, die massiert wird, kann wahlweise sitzen oder liegen. Sie setzen sich zur rechten Körperseite, legen den rechten Arm zur Massage auf Ihr linkes Bein und stützen ihn mit der linken Hand ab. Ergreifen Sie den Ellbogen mit der rechten Hand und massieren Sie mit dem Daumen etwa 30 Sekunden lang in kleinen Kreisen über die Armbeuge. Dann massieren Sie die linke Armbeuge auf dieselbe Weise.

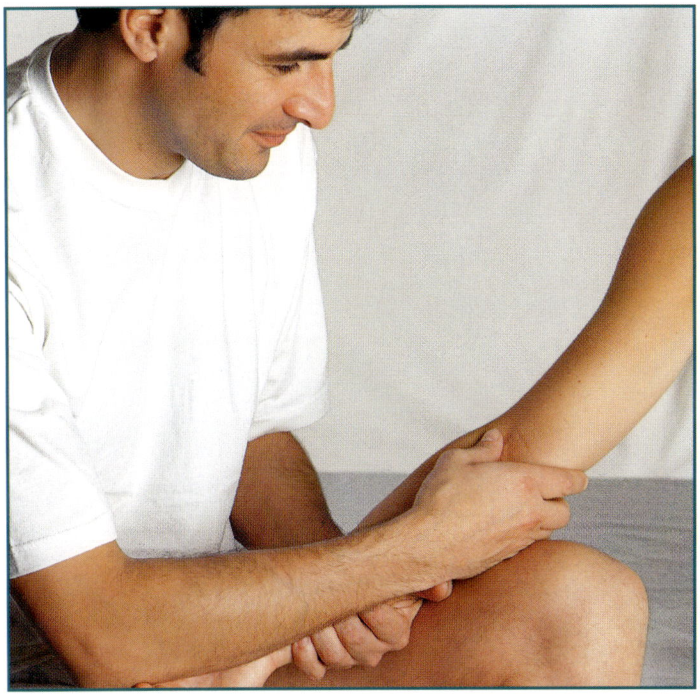

Lymphdrainage in der Kniekehle
Die Person, die massiert wird, liegt auf dem Bauch. Sie selbst sitzen an der linken Seite auf Höhe der Füße. Legen Sie beide Hände – die linke Hand wird dabei unter die rechte geschoben – auf die Kniekehle. Führen Sie die Hände mit wiederholten Druckbewegungen rund 5 cm weit nach oben. Der Druck darf dabei nicht zu groß sein. Bei Menschen mit Kniebeschwerden ist besondere Vorsicht geboten. Wiederholen Sie die Massage zwei- bis viermal auf der gesamten Kniekehle. Dann ist das rechte Bein an der Reihe.

Bei der Lymphdrainage wird stets mit nur sanftem Druck massiert, da die Lymphe nahe unter der Haut fließt. Durch eine Massage wird ihr Fluß zu den Lymphknoten verstärkt, wo sie gefiltert und von Schadstoffen befreit wird.

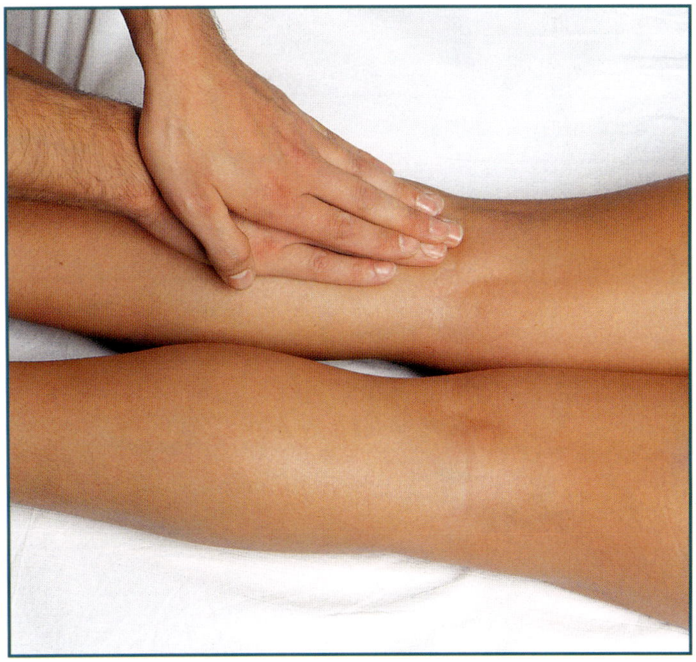

Sommermassage

Im Sommer fühlt man sich meist in Einklang mit dem Körper. Man verbringt die langen, hellen Tage in der frischen Luft, vielleicht am Meer oder auf dem Land, und bewegt sich. Das sonnige Wetter tut auch den Muskeln und dem Immunsystem gut. Gerade in der Sommerhitze ist eine belebende Massage das beste Mittel, um die Trägheit abzuschütteln und Körper, Geist und Seele wieder in Schwung zu bringen.

Geranien-, Zypressen-, Grapefruit-, Zitronen- und Mandarinenöl sind höchst erfrischende Essenzen, die im Sommer vor allem bei Knetungen eingesetzt werden, da sie den Abbau von Flüssigkeitsansammlungen im Körper begünstigen. Auch eine Fußmassage mit kühlendem Pfefferminz- oder Melissenaroma weckt an einem heißen Tag die Lebensgeister.

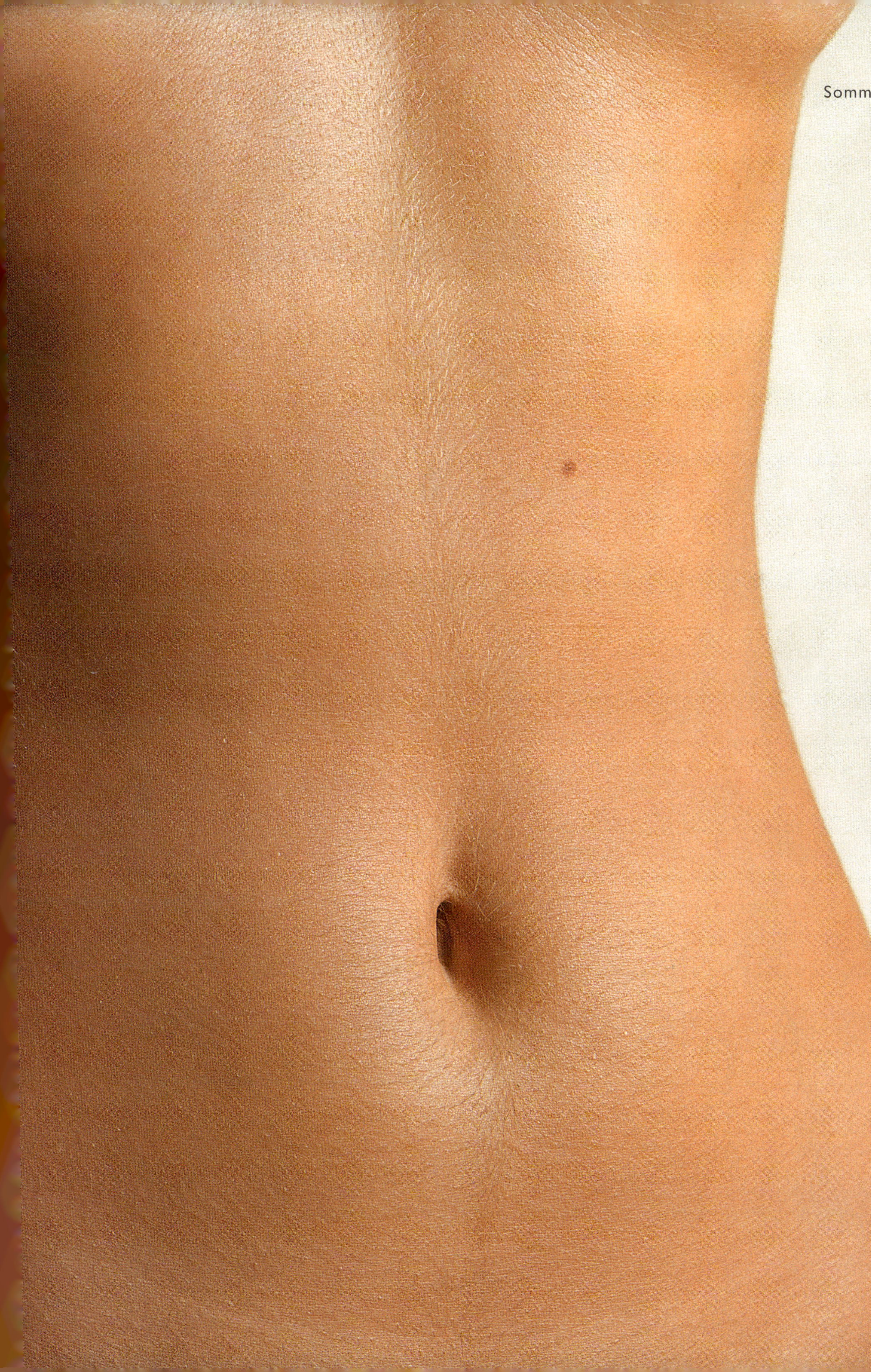

Das kühlende Pfefferminzöl ist ideal für die Sommermassage. Ein feuchter Umschlag mit einigen Tropfen Öl darauf hilft auch bei Kopfschmerzen nach einem zu langen Sonnenbad.

Die Frische des Zitronenöls wirkt auch bei größter Hitze belebend. Es darf jedoch nicht an der prallen Sonne angewendet werden.

Melisse (Zitronenmelisse) wird vor allem zur Behandlung von Allergien verwendet, die in den Sommermonaten gehäuft auftreten.

Kühlung von Gesicht und Händen

Gesicht, Kopf und Hals sind besonders lange der glühenden Sonne ausgesetzt, wodurch Verspannungen auftreten können. Durch sanfte Streichungen oder das Aktivieren bestimmter Druckpunkte werden die Muskeln wieder gelockert. Auch kalte Umschläge mit Pfefferminzöl für die Stirn oder ein paar Tropfen Öl auf den Schläfen wirken angenehm kühlend.

Bei starker Hitze können die Knöchel und Waden anschwellen. Zur Ableitung dieser Flüssigkeitsansammlungen helfen eine Aufwärtsmassage der Beine und das Hochlagern der Füße. Die Hände und Füße werden am besten mit einem kühlenden Pfefferminz- oder Zitronenöl massiert. Arbeiten Sie bei den im folgenden vorgestellten Massageeinheiten mit wenig Druck, da die Behandlung kühlen und nicht erwärmen soll.

Kamillen-, Zitronen- und Teebaumessenzen als Massageöl oder Badezusatz bringen Linderung bei Sonnenbrand; Geranie, Lavendel, Kamille und Rose wiederum helfen bei starker Hauttrockenheit. Achten Sie außerdem auf eine ausreichende Flüssigkeitszufuhr.

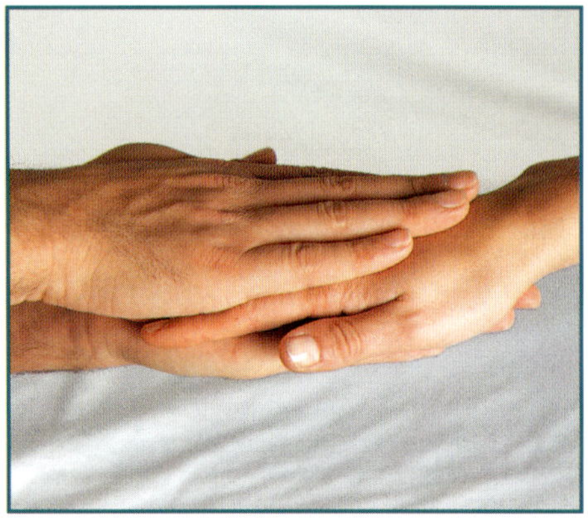

Streichung der Hände
Die Person, die massiert wird, kann sitzen oder liegen. Sie sitzen oder stehen an der rechten Seite. Nehmen Sie die rechte Handfläche in Ihre linke Hand und legen Ihre rechte Hand darauf (oben). Halten Sie die Hand einige Sekunden fest, dann ziehen Sie ihre Hände langsam in Richtung der Fingerspitzen, so daß Handrücken und -fläche überstrichen werden (rechts). Drücken Sie einige Sekunden leicht auf die Fingerspitzen, und lassen Sie dann locker. Wiederholen Sie die Streichung zwei- bis viermal, dann wird die andere Hand massiert.

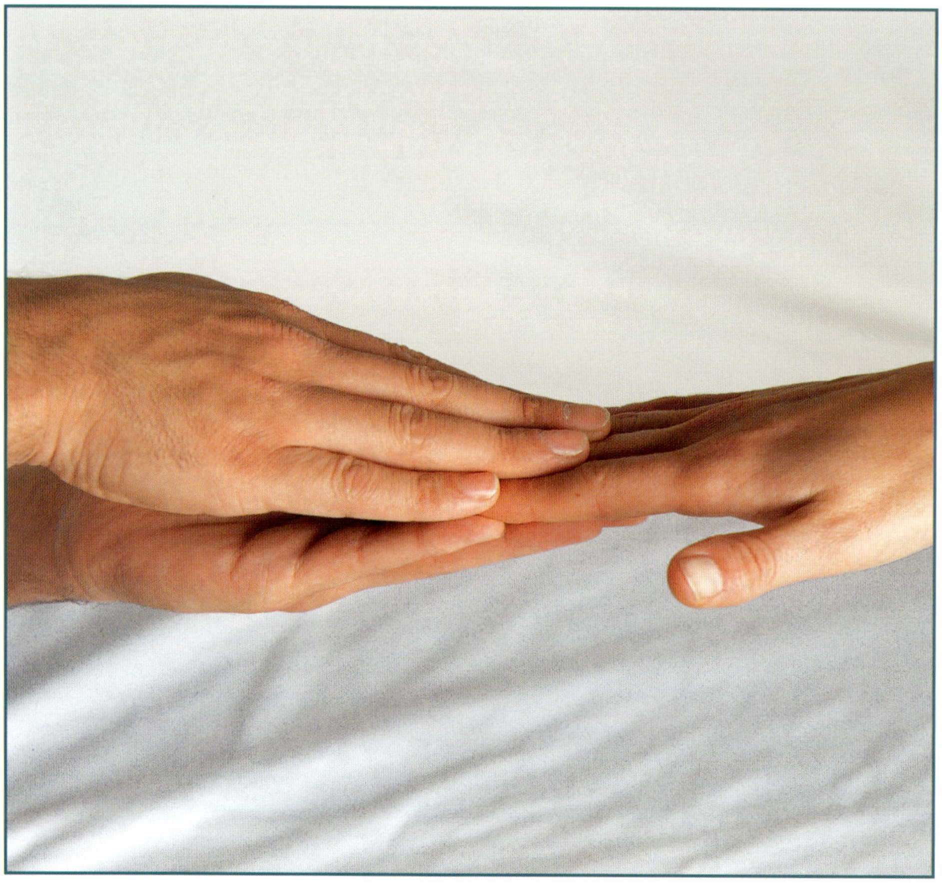

Streichung der Stirn

1 Stützen Sie den Kopf zur größeren Bequemlichkeit mit einem kleinen Kissen ab. Dann legen Sie die rechte Hand auf die Stirn, lassen sie dort einige Sekunden lang ruhig liegen und streichen anschließend mit einer sanften Bewegung langsam bis zum Haaransatz nach oben.

2 Wenn der kleine Finger der rechten Hand am Haaransatz angelangt ist, legen Sie die linke Hand auf die Stirn und streichen mit abwechsenden Händen über die Stirn nach oben. Wiederholen Sie die Massage fünf- bis siebenmal in langsamen, rhythmischen Bewegungen.

Knetung der Druckpunkte

(rechts) Sie sitzen oder stehen hinter dem Kopf, legen die Hände übereinander und plazieren sie knapp oberhalb der Augenbrauen auf der Mitte der Stirn. Drücken Sie mit den Fingerspitzen der oberen Hand einige Sekunden lang auf die darunterliegende, lassen dann wieder locker und wiederholen die Bewegung ein Stück weiter oben. Massieren Sie so bis zum Haaransatz, dann kehren Sie in die Ausgangsposition zurück. Achten Sie darauf, die Finger nicht zu steif zu halten. Bei Bedarf kann bei der Wiederholung auch die andere Hand zuunterst liegen. Arbeiten Sie sich neuerlich in derselben Bewegungsabfolge bis zum Haaransatz vor. Der gesamte Ablauf wird weitere vier- bis sechsmal wiederholt.

Diese beiden Formen der Stirnmassage helfen auch bei Kopfschmerzen, die infolge zu langer Sonneneinstrahlung auftreten können. In Verbindung mit ätherischen Ölen wie Pfefferminz- oder (Zitronen-) Melissenöl wirken sie angenehm kühlend.

Kühlung der Beine und Füße

Knetung der Unterschenkel
Legen Sie beide Hände mit leicht gekrümmten Fingern auf das Fußgelenk. Die Fingerspitzen liegen nebeneinander. „Klettern" Sie nun mit den Fingern in einer Raupenbewegung aufwärts, um Gewebeflüssigkeit vom Gelenk nach oben abzuleiten. Massieren Sie bis zur Mitte des Unterschenkels, lassen Sie dann locker, und legen Sie die Hände wieder auf das Gelenk. Wiederholen Sie den Ablauf zwei- bis viermal. Dann wird das andere Bein massiert.

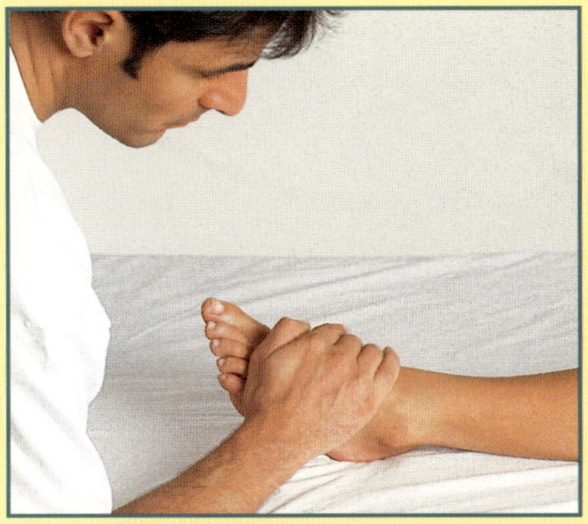

Streichung der Füße

1 Die Person, die massiert wird, kann sitzen oder liegen. Sie sitzen oder stehen neben dem linken Fuß. Legen Sie die rechte Hand um den Fuß, so daß der kleine Finger am Knöchel zu liegen kommt. Dann streichen Sie langsam zu den Zehen hinunter.

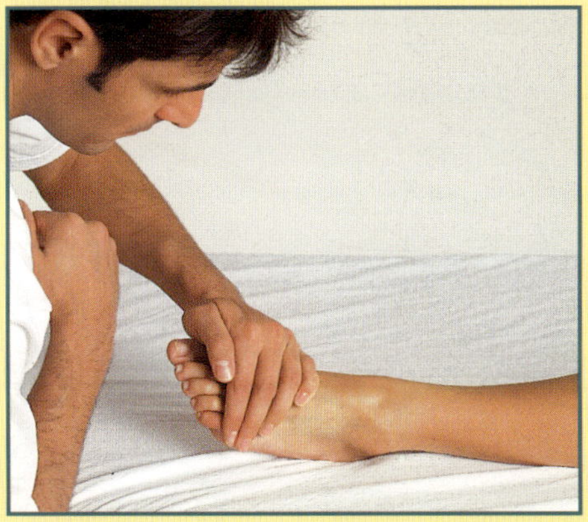

2 Sobald die rechte Hand bei den Zehenspitzen angelangt ist, legen Sie die linke Hand in der Ausgangsposition auf und wiederholen die Bewegung. Massieren Sie so abwechselnd mit rechter und linker Hand den Rist. Wiederholen Sie die Bewegung sechs- bis achtmal. Wechseln Sie die Seite und massieren den anderen Fuß ebenso.

Streichung der Unterschenkel

1 Sie sitzen oder stehen vor dem linken Fuß. Winkeln Sie das linke Bein vorsichtig an, so daß die Fußsohle flach aufliegt. Nehmen Sie den Wadenmuskel in die rechte Hand, legen Sie die linke Hand knapp über dem Gelenk auf. Streichen Sie mit der linken Hand über die Wade aufwärts und drücken den Muskel leicht zusammen.

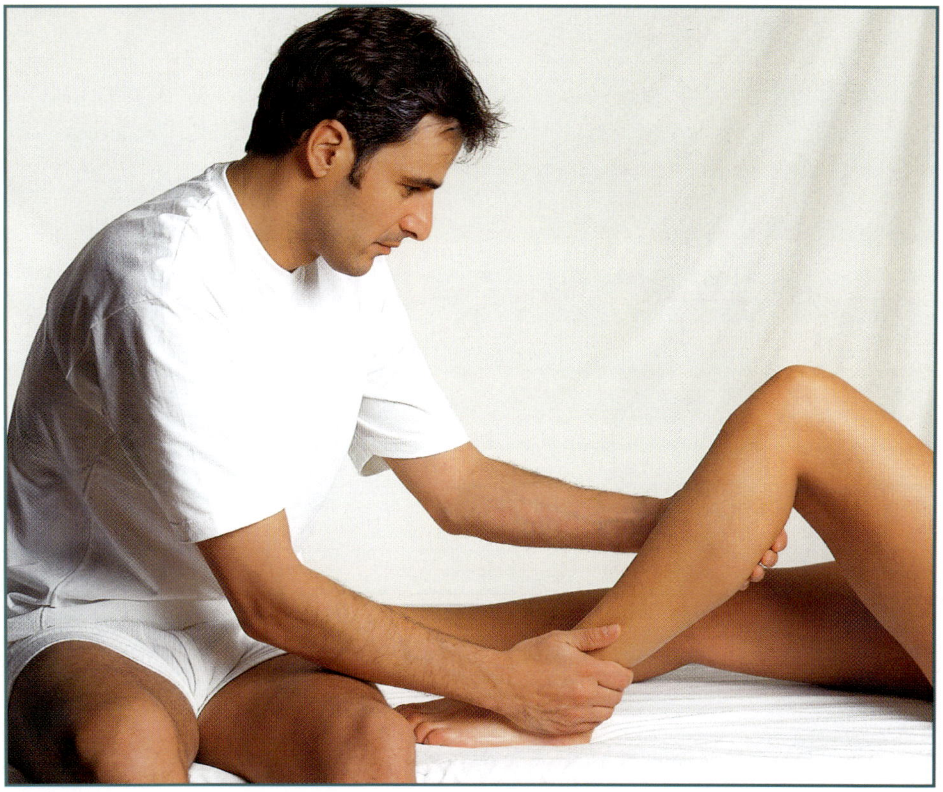

2 Wenn die linke Hand das obere Ende der Wade erreicht hat, legen Sie die rechte Hand knapp oberhalb des Fußgelenks auf und wiederholen die Aufwärtsstreichung. Massieren Sie das Bein auf diese Weise mit abwechselnden Händen, wobei die Finger stets die Wade umschlossen halten. Die Hand, die gerade nicht massiert, stützt das Bein ab. Der Ablauf wird sechs- bis achtmal wiederholt. Dann massieren Sie das andere Bein.

Herbstmassage

Der Herbst mit seinen zahlreichen Gold- und Rottönen wird häufig die schönste Jahreszeit genannt. Der Mensch erntet die Früchte seiner Arbeit. Zugleich ist der Herbst die Zeit des Nebels und des Zerfalls. Die Blumen welken, die Tage werden kürzer. Oft stellt sich mit den düsteren, sonnenarmen Tagen ein Stimmungstief ein – die typische Herbstdepression.

Im Herbst steigt die Anfälligkeit für Erkältungen, und durch die feuchtkalte Luft verschlimmern sich Gelenkleiden wie etwa Arthritis. Hier bietet eine aufmunternde Kopf-, Hals- und Brustmassage einen Ausgleich. Verwenden Sie Gewürz-, Holz- und Fruchtessenzen wie etwa Zedernholz, Majoran, Orange, Rosmarin, Patschuli und Sandelholz.

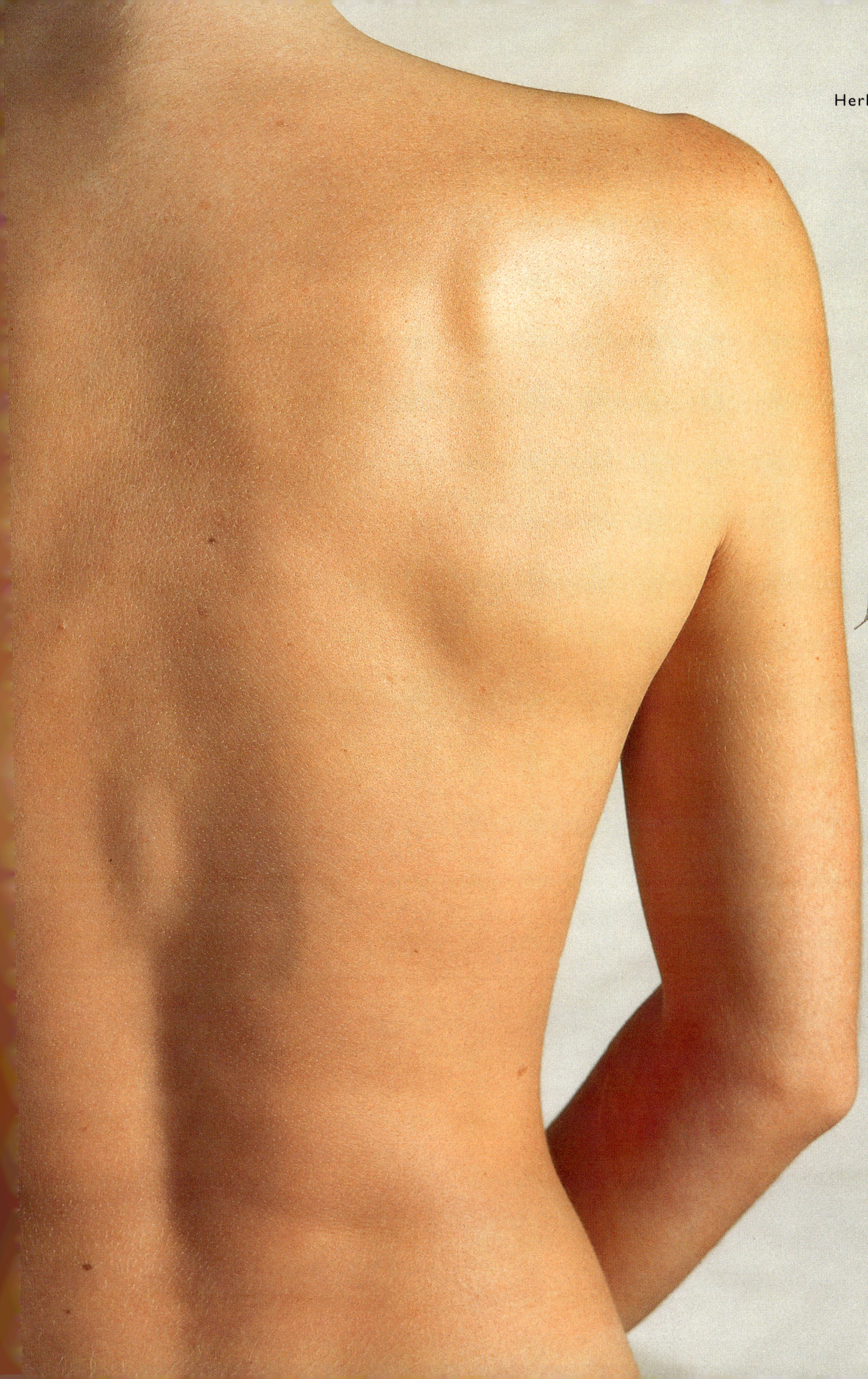

Majoranöl beugt Halsschmerzen, Hustenreiz und Brustkatarrh vor. Der würzige Duft wirkt wärmend und beruhigend und hilft auch bei Schlafstörungen.

Rosmarinöl lindert Schmerzen und regt den Kreislauf an. Es hilft bei rheumatischen und arthritischen Beschwerden, die in der feuchten Jahreszeit gehäuft auftreten.

Orangenöl wirkt erwärmend und erhellt auch die düstersten Tage. In seinem intensiven Aroma schwingt die Sonne mit, die die Frucht zum Reifen brachte.

Lockerung verspannter Muskeln

Im Herbst sind die Gelenke aufgrund der erhöhten Luftfeuchtigkeit allgemein empfindlicher und schmerzanfälliger. Durch eine Massage werden die umgebenden Muskeln gelockert und Verspannungen gelöst. Schon wenige Minuten Schulterknetung wirken höchst wohltuend. Die Nackenmuskeln werden gelockert, und der verbesserte Energiefluß in die Kopfregion hellt auch die Stimmung auf. Eine Tapotage (leichte Klopfung) von Stirn und Wangen regt zusätzlich den Kreislauf angenehm an.

Da sich an den Ohren etwa hundert Akupunkturpunkte befinden, verbessert eine Ohrenmassage die Durchblutung der Gelenke und Muskeln und wirkt allgemein gesundheitsfördernd. Vor allem in China spielt die vorbeugende Behandlung der Ohren eine wichtige Rolle.

Bei Erkrankungen der Atemwege durch die feuchtkalte Witterung helfen zur Erleichterung des Durchatmens vor allem Dampfinhalationen mit Benzoe, Eukalyptus, Sandelholz, Weihrauch oder Majoran.

Knetung der Schultern
Die Person, die massiert wird, liegt auf dem Bauch und dreht den Kopf zur Seite. Sie sitzen oder knien hinter dem Kopf und geben die Hände an die Schulterkante, so daß die Daumen unter dem Schlüsselbein liegen. Kneten Sie nun die gesamte Schulterpartie in Kreisbewegungen mit den Fingern durch. Die Daumen wandern in den unteren Schulterbereich mit. Dort vollführen auch sie die Kreisbewegung. Sie können ruhig mit kräftigem Druck kneten. Je schneller die Bewegungen sind, desto anregender wirkt die Massage.

Fächerstreichung des Rückens

1 (rechts) Drehen Sie den Kopf zur Seite, und stellen oder knien Sie sich auf Hüfthöhe links vom Körper hin. Legen Sie beide Hände auf die untere Rückenregion und lassen sie zur Kontaktaufnahme einige Sekunden liegen. Streichen Sie nun mit der rechten Hand rechts von der Wirbelsäule langsam schräg nach oben.

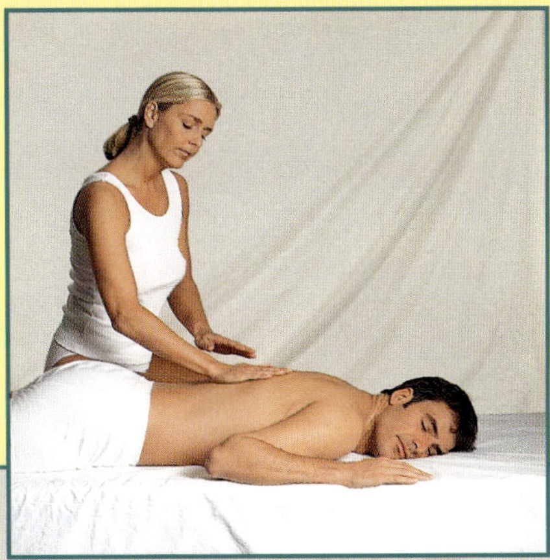

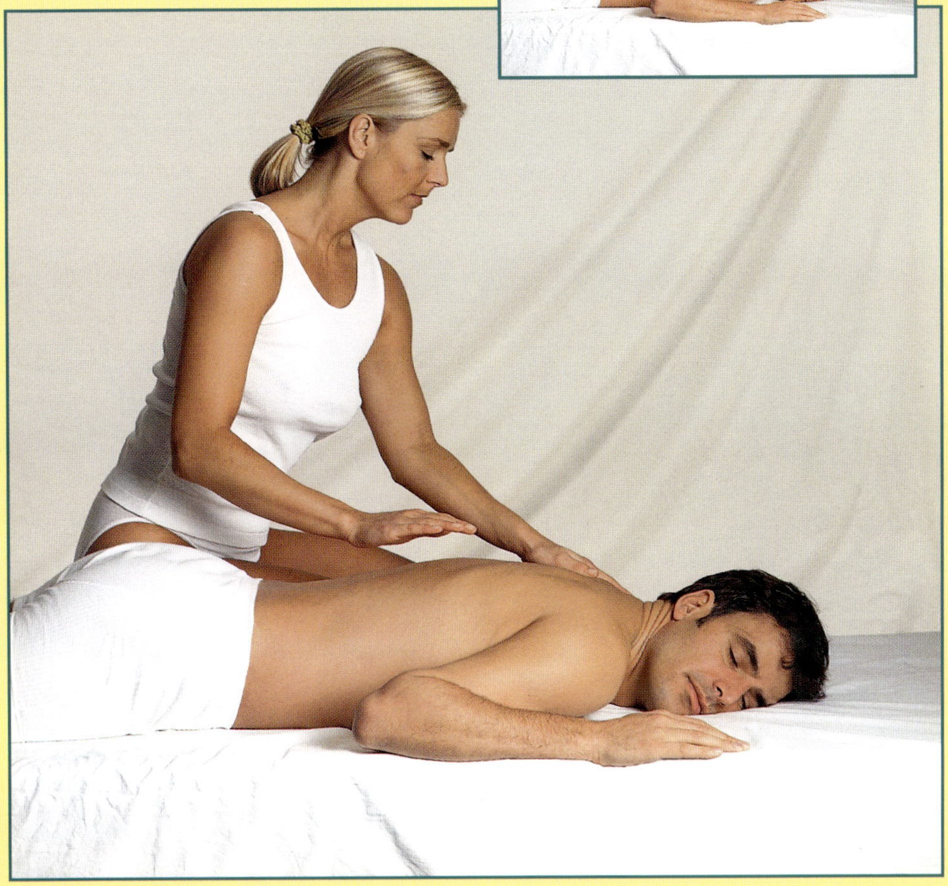

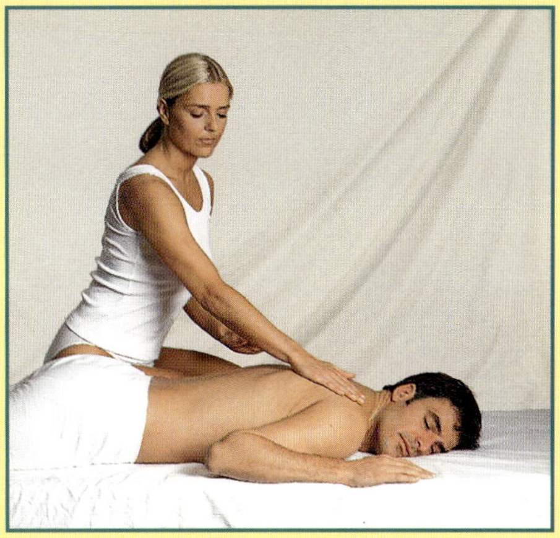

3 Wiederholen Sie die Massage mit der rechten Hand, wobei Sie jetzt ein Stück weiter nach oben bis über das Schulterblatt streichen. Spreizen Sie die Finger dort fächerförmig auseinander.

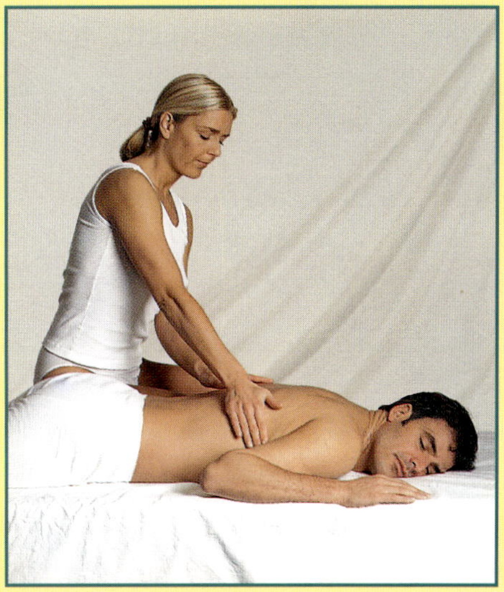

2 Wiederholen Sie jetzt den Bewegungsablauf von Schritt 1 mit der linken Hand, die somit links von der Wirbelsäule schräg nach oben zur linken Seite hin streicht. Nun sind die flachen Stellen und die Seiten der unteren Rückenpartie massiert.

4 Wiederholen Sie Schritt 3 mit der linken Hand, die links von der Wirkbelsäule nach oben bis über das linke Schulterblatt streicht. Oben werden die Finger wieder gespreizt. Achten Sie auf langsame, rhythmische Bewegungen. Die vier Schritte werden rund viermal wiederholt.

Förderung der Durchblutung

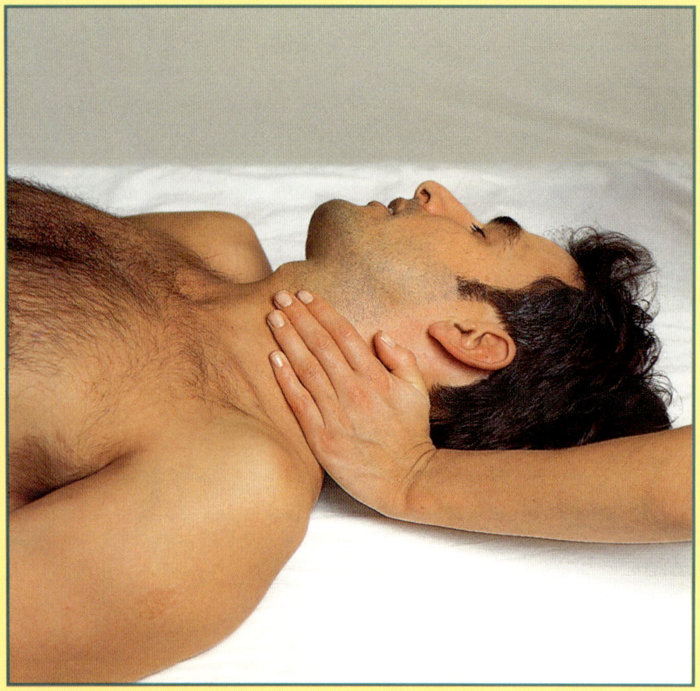

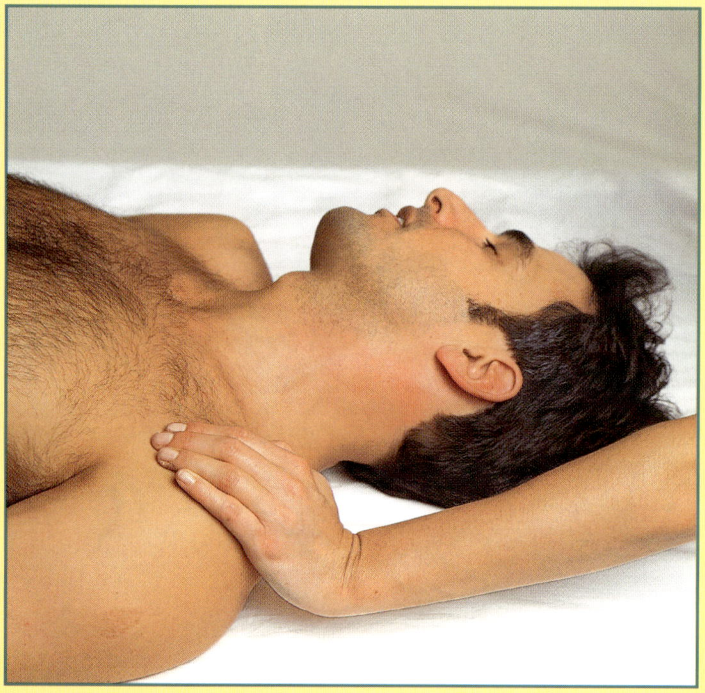

Streichung des Halses

1 Sie sitzen oder knien hinter dem Kopf und drehen diesen nach rechts. Legen Sie die linke Handfläche an die Seite des Halses, so daß der Daumen direkt unter dem Ohr zu liegen kommt. Streichen Sie sanft abwärts in Richtung Schulter, ohne Druck auf die Vorderseite des Halses oder auf den Kehlkopf auszuüben.

2 Streichen Sie weiter abwärts das Schlüsselbein und die Schulterkante entlang. Am Schultergelenk angelangt, drücken Sie leicht nach unten, um die Halsseite zu dehnen und die Schulter etwas zu lockern. Bei naßkaltem Wetter zieht man oft unwillkürlich die Schultern hoch, so daß es wichtig ist, die damit einhergehenden Verspannungen zu lösen. Wiederholen Sie den Bewegungsablauf zwei- bis viermal. Dann wird der Kopf nach links gedreht, und die linke Halsseite wird in gleicher Weise massiert.

Ohrenmassage

(unten) Sie sitzen oder knien hinter dem Kopf und geben die linke Hand so an das linke Ohr, daß das Ohrläppchen zwischen Daumen und Zeigefinger liegt. Massieren Sie das Ohrläppchen mit kleinen Fingerkreisen, und dehnen Sie die Kreise auf das ganze Ohr aus. Eine Rötung der Haut ist ein gutes Zeichen und bedeutet, daß das Ohr stärker durchblutet wird. Wiederholen Sie den Ablauf zwei- bis dreimal. Dann wird das andere Ohr massiert.

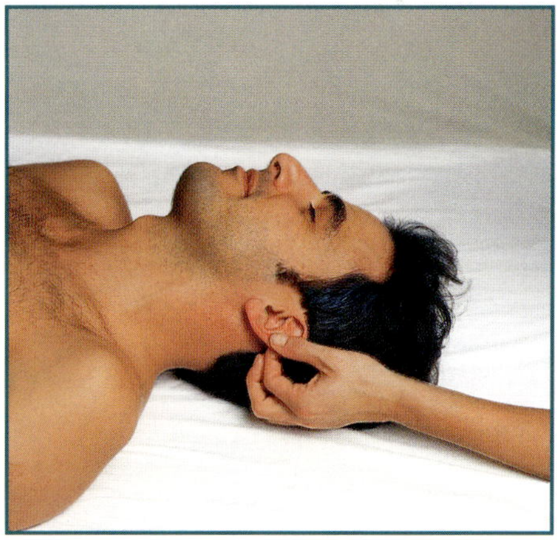

Klopfung des Gesichts

Schieben Sie bei Bedarf ein kleines Kissen unter den Kopf. Sie sitzen oder knien hinter dem Kopf und legen die Hände zur Kontaktaufnahme sanft auf die Stirn. Dann klopfen Sie mit den Fingerspitzen vorsichtig über die Stirn, als würden Sie Flöte spielen. Diese Massageart regt die Durchblutung an und wirkt allgemein belebend.

Wintermassage

Der Winter ist die Zeit der Ruhe. Die Erde liegt brach, die Bäume sind entlaubt, und die Menschen ziehen sich an den langen, kalten Abenden in ihre Häuser zurück. Man bewegt sich wenig und fühlt sich müde. Der Körper ist anfällig für Erkältungen und Muskelschmerzen, und leicht entstehen Depressionen. Eine Massage ist daher gerade im Winter wichtig.

Zur inneren Aufmunterung und zur Muskelerwärmung eignen sich Benzoe, Ingwer, Majoran, Weihrauch, Jasmin, schwarzer Pfeffer, Teebaum, Rosmarin und Pinie. Eine Gesichtsmassage erfrischt die Haut, die im geheizten Zimmer stark austrocknet, und eine Hand- und Fußmassage belebt die steifen Glieder.

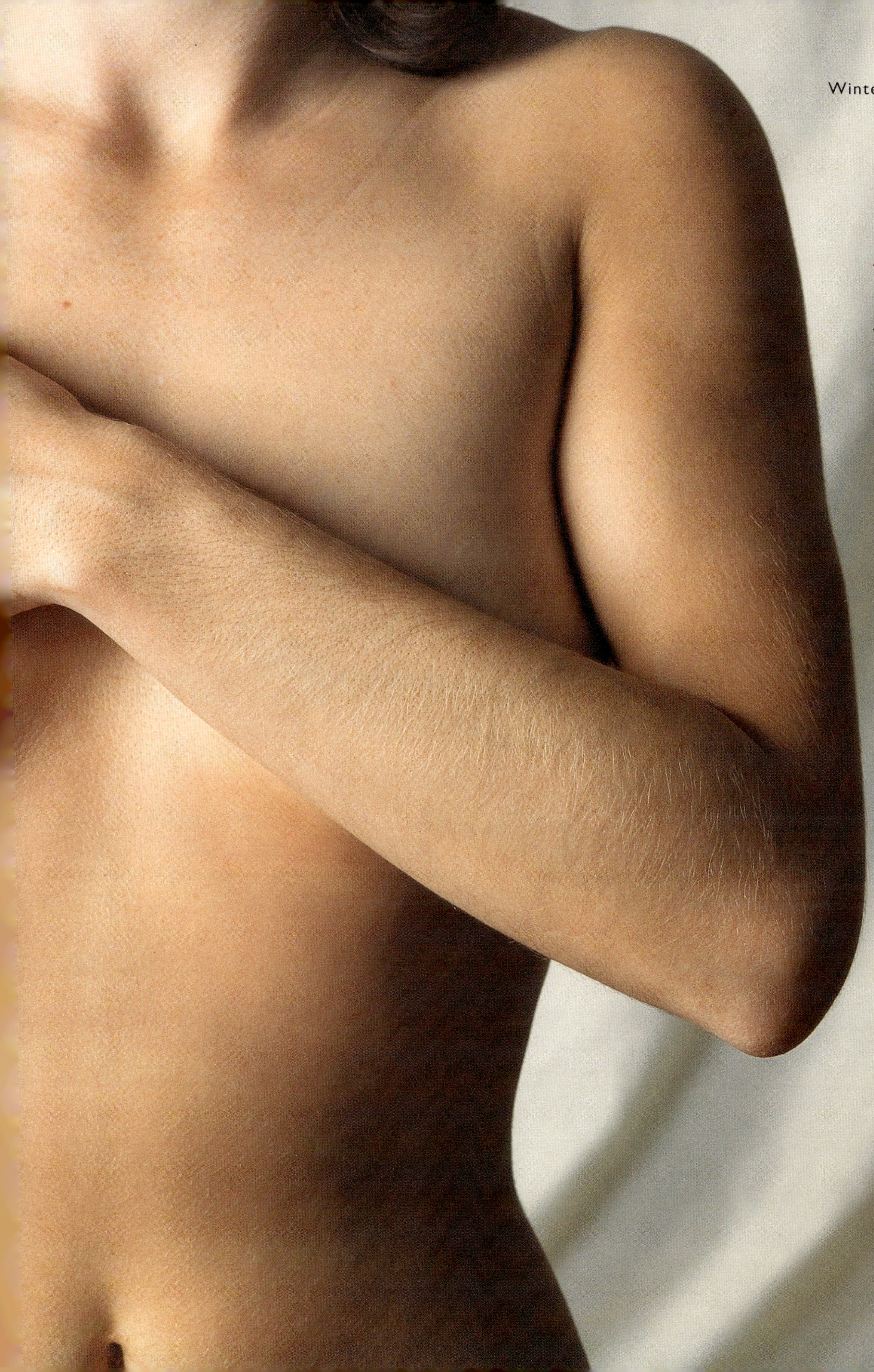

Wacholder ist ein altbekanntes Mittel gegen Erschöpfung. Vor allem an trüben Wintertagen wirkt das Wacholderaroma anregend auf Leib und Seele.

Ingwer wirkt wärmend und infektionshemmend. Sein Aroma hilft bei zahlreichen Beschwerden wie Bronchitis oder kalten Händen und Füßen.

Pinienöl hilft bei Bronchitis, Lungenentzündung und ähnlichen Erkrankungen. Zum Inhalieren werden zwei Tropfen Öl in eine Schüssel heißes Wasser gegeben.

Aufwärmen der Kreuzregion

Bei kaltem Wetter sind die Muskeln im Kreuzbereich häufig verspannt. An den Nieren glaubt man Kälte zu verspüren. In China wird dieses Symptom auf mangelnde Energie *(Qi)* zurückgeführt. Die hier beschriebene Massage führt dem Kreuzbereich Kraft und Wärme zu. Auch eine auf dem Kreuzbein aufgelegte Wärmflasche hilft gegen das Kältegefühl und entspannt die Muskeln.

An der Taille wird ebenfalls häufig Kälte verspürt, denn die Körperwärme ist in der Bauchmitte im Bereich der überlebenswichtigen Organe gespeichert. Eine Knetmassage der Taillenregion verringert das Kältegefühl. Klopf- und Hacktechniken regen die Durchblutung der oberflächlichen Gewebeschichten an, und die gesamte Körperregion wird erwärmt.

Qi-Massage der Kreuzregion

1 Die Person, die massiert wird, dreht den Kopf zur Seite. Sie sitzen auf Höhe der Taille links vom Körper, legen die Hände mit den Handflächen nach unten auf das Kreuz und lassen sie einige Sekunden ruhig liegen. Dann schieben Sie die Hände gegenläufig über den Rücken: Eine Hand bewegt sich nach vorne, während die zweite zurück wandert. Die anregende Qi-Massage erfordert rasche, energische Bewegungen.

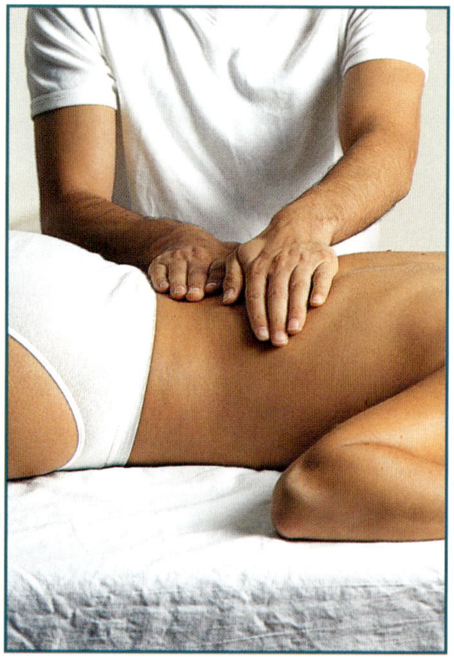

2 Massieren Sie auf diese Weise weiter, bis sich die Haut erwärmt anfühlt. Achten Sie darauf, daß Sie selbst die Schultern nicht verkrampfen. Sie können die Qi-Massage ohne Öl ausführen oder ein Öl verwenden, das die Feuchtigkeit aus den Knochen zieht. Majoran-, Zedernholz- oder Rosmarinöl sind dafür geeignet.

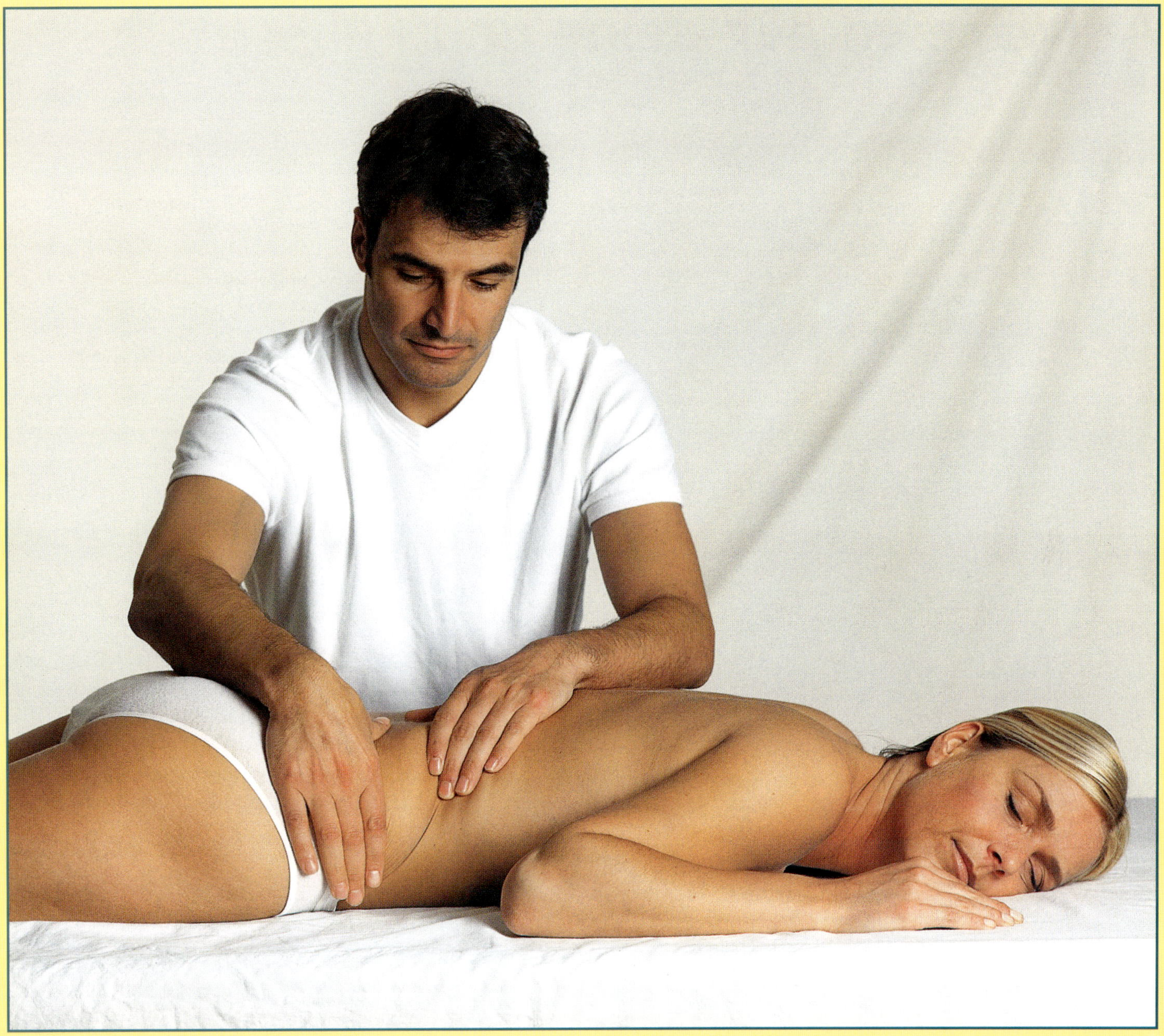

Knetung der Taillenseite
Die Person, die massiert wird, dreht den Kopf zur Seite. Sie sitzen links vom Körper auf Höhe der Taille. Legen Sie die Hände auf die von Ihnen weiter entfernte, rechte Taillenseite. Heben Sie mit dem Daumen und den übrigen Fingern eine Hautfalte an, und kneten Sie sie durch. Massieren Sie die Taille in relativ raschem Tempo mit abwechselnden Händen, so daß sie gut aufgewärmt wird. Dann wird die andere Körperseite behandelt.

Aufwärmen der Beine und Füße

Massage der Füße

1 Die Person, die massiert wird, liegt auf dem Rücken und hebt den rechten Fuß in die Höhe. Sie sitzen an der linken Seite und legen die Hände links und rechts an den Fuß, so daß sich die Daumen auf dem Rist und die Finger auf der Fußsohle befinden. Streichen Sie nun mit den gewölbten Fingern der rechten Hand zu den Zehen hin und massieren sie mit den Fingerspitzen.

2 Die rechte Hand liegt auf dem Fußballen, während sich die linke zur Ferse hin bewegt. Streichen Sie mit beiden Händen abwechselnd die Fußsohle auf und ab, wobei sich die Hände in der Mitte treffen. Die Finger üben dabei etwas Druck aus. Steigern Sie allmählich das Tempo, so daß die Massage als wärmende, belebende Bewegung empfunden wird. Der linke Fuß wird ebenso behandelt.

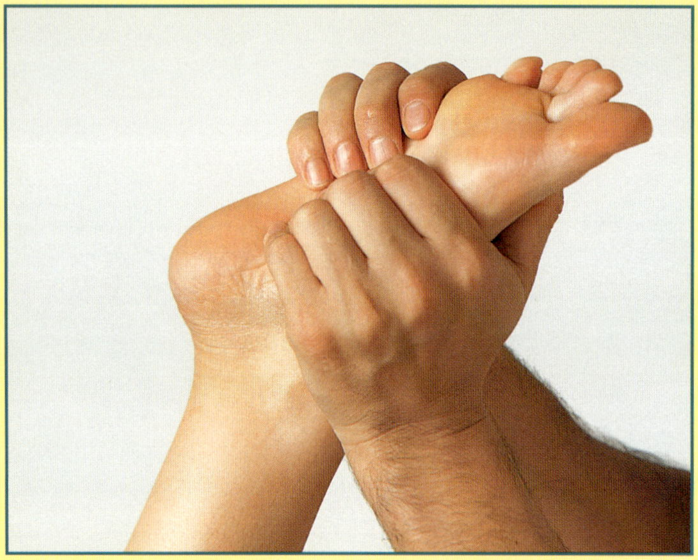

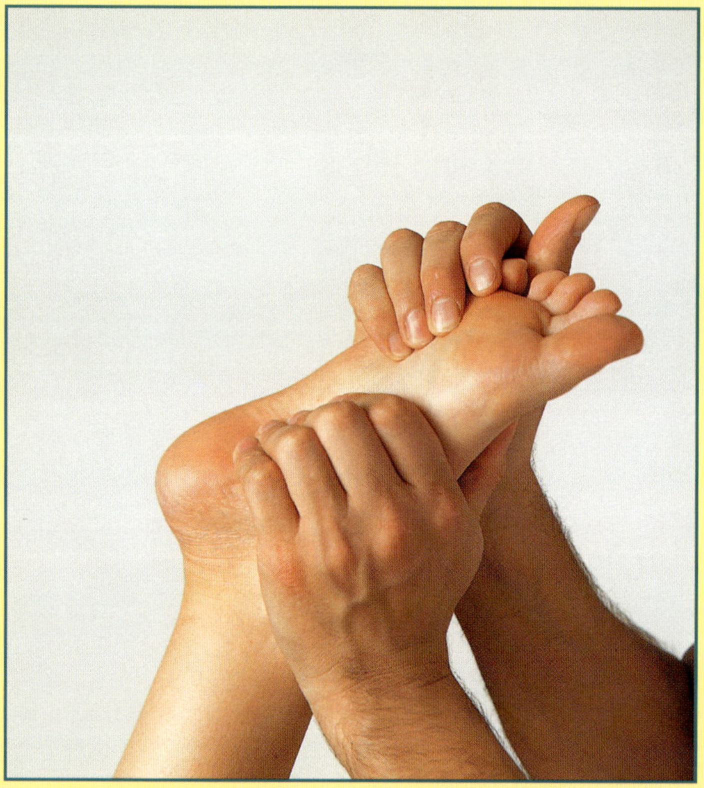

Klopfmassage der Oberschenkel

(unten) Die Person, die massiert wird, liegt auf dem Bauch. Sie sitzen oder knien links davon auf Höhe der Oberschenkel und massieren das rechte Bein. Wölben Sie die Hände, und klopfen Sie mit abwechselnden Händen auf den Oberschenkel. Dabei bildet sich in der Wölbung ein Luftkissen, wodurch die Oberflächendurchblutung angeregt wird. Nach einer Weile wechseln Sie zum anderen Bein. Auch das Gesäß kann so massiert werden.

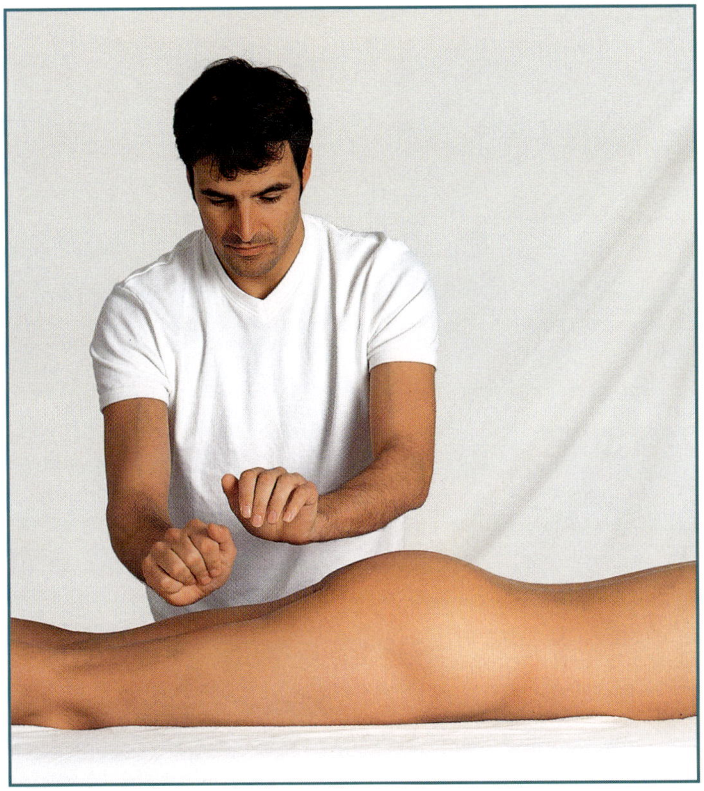

Hackmassage der Oberschenkel

(rechts) Sie sitzen oder knien in derselben Haltung wie zuvor und massieren den Oberschenkel, wobei die Massage diesmal mit der Hacktechnik erfolgt. Die Handkanten werden abwechselnd nach unten geführt. Die Finger bleiben möglichst locker, damit die Massage nicht schmerzhaft wird. Bearbeiten Sie die gesamte Hinterseite der Oberschenkel sowie das Gesäß auf diese Weise. Dann ist das andere Bein an der Reihe.

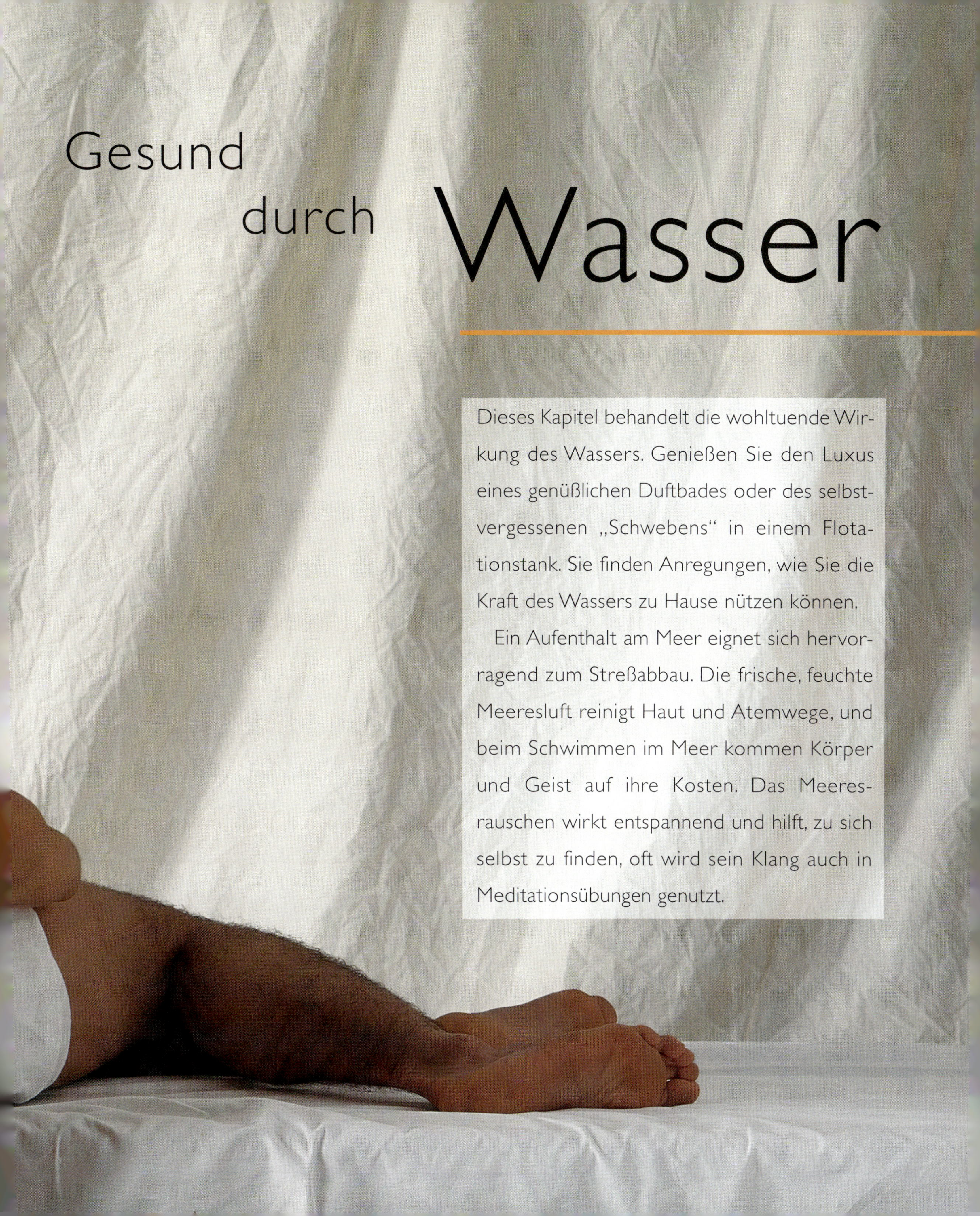

Gesund durch Wasser

Dieses Kapitel behandelt die wohltuende Wirkung des Wassers. Genießen Sie den Luxus eines genüßlichen Duftbades oder des selbstvergessenen „Schwebens“ in einem Flotationstank. Sie finden Anregungen, wie Sie die Kraft des Wassers zu Hause nützen können.

Ein Aufenthalt am Meer eignet sich hervorragend zum Streßabbau. Die frische, feuchte Meeresluft reinigt Haut und Atemwege, und beim Schwimmen im Meer kommen Körper und Geist auf ihre Kosten. Das Meeresrauschen wirkt entspannend und hilft, zu sich selbst zu finden, oft wird sein Klang auch in Meditationsübungen genutzt.

Entspannung für Geist und Körper

Nach einem anstrengenden Tag wirkt ein heißes Bad mit Duftzusätzen unvergleichlich wohltuend. Die heilende Kraft der Öle vertreibt alle Sorgen, so daß sich Körper, Geist und Seele entspannen können.

Füllen Sie die Wanne mit angenehm temperiertem Wasser. Ein zu heißes Bad entzieht dem Körper Energie, statt ihn zu beleben. Es trocknet die Haut aus und schadet den empfindlichen Kapillargefäßen. Geben Sie sechs bis acht Tropfen Duftöl in das Bad, und verteilen Sie es mit der Hand. Verwenden Sie zwei der folgenden Entspannungsöle: Lavendel, Sandelholz, Rose, Kamille, Jasmin, Neroli und Muskatellersalbei. In der Wanne liegend werden Sie spüren, daß der Streß aus Ihrem Körper entweicht.

Fußbäder

Wer den ganzen Tag auf den Beinen war, sollte sich abends gelegentlich mit einem Fußbad verwöhnen. Entfernen Sie die trockenen Hautschichten mit Bimsstein oder einer Hornhautraspel, und baden Sie die Füße 10–15 Minuten in warmem Wasser, das mit ein paar Tropfen Lavendelöl versetzt ist. Bei kalten, strapazierten Füßen hilft das bekannte Senfbad: Drei Teelöffel Senf werden mit Wasser zu einer Paste verrührt. Diese gibt man in eine Schüssel mit heißem Wasser und badet darin die Füße etwa 15 Minuten lang. Fußbäder sind auch bei Arthritis und Fußpilz zu empfehlen. Zur Erfrischung tauchen Sie die Füße in kaltes, mit Pfefferminz- oder Zitronenöl versetztes Wasser.

Umschläge

Umschläge lindern Schmerzen, Entzündungen und Schwellungen. Man gibt vier bis sechs Tropfen Lavendel-, Kamillen- oder Pfefferminzöl in eine Wasserschüssel, taucht ein Tuch hinein und legt es ausgewrungen auf die betreffende Stelle. Heiße Umschläge helfen bei Schmerzen, kalte bei Entzündungen und Schwellungen. Bei Kopfweh und Zerrungen werden Eispackungen aufgelegt.

Ihr persönliches Entspannungsbad

Milch

Poppäa, die Gemahlin des Kaisers Nero, reiste mit Eselstuten im Gefolge, damit stets Milch für das Bad bereitstand. Auch Kleopatra schätzte Milchbäder zum Weichhalten und Aufhellen der Haut. Man gibt ein bis zwei Tassen Milchpulver und einige Tropfen Öl in das Wasser.

Kräuter

Kräuterbäder wirken entspannend auf Körper und Geist. Kochen Sie zu diesem Zweck Heilkräuter wie etwa Kamille, Beinwell, Lavendel oder Majoran 30 Minuten lang in Wasser, und gießen Sie den Absud in die Wanne.

Haferschrot

Haferschrot hilft bei wunder, rissiger Haut und bei Ekzemen. Hängen Sie einen gefüllten Musselinbeutel unter den Warmwasserstrahl. Der Beutel wird zum Abschrubben der Haut, für ein leichtes Peeling sowie als Seifenersatz verwendet. Zur Verstärkung der Reinigungs- und Pflegewirkung kann Kleie beigemengt werden.

Essig

Eine Tasse Apfel- oder Weinessig als Badezusatz lindert Hauttrockenheit, Juckreiz und Muskelschmerzen. Apfelessig läßt einen Sonnenbrand besser abheilen und gleicht den Säurehaushalt der Haut aus.

Epsomer Bittersalz

Bittersalz aus Magnesiumsulfat beseitigt Hautunreinheiten und lindert Muskelschmerzen. Baden Sie 20 Minuten lang in mit Bittersalz versetztem Wasser. Achten Sie darauf, sich nach dem Bad gut einzuwickeln und viel Wasser zu trinken, da der Körper noch mehrere Stunden lang Schweiß und auch Schadstoffe absondert. Bittersalz eignet sich auch als Zusatz für lindernde Fußbäder bei strapazierten, schmerzenden Füßen.

Bäder für die Gefühle

Auch Bach-Blüten eignen sich zur inneren Entspannung. Es gibt insgesamt 38 verschiedene Essenzen. Die unten angeführten Blüten lindern häufig auftretende, unangenehme Gefühlszustände. Man gibt zehn Tropfen in mäßig heißes Badewasser.

- **Lösen von Gefühlsbindungen an Vergangenes:** *Walnut (Walnuß)*
- **Erschöpfung:** *Olive*
- **Verhaftet im ewig gleichen Trott:** *Chestnut Bud (Kastanienblüte)*
- **Gefühl der Überforderung:** *Elm (Ulme)*
- **Ungewißheit:** *Wild Oat (Waldrespe)*
- **Einsamkeit:** *Water Violet (Sumpfwasserfeder)*
- **Ängstlichkeit, furchtbesetzte Vorahnungen:** *Aspen (Zitterpappel)*
- **Verzweifelte Angst:** *Sweet Chestnut (Edelkastanie)*
- **Ausgeprägte Antriebslosigkeit, Depression:** *Gorse (Stechginster)*
- **Schock, erschreckende Ereignisse:** *Rescue (Notfalltropfen)*

Die Notfalltropfen bestehen aus fünf Blüten und werden nicht mit anderen Essenzen kombiniert. Ansonsten können Sie zwei bis drei Blüten zugleich (insgesamt 10–12 Tropfen) in das Badewasser geben. Trinken Sie dazu ein Glas Wasser, das fünf Tropfen der Blütenessenz enthält.

Wasser als Heilmittel

Wasseranwendungen können auf Körper und Geist entspannend oder belebend wirken. In der westlichen Gesellschaft dienen Baden und Duschen nur der Hygiene, jedoch wird nicht bedacht, daß sich die Heilkräfte des Wassers auf einfache Weise nützen lassen.

Massagedüsen

Duscheinrichtungen mit Massagedüsen findet man in vielen Hotels und Kuranlagen. Auch zu Hause läßt sich die Massagewirkung des Wassers nützen. Die Durchblutung und der Lymphfluß werden durch den harten Wasserstrahl angeregt. Eine auf typische „Problemzonen" wie Oberschenkel oder Gesäß gerichtete Düse unterstützt den Abbau von Fettpölsterchen sowie die Entschlackung. Die Brüste werden straffer, wenn man sie täglich rund eine Minute lang abwechselnd mit kaltem und warmem Wasser massiert. Eine kurze Kaltwassermassage verbessert die Muskelspannung und regt den Stoffwechsel an.

Sprudelbäder

In vielen Bädern, Fitneß- und Gesundheitszentren steht ein Sprudelbad zur Verfügung, mitunter steht dieser Luxus sogar im eigenen Heim bereit. Die belebende Massagewirkung des warmen, sprudelnden Wassers regt die Durchblutung an und entlastet die Muskeln und Gelenke. Die entspannende Schwerelosigkeit ist ein nicht alltäglicher Genuß. Ärzte bestätigen die heilende Wirkung bei Muskel- und Rückenschmerzen und sogar bei Arthritis. Schon wenige Minuten im Sprudelbad beruhigen die Nerven und lindern Schlafprobleme.

Kaltwasseranwendungen

Die belebende Wirkung von Kaltwasserbädern ist seit jeher bekannt – schon im antiken Griechenland stieg man in kaltes Wasser, um „durch das Schweben eine Harmonie der Kräfte" zu erlangen. Die Römer pflegten sich zur Kräftigung des Körpers in rund 18 °C kaltes Wasser zu legen. Etwa im Jahr 1850 entwickelten zwei Ärzte im englischen Kurort Malvern die medizinische Kaltwasserbehandlung. Sie zogen sich zwar den Spott der anderen Mediziner zu, doch eine Reihe berühmter Namen sprach für den großen Erfolg der Kuren. So zählten Florence Nightingale, Alfred Lord Tennyson, Charles Dickens und Charles Darwin zu den Gästen des Kurorts.

Vor einigen Jahren wurde in London das hydrotherapeutische Forschungszentrum Beatrice eröffnet, in dem die Wirkungen der Thermoregulations-Hydrotherapie und ihre Anwendung bei verschiedenen Krankheiten wissenschaftlich untersucht werden. Die Forschungen werden von dem Thrombose- und Kreislaufspezialisten und Gründer des Londoner Thromboseforschungszentrums, Professor Vijay Kakkar, geleitet. Kakkar hatte selbst an chronischem Asthma gelitten, bis er eine Behandlung mit täglichen Kaltwasserbädern begann.

Den ersten Forschungsergebnissen zufolge fördern Kaltwasserkuren die Produktion des blutverdünnenden Enzyms t-PA, das Blutgerinnseln vorbeugt. Bei der Abkühlung der Blutgefäße werden zahlreiche Hormone an das Blut abgegeben, die die Schilddrüse anregen und den Sauerstoffumsatz der Blutzellen steigern. Das kalte Wasser erhöht zudem die Produktion weißer Blutkörperchen, die für die Abwehr von Krankheitserregern zuständig sind. Die Ausschüttung des männlichen Geschlechtshormons Testosteron beziehungsweise des weiblichen Geschlechtshormons Östrogen wird ebenfalls gefördert. Auch zahlreichen Patienten, die unter chronischer Müdigkeit zu leiden hatten, konnte durch die Kaltwassertherapie geholfen werden.

Kaltwasseranwendungen zu Hause

Menschen mit Kreislaufstörungen oder Diabetes sollen auf jeden Fall den Arzt zu Rate ziehen, bevor sie sich für die beschriebene Badekur entscheiden. Die Kaltwasseranwendung erfolgt stets stufenweise. In den ersten zwei Wochen beträgt die Temperatur des Badewassers 20 °C. In zweiwöchigen Abständen wird die Temperatur ein wenig gesenkt, bis 15 °C erreicht sind. In Stufe 3 wird auch die Badedauer langsam gesteigert.

1. Sie stehen fünf Minuten lang in der Wanne, so daß sich der Körper an die Temperatur gewöhnen kann und die Fußreflexzonen angeregt werden.
2. Sie sitzen fünf Minuten lang im Wasser.
3. Sie liegen fünf Minuten lang in der Wanne.

Führen Sie die beschriebene Kur zwei Wochen lang durch. Verlängern Sie die Dauer von Stufe drei täglich um eine Minute, bis Sie 15 Minuten lang in der Wanne liegen können. Dann wird die Kur zwei Wochen lang mit 19 °C kaltem Wasser wiederholt und die Badedauer wie zuvor gesteigert. Nach weiteren zwei Wochen wird die Temperatur neuerlich gesenkt, bis 15 °C erreicht sind.

Wassertherapien

Die Heilkraft des Wassers ist seit langer Zeit bekannt. Schon die Heilkundigen des antiken Griechenlands sowie des ägyptischen Reiches kannten die positive Wirkung einer Wassertherapie. Griechische Gelehrte glaubten, das Meerwasser reinige den Körper von bösartigen Gewächsen und erfrische den Geist. Jahrhunderte später begann der schwerkranke deutsche Pfarrer Sebastian Kneipp mit Wasseranwendungen zu experimentieren. Die Selbstheilung gelang, und Kneipp empfahl seine Kur weiter. Heute lebt seine Lehre in Bad Wörishofen und in Hunderten Kneippzentren im ganzen deutschsprachigen Raum fort.

Die Heilkraft des Toten Meers

Das Tote Meer ist von alters her als höchst gesund bekannt. Bereits Königin Kleopatra, König David, König Salomon und die Königin von Saba ließen sich dort Badeeinrichtungen erbauen. Das Wasser galt schon damals als heilkräftig und schönheitsfördernd.

Das Tote Meer ist ein großer Binnensee im Grenzgebiet zwischen Israel und Jordanien. Es liegt 394 m unter dem Meeresspiegel und damit an der tiefsten Stelle der Erde. Der See wird von dem Fluß Jordan und zahlreichen Mineralquellen gespeist. Da das Wasser im heißen Klima rasch verdunstet, ist die Salzkonzentration siebenmal stärker als in anderen Meeren, und nichts kann darin untergehen. Die Mineralsalze dringen durch die Poren in den Körper und entfalten ihre Gesundheitswirkung. Sie entschlacken den Organismus, gleichen den Flüssigkeitshaushalt aus, fördern die Durchblutung und den Lymphfluß, beruhigen die Nerven und regen die Verdauung an.

Am Toten Meer befinden sich neben dem internationalen Schuppenflechte-Zentrum zahlreiche weitere Kurhotels. Die Mineralsalze werden auch in Form von Körperpflege- und Heilprodukten für das eigene Heim angeboten. Schon zwei bis drei Handvoll Meersalz im Badewasser fördern die Entspannung, während die Mineralien ihre heilende Wirkung entfalten.

Schlamm aus dem Toten Meer

Schlammbäder mit gelösten Mineralsalzen und Pflanzenextrakten waren schon im antiken Griechenland bekannt. Heute werden sie zur Entschlackung und zur Behandlung von Rheuma, Gelenkentzündungen und Hautkrankheiten eingesetzt. Der Schlamm wird zu Pflegeprodukten verarbeitet, da er Hautunreinheiten, abgestorbene Hautzel-

len, überschüssigen Talg und Umweltschadstoffe beseitigt.

Fertig abgepackte Schlammbäder ermöglichen eine Anwendung in der Badewanne. Beim ersten Mal sollte die Badedauer auf zehn Minuten beschränkt sein und nur langsam gesteigert werden. Während der Schwangerschaft und Stillzeit sowie bei Herzleiden, Kreislauferkrankungen, hohem Blutdruck, Zuckerkrankheit, Epilepsie oder offenen Wunden ist von Schlammbädern abzuraten.

Thalassotherapie

Meerwasserbehandlungen werden als Thalassotherapie bezeichnet. Der Begriff wird von dem griechischen Wort für Meer ,*thalassa*, hergeleitet. Meerwasser, Plankton, Tang und Meerestiere enthalten natürliche Substanzen wie Mineralsalze, Spurenelemente, Aminosäuren, Vitamine und Chlorophyll. Die Stoffe werden zur Herstellung von Medikamenten und Pflegeprodukten, zur Behandlung von Hautkrankheiten und in speziellen Diäten eingesetzt.

Meereswirkstoffe sind zur Aufrechterhaltung des biologischen Gleichgewichts im menschlichen Organismus unerläßlich – schließlich liegen die Ursprünge der Menschheit im Meer. Die Vitamine und Mineralien des Meerwassers ähneln den Inhaltsstoffen des Blutplasmas. Sie gelangen bei Körpertemperatur in den Blutkreislauf, und der Organismus kann sich regenerieren. Die Thalassotherapie hilft bei Streß und Erschöpfung, sie reguliert den Blutdruck und den Hormonhaushalt, sie lindert Muskelschmerzen und beschleunigt den Stoffwechsel. Die Haut wird gesünder, und die Haarstruktur wird gekräftigt. Sogar das Abnehmen fällt leichter. Psychische Belastungen können ebenfalls leichter verarbeitet werden. Die Thalassotherapie wird in vielen Bädern und Kliniken angeboten. In manchen Ländern werden die Kosten für Meerwasseranwendungen sogar von den Krankenkassen übernommen. Zahlreiche Algenprodukte sind im Handel erhältlich, so daß man bei Erschöpfung, Streß und Überanstrengung ein belebendes Algen- oder Meersalzbad nehmen kann.

Flotationstanks

Diese Wasseranwendung ermöglicht eine besonders tiefe Entspannung. Der Patient liegt in einem 25–40 cm tiefen Behältnis, das mit körperwarmem Wasser angefüllt ist. Durch eine Mischung aus Bittersalzen und anderen Mineralsalzen wird die Dichte des Wassers verändert, so daß man schwerelos im Wasser „schwebt".

Eine Therapieeinheit dauert mindestens eine Stunde. Manche Patienten lassen sich sogar die ganze Nacht entspannt im Tank treiben. Man liegt auf dem Rücken, wobei der Kopf bei Bedarf auf einem aufgeblasenen Kissen ruht. Es ist empfehlenswert, Ohrstöpsel zu tragen. Man kann wahlweise Musik aus Unterwasserlautsprechern hören oder sich in völliger Stille entspannen. Auch die Lichtintensität läßt sich variieren.

In der Schwerelosigkeit des Flotationstanks wird es möglich, zu meditieren und zur Ruhe zu kommen. Da Auge und Ohr nur wenigen Sinnesreizen ausgesetzt sind, wendet der Patient seine konzentrierte Aufmerksamkeit der eigenen Person zu. Man empfindet innere Harmonie und Gelassenheit und profitiert zudem von der Heilwirkung der Mineralsalze im Wasser.

Watsu

Diese Verbindung aus Wasserkur und Shiatsu wurde von dem Dichter Harold Dull entwickelt. Sie wird seit 1980 in Kalifornien angewandt. Dull erwarb seine Shiatsu-Kenntnisse in Japan, und nach seiner Rückkehr in die USA bot er Watsu-Anwendungen in warmem Wasser an. Durch seine Behandlungsmethode konnte das Selbstbewußtsein der Patienten gestärkt werden.

Watsu beruht auf der Entlastung der Wirbelsäule. Die Therapeuten halten die Patienten, damit sie sich vollkommen entspannen können und die Energiebahnen in der Wirbelsäule geöffnet werden. Durch Dehnungen und Armkreisen werden die entsprechenden Meridiane aktiviert. Die nunmehr ungehindert durch den Körper fließende Energie löst körperliche und geistige Spannungen. Watsu kann Streß abbauen, die Beweglichkeit und die Haltung verbessern, Schlafstörungen lindern, die Atmung optimieren und Muskelschmerzen verringern.

Einer ägyptischen Weisheit zufolge ist das Wasser eine ausgleichende Gabe an die Seele, die einst Gestalt angenommen und dadurch ihre Freiheit verloren hat. Durch Watsu läßt sich ein Stück dieser Freiheit zurückgewinnen.

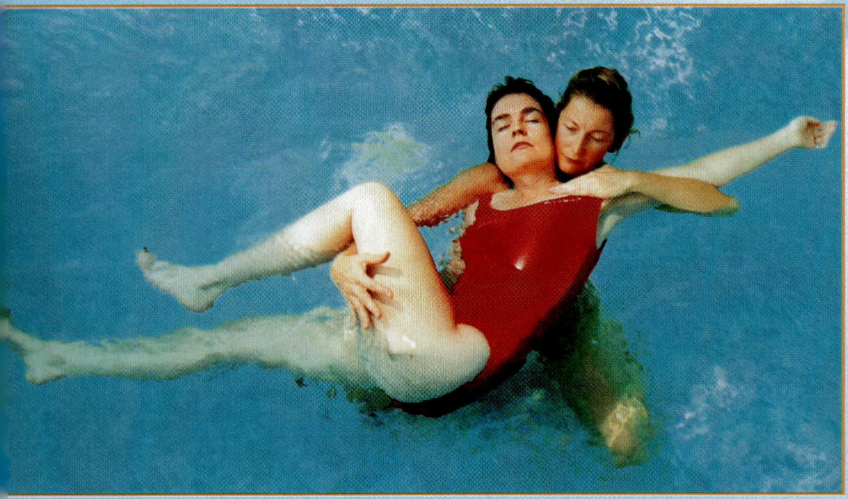

Watsu-Übung für Zuhause

1 *Füllen Sie die Wanne mit 35 °C warmem Wasser.*

2 *Legen Sie sich zurück und entspannen Sie sich.*

3 *Spüren Sie bewußt nach, wie sich Hals, Rücken und Gelenke lockern.*

4 *Spüren Sie nach, wie die Muskeln von Wärme durchströmt werden.*

5 *Spüren Sie der Dehnung des Körpers bewußt nach.*

6 *Stellen Sie sich vor, wie der Körper im Wasser schwebt.*

Reinigung und Straffung der Haut

Die Haut erfüllt zahlreiche wichtige Aufgaben. Sie reguliert die Körpertemperatur, verleiht dem Körper eine wasserdichte Hülle, dient als Ausscheidungsorgan und produziert Vitamin D. Ständig ist sie Schmutz, Rauch und Schadstoffen ausgesetzt, so daß sich im Lauf der Jahre die Poren verstopfen und Alterserscheinungen wie Pigmentflecken und Fältchen sichtbar werden. Zur Unterstützung der Hautreinigung ist es wichtig, viel frisches Obst und Gemüse zu essen und täglich 1–1,5 Liter Wasser zu trinken. Auch in der äußerlichen Hautpflege spielt das Wasser eine wesentliche Rolle.

Saunen und Dampfbäder

Saunen und Dampfbäder zur Öffnung der Poren und zur Hautreinigung sind vor allem in den skandinavischen Ländern beliebt. Gehen Sie frühestens zwei Stunden nach dem Essen in die Sauna, und trinken Sie unmittelbar vor oder nach der Anwendung keinesfalls Alkohol. Beginnen Sie mit kurzen, etwa fünfminütigen Saunadurchgängen, und steigern Sie die Dauer allmählich. Anschließend wird kühl geduscht oder ein Becken mit kaltem Wasser bestiegen. Das Saunieren lindert Muskelschmerzen, erfrischt den Geist und fördert den Abbau von Zellulitis. Bei Atemwegserkrankungen, Herzleiden oder Bluthochdruck ist von Saunagängen jedoch abzuraten. Wer die trockene Saunaluft als unangenehm empfindet, kann statt dessen ein Dampfbad aufsuchen.

Zur Gesichtsreinigung legen Sie ein Handtuch über den Kopf und halten das Gesicht in den Wasserdampf, der einem Topf mit heißem Wasser entsteigt. Bei normaler Haut werden zwei Tropfen Bergamotte- und Lavendelöl, bei trockener Haut Weihrauch- und Rosenöl und bei fettiger Haut Geranien- und Zitronenöl beigefügt. Wenn das Gesicht zu schwitzen beginnt, wird es abgetupft und die Behandlung wiederholt. Bei empfindlicher Haut und geplatzten Adern ist von Dampfanwendungen abzuraten.

Die Sauna oder Dampfbehandlung ist eine gute Vorbereitung auf Peelings oder hautstraffende und feuchtigkeitsspendende Behandlungen.

Peeling

Der Regenerationsprozeß der Haut, bei dem alte Hautzellen abgestoßen und neue produziert werden, dauert etwa drei bis vier Wochen. Mit zunehmendem Alter verlangsamt sich dieser Vorgang. Durch Peelings und einem Abbürsten der Haut wird dieser Erneuerungsprozeß gefördert, so daß die Haut wieder frischer aussieht. Bei einem Peeling wird die Haut sanft mit einer körnigen Paste abgeschmirgelt. Die Haut sollte höchstens ein- bis zweimal wöchentlich behandelt werden. Achten Sie auch darauf, nicht zu fest zu massieren. Bei Akne oder Pickeln ist von einem Peeling ganz abzuraten.

Peelingpasten kann man auch selbst aus einem Teil Mandelöl und zwei Teilen fein gemahlenem Hafer anrühren. Der Brei wird mit den Fingerspitzen in kleinen Kreisen aufgetragen und nach einigen Minuten mit warmem Wasser abgewaschen. Die Augenpartie bleibt ausgespart.

Bürsten der nassen Haut

Auch Luffaschwämme und Massagehandschuhe eignen sich zum Abschrubben abgestorbener Hautzellen. Man kann die Haut zuvor mit reinem Wasser benetzen oder zusätzlich eine Peelingpaste oder ein Duschgel auftragen.

Die erfrischende Wirkung läßt sich durch einige Tropfen Rosmarin-, Wacholder-, Zitronen-, Zypressen-, Mandarinen- oder Grapefruitöl noch steigern. Beim Bürsten der nassen Haut werden Schmutz- und Fettpartikel entfernt, die Haut wird besser durchblutet, und sogar Haare an den Beinen können auf diese Weise entfernt werden. Eine morgendliche Bürstenmassage wirkt äußerst belebend.

Bürsten der trockenen Haut

Bürsten der trockenen Haut ist eine gute Vorbereitung auf intensivere Wasserbehandlungen. Massiert man die Haut zweimal wöchentlich vor dem Baden oder Duschen mit einer Bürste aus Naturborsten, werden der Lymphfluß und die Hautdurchblutung angeregt und abgestorbene Zellen abgelöst. Bürsten Sie den Körper bei den Füßen beginnend in Richtung Herz und von den Schulterblättern ausgehend abwärts zur Brust. Das Gesicht und wunde Stellen werden ausgespart, die Brustregion wird nur sanft gebürstet. In Verbindung mit gesunder Ernährung hilft das Bürsten auch gegen Zellulitis.

Peeling mit Meersalz

Meersalz eignet sich sehr gut zur Entfernung abgestorbener Hautzellen und zur Glättung spröder Hautregionen wie etwa im Bereich der Ellbogen, Knie und Fersen. Geben Sie etwa ein halbes bis ein Kilogramm Meersalz in warmes Badewasser. Nach zehnminütiger Entspannung bürsten Sie den Körper mit einem Luffaschwamm oder einem Massagehandschuh. Wenden Sie dabei dieselbe Technik wie beim Bürsten der trockenen Haut an. Eine anschließende kalte Dusche wirkt zusätzlich belebend. Sie können auch das gesamte Peeling unter der Dusche vornehmen. Bei sehr trockener Haut wird der Handschuh in Olivenöl und dann in grobkörniges Meersalz getaucht. Spülen Sie die Haut nach dem Peeling gut ab. Eine kalte Dusche als Abschluß wirkt äußerst belebend, und zusätzlich werden dadurch die Poren geschlossen. Tragen Sie danach eine Körperlotion oder Feuchtigkeitscreme auf.

Gesichts- und Körpermasken

Zur gründlichen Reinigung, Straffung und Belebung der Haut kann eine Gesichtsmaske wahre Wunder wirken – sie muß jedoch dem Hauttyp angepaßt sein. Bei fettiger Haut eignen sich intensiv reinigende, bei trockener und empfindlicher Haut feuchtigkeitsspendende, bei Mischhaut und normaler Haut feuchtigkeitsspendende Produkte sowie Aufbaumasken.

Gesichtsmasken mit Kaolin magerer Tonerde und Bleicherde sind für alle Hauttypen geeignet. Vor allem bei fettiger, unreiner Haut ist Bleicherde zu empfehlen. Die Grundstoffe werden mit Wasser zu einem Brei verrührt, den man auf das Gesicht aufträgt, mindestens fünf Minuten einwirken läßt und dann mit warmem Wasser abspült. Augen und Mund bleiben ausgespart. Zwei zusätzliche Tropfen Duftöl verleihen der Maske ein angenehmes Aroma.

Viele Masken sind auch für die Augenpartie verträglich, zudem werden spezielle Augenmasken angeboten. Wenn die Augen frei bleiben sollen, legt man am besten Gurkenscheiben oder ausgekühlte Teebeutel auf die Lider. In den meisten Fällen sollen Gesichtsmasken höchstens zweimal wöchentlich aufgetragen werden.

Körpermasken sind ebenfalls sehr angenehm, sind aber für eine Anwendung zu Hause etwas umständlich. Viele Kosmetiksalons und Gesundheitszentren bieten tief reinigende, entschlackende Seetang- oder Schlammpackungen an. Zudem sind Rückenmasken für unreine Haut oder belebende Fußmasken erhältlich. Für die Pflege von Haar und Kopfhaut steht ebenfalls ein umfassendes Angebot an Pflegeprodukten zur Verfügung.

Straffung und Erfrischung

Als Abschluß einer Gesichtsreinigung wird ein Gesichtswasser aufgetragen, um die Poren zu schließen und Schmutzreste zu lösen. Die meisten Gesichtswässer sind alkoholhaltig und sollen nur bei sehr fettiger Haut verwendet werden. Bei trockener, normaler oder empfindlicher Haut ist statt dessen Rosenwasser empfehlenswert, das man in einer Apotheke erstehen kann. Unreine Haut behandelt man am besten mit einer schwachen Apfelessiglösung oder mit reinem Mineralwasser aus einem Zerstäuber. Beim Sprühen die Augen schließen.

Sie können auch selbst ein erfrischendes Duftwasser herstellen. Einer kleinen Flasche Quellwasser werden vier bis sechs Tropfen Lavendel-, Rosen-, Sandelholz-, Orangen-, Patschuli-, Pfefferminz- oder Vetiveröl beigemengt. Die geschüttelte Substanz wird mit einem Zerstäuber oder Wattebausch auf Gesicht und Körper aufgetragen. Etwas Apfelessig als Zusatz schließt die Poren.

Erfrischungsbad

Wenn das Bad wirklich belebend wirken soll, darf das Wasser nicht zu heiß sein, und man muß drei bis sechs Tropfen eines passenden Öls beimengen. Gut geeignet sind hier Pinie, Basilikum, Rosmarin, Koriander, Nessel, Orange, Grapefruit, Zitronengras, Mandarine, Bergamotte und Teebaum, wobei auch zwei Aromen kombiniert werden können. Sie können auch einer Kanne Brennesseltee eine Handvoll frischen Rosmarin beigeben, 15 Minuten ziehen lassen, abseihen und ins Badewasser gießen. Oder Sie kochen einen Topf Wasser mit frischen Kiefernnadeln, lassen die Mischung eine halbe Stunde lang ziehen und verwenden sie dann als Badezusatz.

Belebende Bäder sollen generell kürzer als Entspannungsbäder dauern. Bleiben Sie höchstens zehn Minuten in der Wanne, wenn Sie sich erfrischen wollen, während zum Erzielen einer entspannenden Wirkung ein Bad von etwa 20 Minuten Dauer sinnvoll ist.

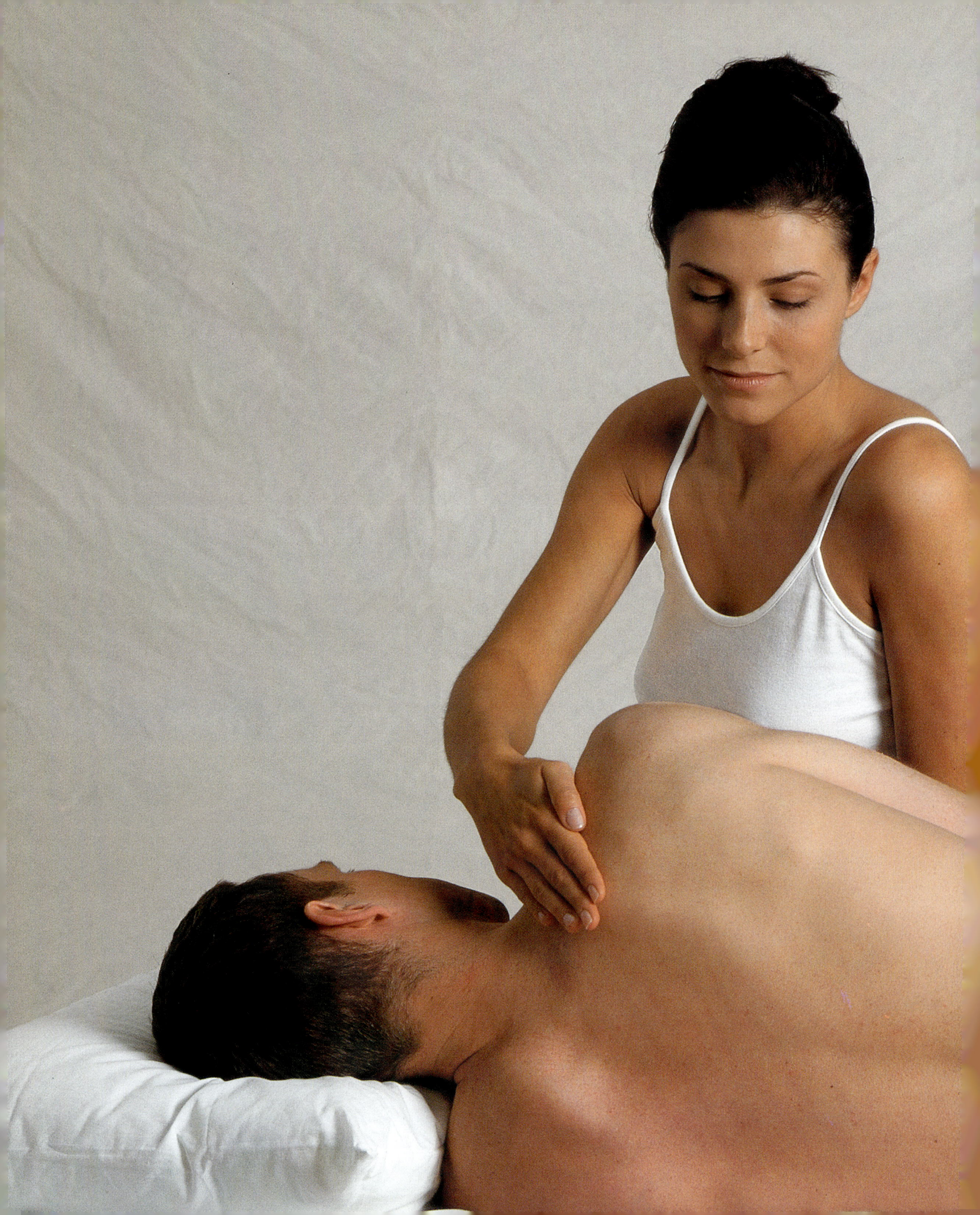

Streßabbau durch Massage

Streß ist ein Teil des modernen Lebens. Arbeitsdruck, familiäre Konflikte und ungesunde Ernährung belasten Körper und Geist. Diese Belastungen lassen sich durch eine Massage gut abbauen. Im folgenden Kapitel werden häufige Streßsymptome erläutert und geeignete Antistreßtechniken und hilfreiche ätherische Öle vorgestellt.

Bei der indischen Kopfmassage werden Kopf, Hals und Schultern behandelt. Die beschriebenen Techniken helfen vor allem bei der Bewältigung von Ängsten. Auch eine Selbstmassage bietet Abhilfe gegen Streß. Eine harmonische, gesunde Lebensweise ist zudem unumgänglich, will man vor größeren Belastungen bestehen.

Heilsame Berührungen

Altern ist die Summe der Streßmomente, denen man im Lauf des Lebens ausgesetzt war.

Nach Hans Seyle, österreichisch-ungarischer Wissenschaftler und Begründer einer Streßtheorie

Niemand ist gegen Streß immun. Ein gewisser Streßpegel wirkt sogar anspornend und verstärkt die Wahrnehmungsfähigkeit. Zuviel Streß führt langfristig zu Gesundheitsschäden, da Körper und Geist zu großen Dauerbelastungen ausgesetzt sind. Typische Folgesymptome sind Kopfschmerzen, Migräne, Schweißausbrüche, Herzrasen, Mundtrockenheit, starker Harndrang und Verdauungsstörungen.

Türkische Bäder spielten im asiatischen Raum seit Jahrhunderten eine wichtige Rolle. Oben links ist ein Masseur zu sehen, der eine indische Kopfmassage ausführt.

Die Ursachen für Streß sind oft schwer erkennbar. Psychische Belastungen wie Ängste und Depressionen, Neigung zu Perfektionismus und Termindruck sind häufige Auslöser. Bei dem Versuch, ständig mehrere Dinge gleichzeitig zu erledigen, geht der Überblick verloren. Auch Umwelteinflüsse können Streß auslösen. Gefährliche Substanzen in Alkohol, Tabakrauch und Kaffee, Abgase, Medikamente und verschiedenste natürliche Schadstoffe in der Nahrung belasten den Organismus. Allein in den letzten zehn Jahren gelangten rund 6.000 neuentwickelte Chemikalien in die Nahrung, die Wohnungen und in unser sonstiges Lebensumfeld. Diese Substanzen können nachweislich körperlichen und geistigen Streß und in der Folge eine Reihe von Krankheiten auslösen. Wenn man häufig an Kopfschmerzen oder Verdauungsstörungen leidet, handelt es sich oft um ernstzunehmende Streßsymptome.

Nicht nur Motoren, auch Menschen kommen zu Schaden, wenn sie ständig auf Hochtouren laufen. Nehmen Sie sich daher Zeit zur Erholung. Machen Sie Atem- und Entspannungsübungen, damit Sie zur Ruhe kommen und „auftanken" können. Planen Sie einmal wöchentlich eine Massage unter Zuhilfenahme ätherischer Öle ein, bevor der Druck zu groß wird. Die folgenden Symptome lassen sich mit einer Massage mit ätherischen Ölen lindern.

Ätherische Öle bei Streßbeschwerden

Allergien

Lavendel, Kamille und Melisse mildern die Symptome und können je nach Art der Allergie als Massageöl, Badezusatz, Hautlotion oder zum Inhalieren verwendet werden.

Asthma

Lavendel, Kamille, Bergamotte, Neroli und Rose wirken krampflösend und stimmungsaufhellend. Weihrauch lindert das Engegefühl in der Brust. Übungen zur Förderung des tiefen Atmens und Massagen helfen ebenfalls.

Blasenentzündung, starker Harndrang

Kamille, Eukalyptus, Lavendel, Bergamotte und Sandelholz können als Massageöl zur Behandlung des Unterbauchs und als Badezusatz verwendet werden. Auch Knoblauchölkapseln bringen oftmals Linderung.

Bluthochdruck

Hier sind Lavendel, Majoran und Ylang-Ylang zu empfehlen. Neroli und Ylang-Ylang helfen insbesondere bei Kurzatmigkeit und Herzrasen.

Depressionen

Lavendel, Muskatellersalbei (nicht zusammen mit Alkohol einsetzen, da die Gefahr von Alpträumen besteht), Kamille, Ylang-Ylang und Sandelholz wirken beruhigend und stimmungsaufhellend. Auch Bergamotte, Geranie, Melisse und Rose helfen, die pessimistische Stimmung zu vertreiben. Neroli und Jasmin wirken ausgleichend und helfen bei Angstzuständen.

Ekzeme

Kamille, Lavendel, Melisse und Neroli eignen sich bei Ekzemen als Massageöl oder Badezusatz. Auch Salze aus dem Toten Meer sind empfehlenswert (siehe Seite 128).

Haarausfall

Massieren Sie die Kopfhaut mit Oliven- oder Mandelöl. Bei dunklem Haar kann man dem Shampoo auch etwas Rosmarin beigeben.

Herzleiden

Lavendel, Rosmarin, Majoran und Pfefferminze gelten als herzstärkend. Knoblauchölkapseln zum Einnehmen sind ebenfalls gut geeignet.

Kopfschmerzen und Migräne

Lavendel- oder Pfefferminzöl auf die Schläfen oder mit kalten Umschlägen auf die Stirn geben. Man kann auch einige Tropfen in kochendes Wasser träufeln und inhalieren oder das Öl auf ein Taschentuch geben.

Magersucht

Lavendel, Neroli, Ylang-Ylang, Muskatellersalbei und Kamille wirken beruhigend und stimmungsaufhellend. Bergamotte fördert den Appetit und wirkt aufmunternd.

Potenzschwäche

Hier helfen Sandelholz, Ylang-Ylang, Jasmin, Neroli und Patschuli.

Schlaflosigkeit

Lavendel, Neroli, Kamille, Majoran und Sandelholz sind hier nützlich. Man verwendet die Essenzen als Massageöl oder Badezusatz, oder man gibt einige Tropfen auf das Kopfkissen.

Verstopfung

Massieren Sie die Magenregion mit Kamille, Lavendel, Fenchel, Majoran oder Pfefferminze. Trinken Sie auch Kamillen-, Fenchel oder Pfefferminztee.

Streßbewältigung

Indische Kopfmassage

Diese Kopfmassagetechnik beruht auf der traditionellen Champi-Massage, die in Indien seit über 1000 Jahren bekannt ist. Sie ist ein einfaches, sicheres und wirksames Mittel zum Streßabbau. Die Champi-Massage ist in ganz Indien verbreitet. Das Wissen über die Massagetechnik wurde über Jahrhunderte hinweg von einer Generation zur nächsten weitergegeben. Die Mütter bringen sie den Kindern schon in jungen Jahren bei. Man muß sich nicht entkleiden und benötigt kein Öl, so daß sich die Massage immer und überall durchführen läßt.

Bei der indischen Kopfmassage werden Nacken, Schultern, Gesicht, Kopfhaut und Ohren behandelt. Kopf, Nacken und Schultern gelten als die Energiezentren des Körpers. Streß und Ärger äußern sich demnach oftmals in Form von verspannter Nacken- oder Schultermuskulatur, überanstrengten Augen oder Haarausfall. Die Kopfmassage regt die Durchblutung der Kopfhaut an, verbessert die Haarstruktur und beschleunigt den Haarwuchs. Sie führt zu innerer Ruhe und Gelassenheit, fördert die Denkschärfe, baut Ängste ab, verbessert die Konzentration und lindert geistige Erschöpfungszustände.

Die beschriebenen Massagegriffe lassen sich auch zu Hause im Zuge einer Partnermassage anwenden. Achten Sie darauf, nicht zu fest auf den Kopf zu drücken, damit der Hals nicht unnötig belastet wird.

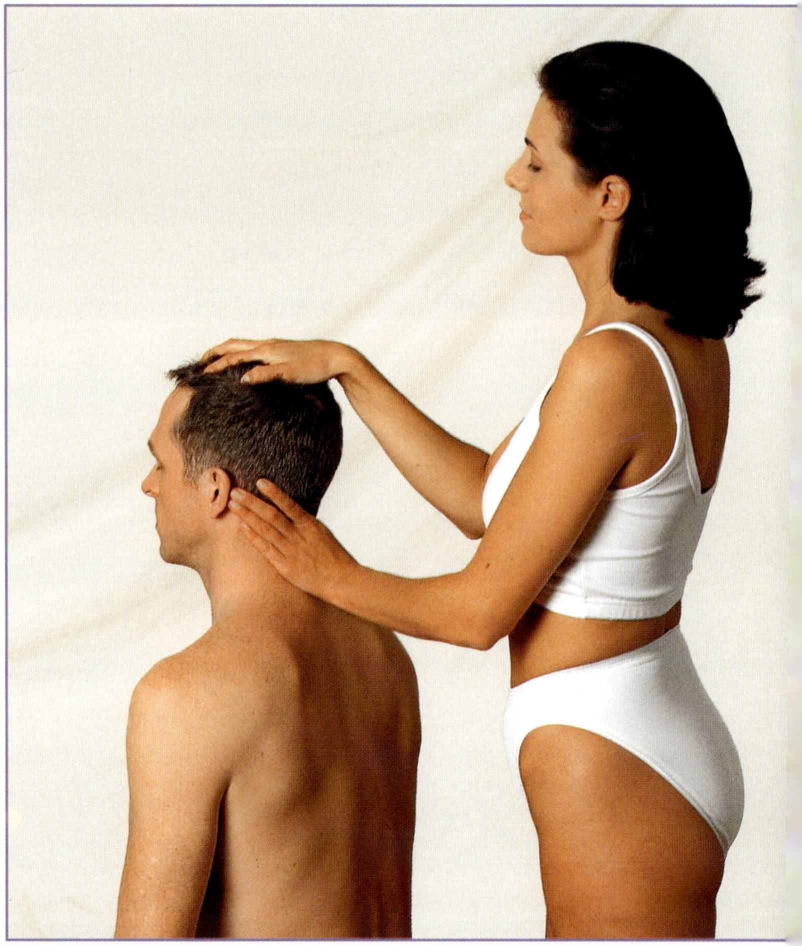

„Durchkämmen" der Kopfhaut

1 Die Person, die massiert wird, sitzt locker auf einem Stuhl mit einer Lehne, die das Kreuz entlastet. Sie stehen dahinter und legen die rechte Hand auf den Kopf, so daß die Fingerspitzen auf dem Haaransatz zu liegen kommen. Die linke Hand stützt den Kopf. Die Spitze des Mittelfingers liegt dabei hinter dem linken Ohr am Haaransatz und der Daumen hinter dem rechten Ohr.

2 Dann „kämmen“ Sie mit den Fingerspitzen der rechten Hand beim Haaransatz beginnend über die Kopfhaut nach unten bis zur linken Hand. Wiederholen Sie die Bewegung, und legen Sie die Finger nun etwas weiter seitlich auf, damit der ganze Kopf massiert wird.

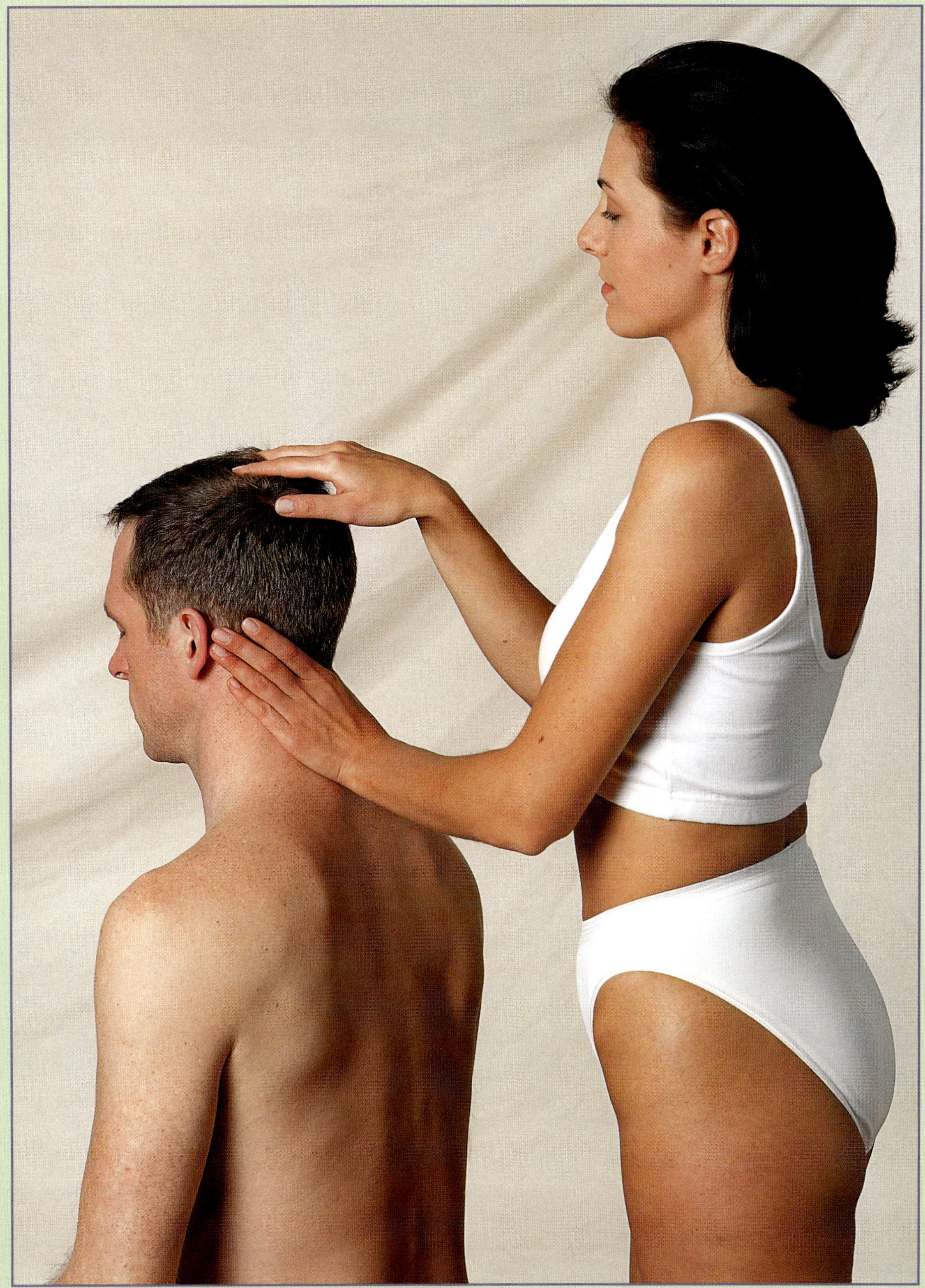

Massage mit den Handkanten

1 Legen Sie die rechte Hand als Stütze an die Schädelbasis. Die Kante der linken Hand liegt an der linken Seite des Kopfes.

2 Streichen Sie mit der linken Hand über den gesamten Hinterkopf in einer Aufwärts- und Abwärtsbewegung.

3 Setzen Sie die Bewegung bis zur Oberseite des Kopfes fort, bis die Kopfhaut warm ist und vielleicht sogar leicht kribbelt. Wiederholen Sie die Massage dann mit waagerechten Bewegungen. Anschließend wird der Kopf mit der rechten Hand auf dieselbe Weise massiert.

Massage mit den Handwurzeln

Legen Sie die Handwurzeln oberhalb der Ohren auf. Streichen Sie mit leichtem Druck zum Scheitel aufwärts, bis sich die Hände treffen (Bild oben). Kehren Sie in die Ausgangsposition zurück und wiederholen die Massage, wobei die Hände ein Stück nach hinten versetzt werden. Wiederholen Sie den Ablauf etwa viermal, bis der ganze Kopf massiert ist. Diese Massagetechnik eignet sich zur Lockerung der Kopfhaut und fördert die Entspannung.

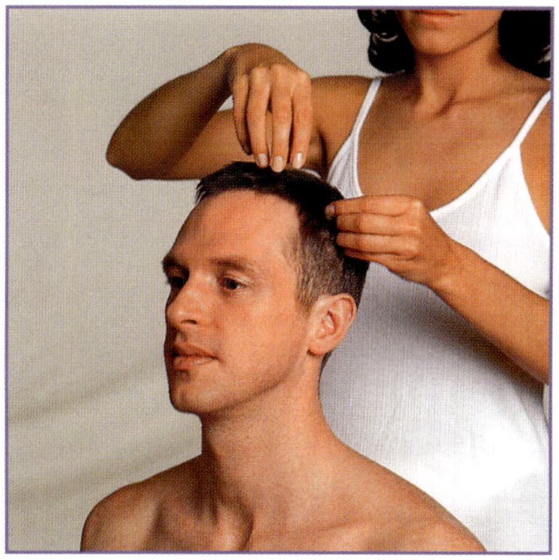

Kneifmassage der Kopfhaut

Kneifen Sie die Kopfhaut in kurzen, raschen Bewegungen mit den Fingerspitzen zusammen. Auf Wunsch können Sie auch leicht an den Haaren ziehen. Massieren Sie den ganzen Kopf auf diese Weise.

Selbstmassage des Gesichts

So wohltuend es auch ist, sich massieren zu lassen, manchmal fehlt uns dazu die erforderliche Zeit. In diesen Fällen bietet die Selbstmassage einen Ausweg. Kontakte mit dem eigenen Körper sind wichtig, und da man selbst genau spürt, wo die Schmerzen und Spannungen liegen, ist eine Selbstmassage auch sehr effektiv. Eine Gesichtsmassage verbessert das Erscheinungsbild, da die Haut stärker durchblutet wird und in der Folge frischer wirkt. Auch bei Kopfschmerzen, Ängsten und überanstrengten Augen hilft eine entspannende Selbstmassage.

Sie können sich zusätzlich auch den Luxus einer Duftmassage gönnen. Bei trockener Haut geben Sie einen Tropfen Rosen-, Kamillen-, Jasmin- oder Neroliöl in etwas Avocado-, Aprikosenkern- oder Weizenkeimöl. Bei empfindlicher Haut kommt ein Tropfen Rosen-, Kamillen- oder Neroliöl in ein wenig Süßmandel-, Traubenkern- oder Nachtkerzenöl. Auch Lavendel ist geeignet, hier darf das Trägeröl aber höchstens ein Prozent an Duftessenzen enthalten. Bei fettiger Haut wird dem Traubenkern- oder Aprikosenkernöl ein Tropfen Lavendel, Bergamotte oder Geranie beigemengt. Bei reiferer Haut verwendet man Jojoba-, Weizenkeim-, Avocado- oder Aprikosenkernöl mit einem Tropfen Weihrauch oder Neroli.

Der folgende Massageablauf läßt sich gut mit dem Auftragen einer Feuchtigkeits- oder Nachtcreme für die tägliche Hautpflege kombinieren.

Stirnmassage
(links) Legen Sie die Spitze des Zeige- und Mittelfingers zwischen Haaransatz und Brauen auf die Stirn, und massieren Sie mit kleinen Kreisen. Stellen Sie sich dabei vor, durch die Bewegung würde die Spannung aus dem Kopf entweichen. Dann legen Sie die Finger ein Stück weiter oben auf und wiederholen die Kreisbewegungen.

Schläfenmassage
Massieren Sie dann die Schläfen auf dieselbe Art mit dem Mittelfinger. Diese Stelle ist oft relativ empfindlich, massieren Sie daher nicht zu fest, denn die Bewegung soll nicht unangenehm sein. Die Stirn- und Schläfenmassage hilft auch bei Kopfschmerzen. Bei Bedarf können Sie ein wenig Lavendel- oder Pfefferminzöl mit einmassieren.

Wangenmassage
Legen Sie die Spitze von Zeige- und Mittelfinger auf die Backenknochen. Streichen Sie dann in kleinen, sanften Kreisen über die ganze Wange. Da diese Muskeln beim Essen und Sprechen ständig in Bewegung sind, kommt es häufig zu Verspannungen. Das gilt vor allem für Menschen, die nachts mit den Zähnen knirschen oder die Zähne sehr fest zusammenbeißen.

Daumendruck unter den Augenbrauen
Legen Sie die Daumen unter den Knochenvorsprung unterhalb der Augenbrauen. Sie können sich zur Verstärkung des Drucks auch auf dem Tisch aufstützen. Halten Sie den Druck etwa zehn Sekunden lang aufrecht, dann lassen Sie los und wiederholen den Ablauf insgesamt fünfmal. Diese Massage hilft bei Kopfschmerzen und Nebenhöhlenbeschwerden.

Selbstmassage der Hände

Eine Handmassage ist nahezu immer und überall möglich. Ein Massageöl ist nicht unbedingt erforderlich. Man kann bei Bedarf eine normale Hautcreme verwenden. Die Handmuskeln sind oft stark verspannt, denn die Hände sind im Alltag ständig im Einsatz, ob man nun etwas aufhebt, ein Auto steuert oder Geld zählt. Durch das Massieren der Hände werden diese Spannungen ausgeglichen, da man die Handflächen „öffnet" und die Finger dehnt.

Die Handmassage eignet sich außerdem hervorragend als Abschluß einer Maniküre. Sie können auch neben dem Bett eine Creme bereitstellen und als entspannenden Tagesausklang vor dem Einschlafen in die Hände einmassieren, so daß die Creme über Nacht einwirken kann. Eine besonders intensive Feuchtigkeitspflege erreichen Sie, wenn Sie einen Tropfen Rosen- oder Weihrauchöl in zwei Teelöffeln (10 ml) Weizenkeimöl auflösen und die Hände damit 10 bis 15 Minuten lang massieren. In der Nacht tragen Sie am besten Baumwollhandschuhe. Am nächsten Morgen sind Ihre Hände dann wunderbar weich.

Daumenkreise
Auch diese Massage ist nahezu überall möglich, sowohl zu Hause als auch im Büro oder im Zug. Halten Sie die linke Hand mit der Handfläche nach oben, und massieren Sie sie mit kleinen Kreisbewegungen mit dem rechten Daumen. Fast alle Handgriffe werden mit gekrümmten Fingern ausgeführt, so daß es besonders gut tut, mit dieser Massagebewegung gegenzusteuern und Spannungen abzubauen. Zugleich werden zahlreiche Handreflexzonen aktiviert.

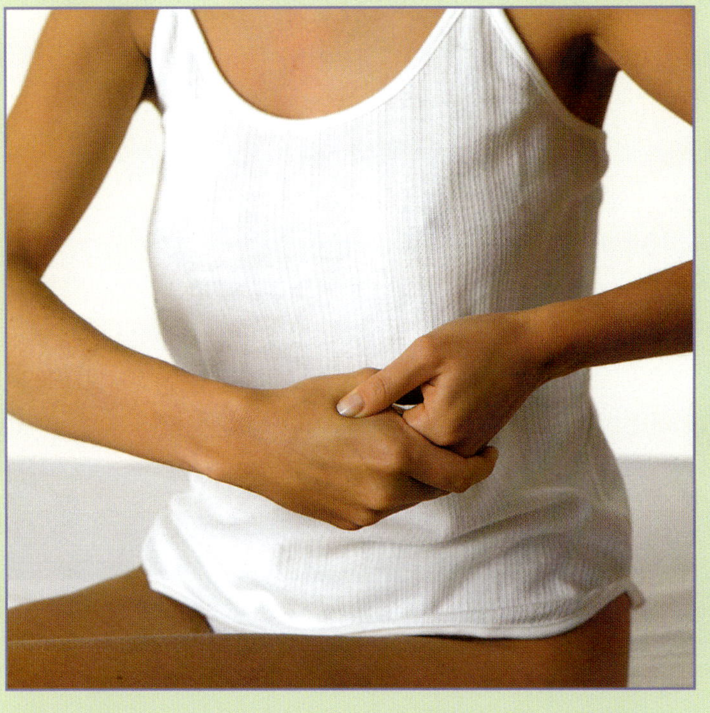

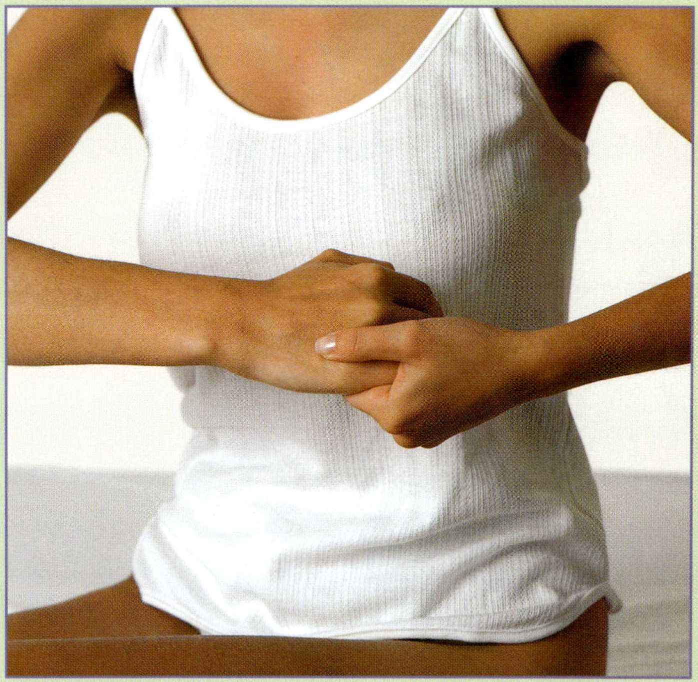

Daumendruck mit Akupressurwirkung
Drücken Sie mit dem linken Daumen kräftig zwischen Daumen und Zeigefinger der rechten Hand, halten Sie den Druck zehn Sekunden lang aufrecht. Das Aktivieren dieses relativ empfindlichen Akupressurpunkts lindert Kopfschmerzen und Migräne. Auch Augenbeschwerden, Schulter- und Nackenverspannungen, Hals- und Zahnschmerzen sowie Grippesymptome werden schwächer.

Daumenstreichungen
Streichen Sie mit dem linken Daumen zwischen den einzelnen Fingern der rechten Hand entlang. Beginnen Sie knapp unterhalb der Fingerknöchel, und streichen Sie zum Handgelenk. Beginnen Sie am kleinen Finger. Die linke Hand wird in gleicher Weise massiert.

Zum Abschluß der Handmassage nehmen Sie die Finger nacheinander mit Daumen und Zeigefinger der anderen Hand an der Fingerwurzel und streichen langsam aufwärts. An der Fingerspitze wird der Druck verstärkt, um die Nervenenden zu stimulieren und den Energiefluß zum Körper hin zu verstärken. Nach den Massagedurchgängen auf Seite 146–147 halten Sie die Handflächen im Abstand von rund 5 cm parallel zueinander und achten auf die Energie, die sich dazwischen aufbaut. Legen Sie die Hände wie zum Gebet aneinander. Machen Sie sich die Wärme bewußt, die beim Zusammenführen der Hände entsteht.

Vorbeugung und Heilung

Zellulitis, Verstopfung und Blähungen

Man muß nicht unbedingt krank und von Schmerzen geplagt sein – man kann sich auch ohne Grund eine Massage gönnen. Massagen lindern nicht nur zahlreiche Beschwerden, sie sind eine gute Präventivmaßnahme. Viele Menschen klagen über Zellulitis, Verstopfung, Kopfschmerzen oder Nebenhöhlenentzündung. Diese Beschwerden sind durch eine gesunde Lebens- und Ernährungsweise vermeidbar. Das Trinken reichlicher Mengen sauberen (gefilterten oder abgefüllt gekauften) Wassers fördert die Entschlackung und aktiviert die Selbstheilungskräfte.

Die beschriebenen Massagetechniken können, mit Ausnahme der Knet- und Walkgriffe, auch ohne Öl ausgeführt werden. Folgende Öle kommen in Frage: Geranie, Rosmarin, Fenchel und Wacholder bei Zellulitis, Majoran und Rosmarin bei Verstopfung sowie Fenchel und Pfefferminze bei Blähungen. Kopfschmerzen infolge von verspannten Nacken- und Schultermuskeln und überanstrengte Augen können mit Lavendel, Pfefferminze und Rosmarin behandelt werden. Eukalyptus, Pfefferminze und Pinie lindern Nebenhöhlenentzündungen.

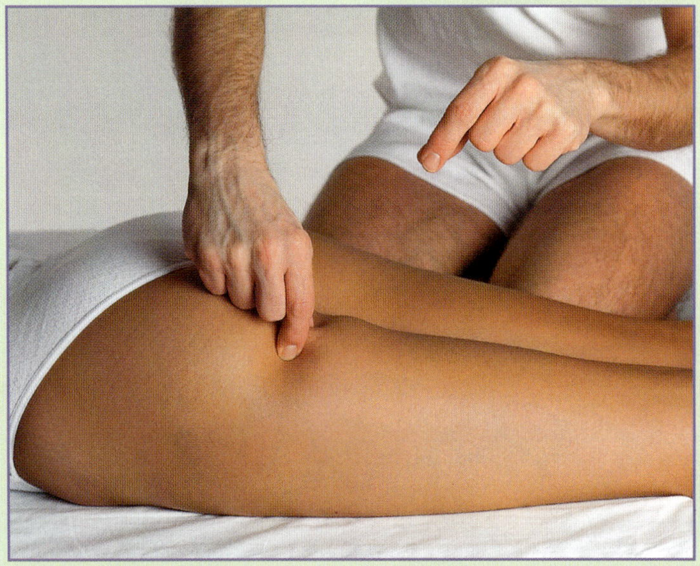

Zellulitis (Kneifmassage)
Heben Sie das Gewebe mit Daumen und Zeigefinger in raschen Kneifbewegungen an. Hautrötungen sind ein Zeichen für eine verbesserte Durchblutung. Bearbeiten Sie den gesamten Oberschenkel-, Hüft- und Gesäßbereich auf diese Weise abwechselnd mit linker und rechter Hand. Massieren Sie jedoch nicht zu lange.

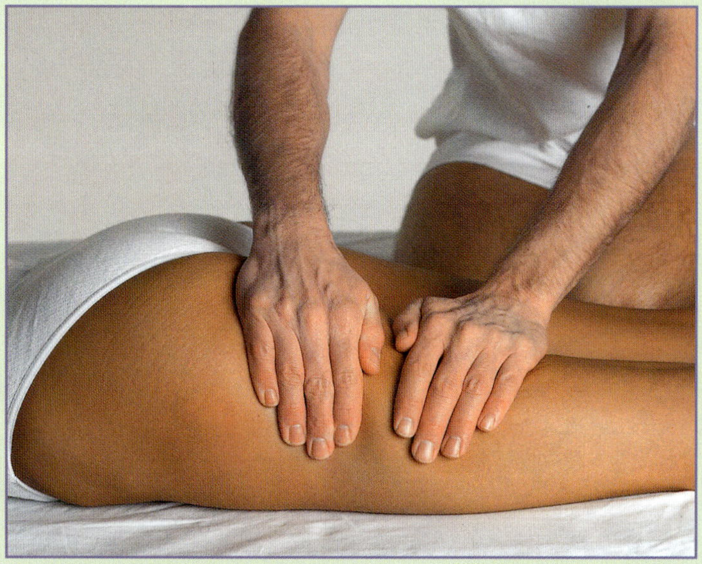

Zellulitis (Walkungen)
Legen Sie die Hände auf den oberen Teil des Oberschenkels, und schieben Sie sie in gegenläufigen Bewegungen vor und zurück, als würden Sie das Gewebe „auswringen". Das andere Bein wird ebenso massiert. Die Walkungen fördern die Durchblutung und den Lymphfluß und somit den Abtransport von Schadstoffen.

Verstopfung und Blähungen

1 (unten) Knien Sie sich auf Höhe der Hüfte links neben den Körper, legen Sie die rechte Hand mit der Handfläche nach unten auf die linke Hand. Diese legen Sie auf Höhe des rechten Hüftknochens rund 5 cm zur Körpermitte hin auf den Bauch. Darunter liegt der Anfangsteil des aufsteigenden Dickdarms. Üben Sie mit den Fingern Druck in Richtung der Rippen aus, wobei die rechte Hand auf die linke drückt. Lassen Sie dann locker, und wiederholen Sie die Bewegung, so daß die Hände allmählich bis unter den rechten Rippenbogen aufwärts wandern.

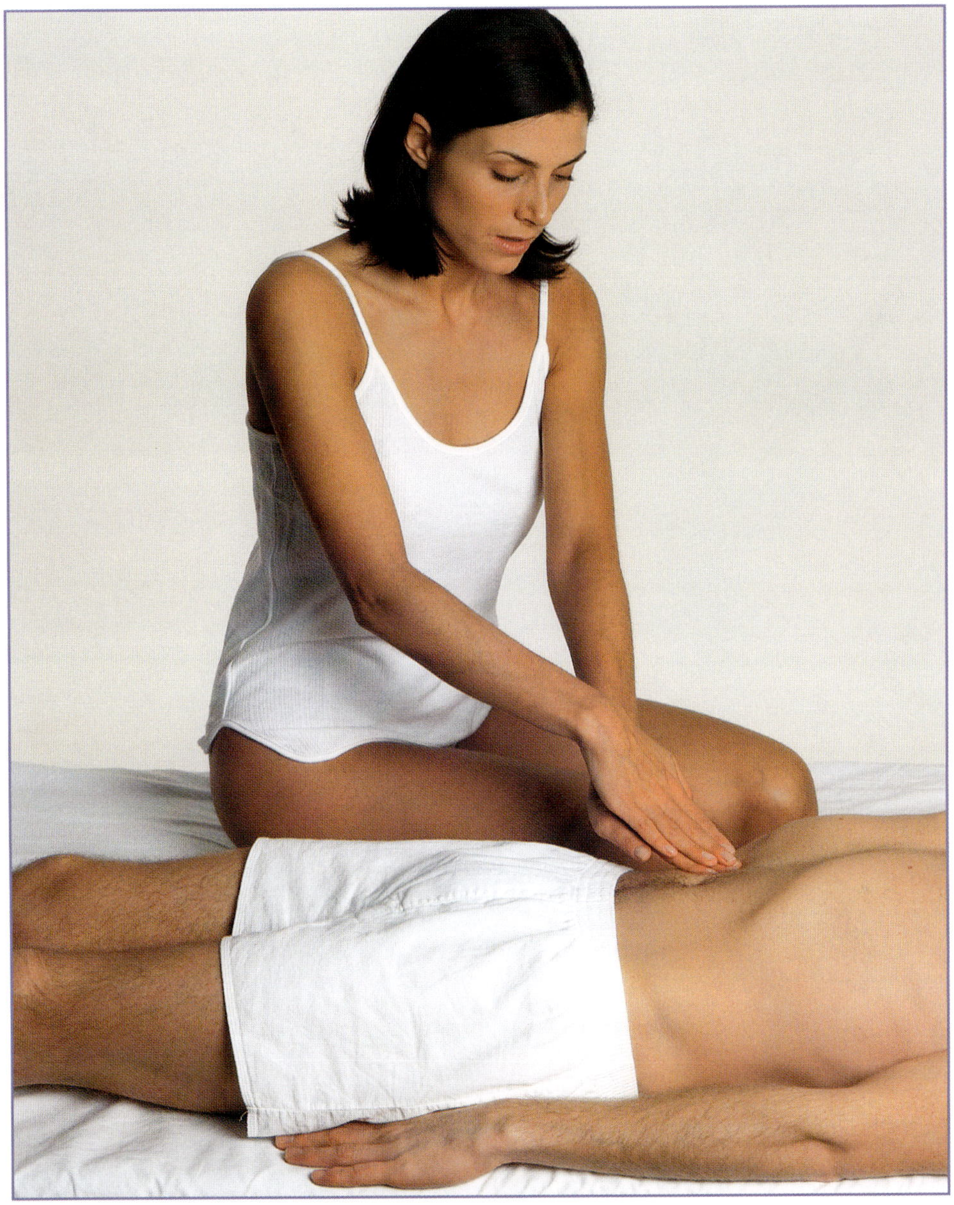

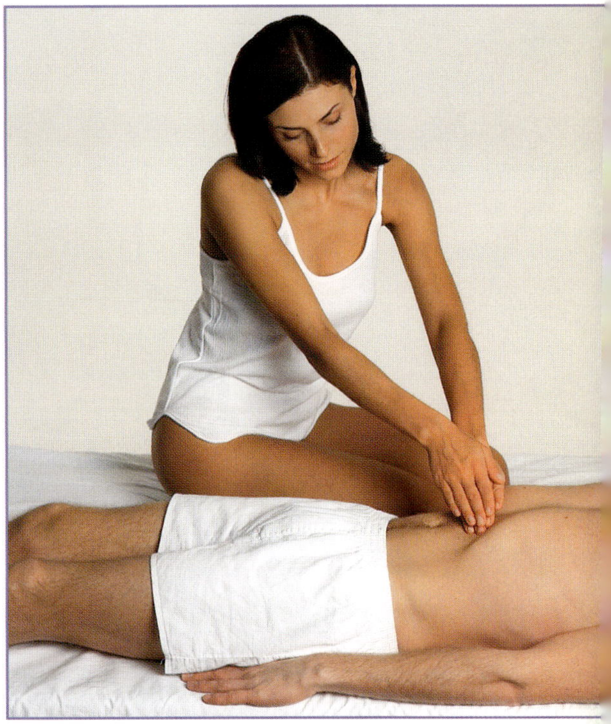

2 (oben) An den Rippen angelangt, drehen Sie die Hände, so daß sie waagerecht am Bauch aufliegen. Wiederholen Sie die Druckmassage nun über den Bauch hinweg zur anderen Seite des Brustkorbs hin. Drehen Sie die Hände neuerlich, so daß die Finger nach unten zeigen, und massieren den Dickdarm entlang abwärts, bis Sie gegenüber des ursprünglichen Ausgangspunktes angelangt sind. Wiederholen Sie den Ablauf zwei- bis dreimal. Die Massagebewegung folgt dem Darmverlauf, so daß der Energiefluß in die entsprechende Richtung gefördert wird. Dabei werden auch blähende Darmgase weitertransportiert.

Kopfschmerz und Nebenhöhlenentzündung

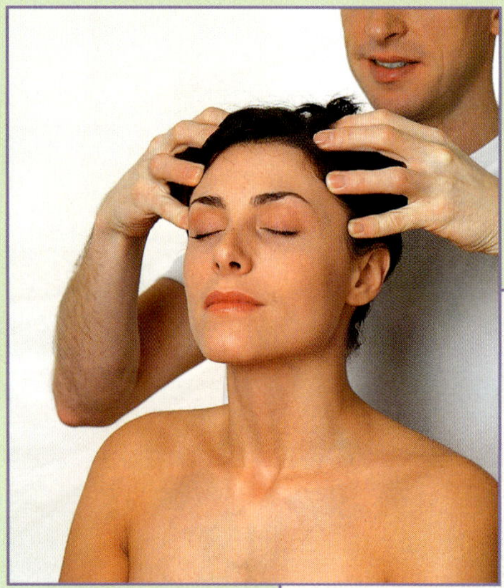

Kopfschmerzen (Nacken- und Schulterverspannungen)
(unten) Legen Sie die rechte Hand als Stütze quer über die Stirn. Die Finger der linken Hand liegen waagerecht auf dem Hinterkopf. Massieren Sie die Kopfhaut am Hinterkopf in kleinen Kreisen mit den Fingerspitzen bis hinab zum Haaransatz. Wechseln Sie die Massagehand, und wiederholen Sie den Ablauf. Diese Technik eignet sich zur Linderung von Kopfschmerzen infolge von Verspannungen.

Kopfschmerzen (überanstrengte Augen)
(oben) Die Person, die massiert wird, sitzt auf einem Stuhl mit einer Lehne für den Kreuzbereich. Sie stehen hinter dem Stuhl und legen beide Hände mit gespreizten Fingern links und rechts auf dem Kopf auf. Streichen Sie mit den Fingerspitzen in Kreisbewegungen über den gesamten oberen und seitlichen Teil des Kopfes bis zum Haaransatz, so daß sich die Kopfhaut mitbewegt und Verspannungen gelöst werden.

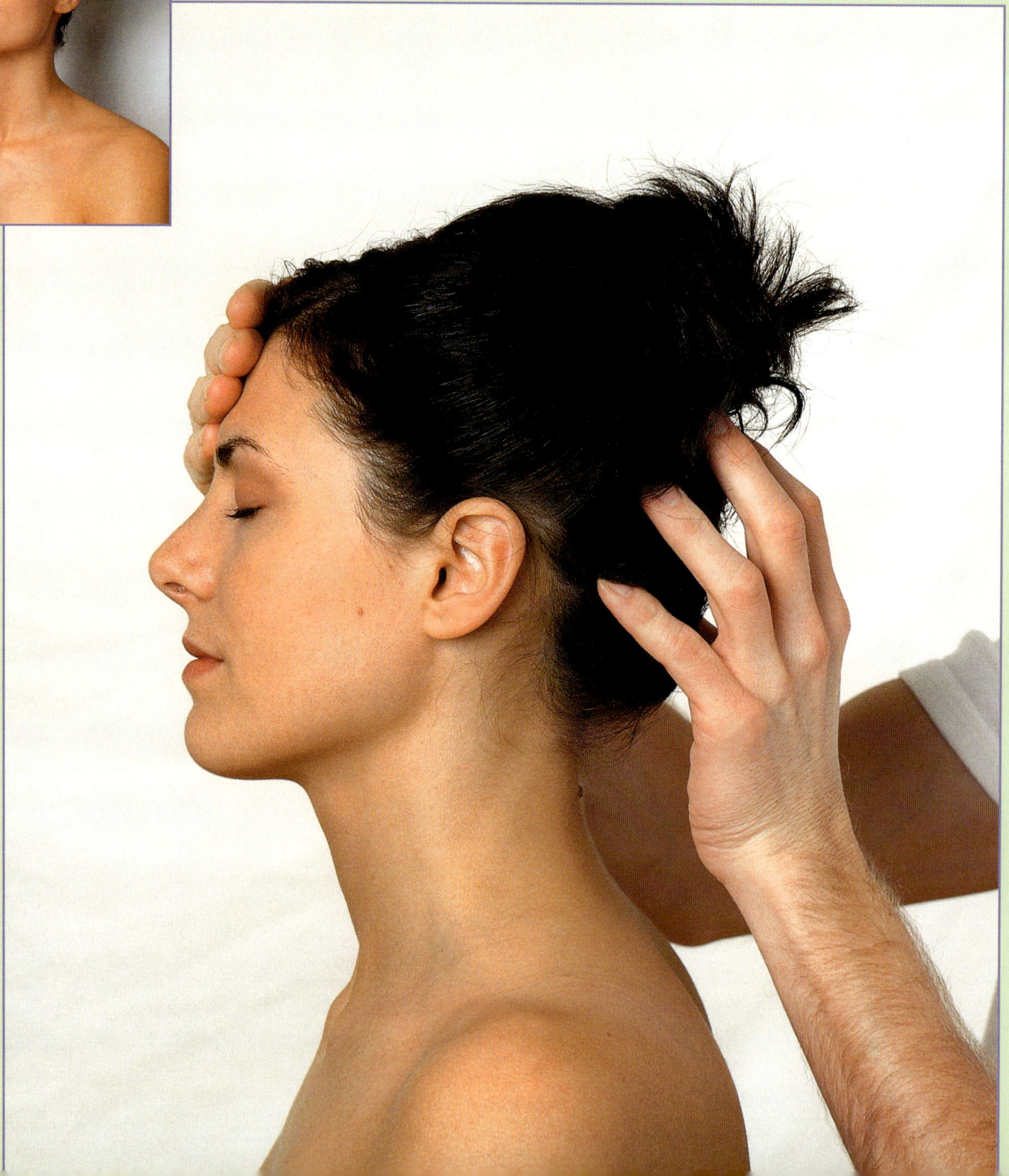

Nebenhöhlenentzündung (Daumendruck)
Die Person, die massiert wird, liegt mit geschlossenen Augen auf dem Rücken. Legen Sie die Daumen an die Mitte der Stirn, und drücken Sie mit den Kuppen (nicht aber mit den Fingernägeln) vorsichtig nach unten. Halten Sie den Druck einige Sekunden lang aufrecht, und lassen Sie dann locker. Nun legen Sie die Daumen ein Stück weiter oben auf und wiederholen die Druckmassage. Massieren Sie auf diese Weise bis zum Haaransatz nach oben. Dann legen Sie die Daumen wieder am Ausgangspunkt auf und wiederholen den gesamten Ablauf zwei- bis dreimal.

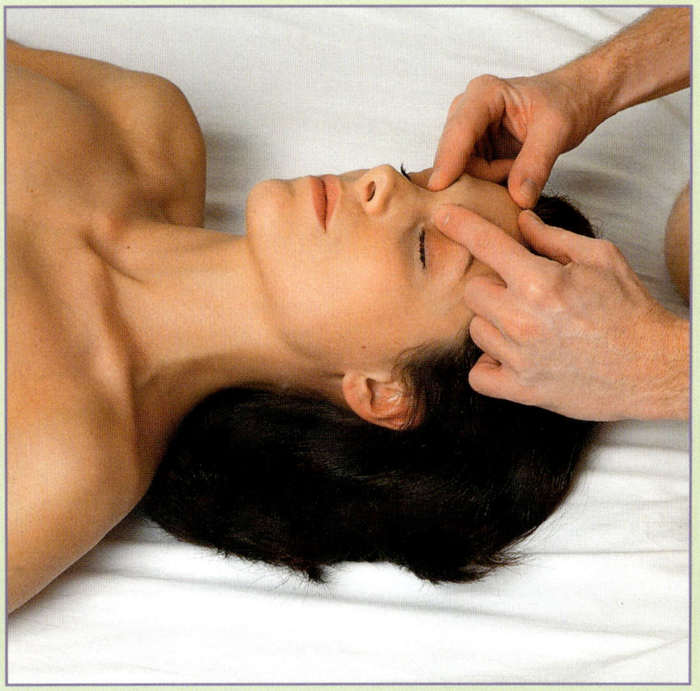

Nebenhöhlenentzündung (Fingerdruck)
Legen Sie die Zeigefingerspitzen knapp oberhalb der Nasenwurzel an die untere Seite des Augenbrauenrands. Die übrigen Finger liegen seitlich an der Stirn auf, um dem Kopf Halt zu geben. Schieben Sie den Zeigefinger nun mit etwas Druck unter den Knochenvorsprung der Augenhöhlen nach oben, und halten Sie den Druck etwa fünf Sekunden lang aufrecht. Wiederholen Sie diese Druckmassage vier- bis sechsmal. Bei einer Nebenhöhlenentzündung ist diese Stelle oft relativ empfindlich. Mit dieser Massagetechnik lassen sich auch Kopfschmerzen lindern.

Ganzheitliche Erfahrung

Der Tastsinn ist der bedeutendste der Sinne in unserem Zyklus zwischen Schlafen und Wachen. Er verleiht Wissen über Tiefe, Stärke und Form. Über die Tastkörperchen der Haut fühlen, lieben und hassen wir, lassen uns berühren oder bleiben unberührt.

Lionel Taylor, 1921

Beim Erlernen und Anwenden der beschriebenen Massagen werden Sie bald erkennen, daß das Verhältnis zwischen Masseur und Patient nicht auf reinem Geben und Nehmen basiert. Vielmehr entsteht eine Wechselbeziehung, und beide Partner müssen harmonieren, damit die Massage eine wirklich ganzheitliche Erfahrung wird. Die massierende Person schenkt der anderen Entspannung, indem sie ihre Energie auf den behandelten Körperteil konzentriert. Auch die Person, die massiert wird, soll ihr Bewußtsein auf die Massagestelle richten, so daß beide auf Spannungen aufmerksam werden, um sie dann durch Konzentration und Lockerung abzubauen. Die scheinbar passive Person massiert sich gleichsam innerlich und leitet Energie nach außen, während die „aktive" Person von außen nach innen massiert, wobei nicht nur die Hände aktiv sind, sondern heilsame geistige Energien ausgetauscht werden. Beide atmen tief und langsam und vielleicht sogar in Einklang. Beim Ausatmen soll der Massagedruck deutlicher werden. So sind beide Partner zufrieden.

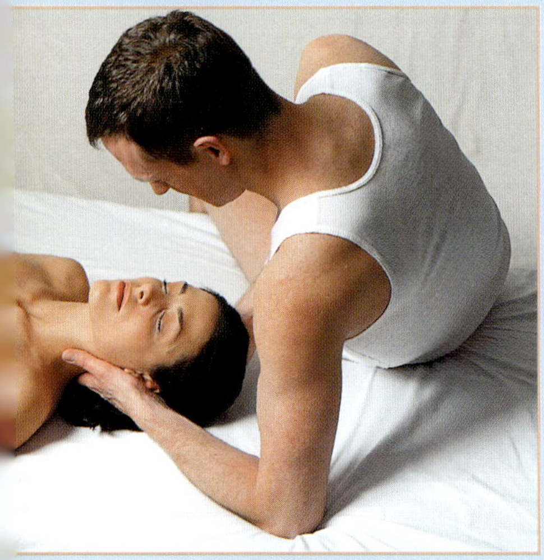

Versuchen Sie, bei der Massage alle negativen Gedanken auszuschalten. Halten Sie sich vor Augen, daß der Energiefluß stets den Gedanken folgt. Wenn Sie sich in einen meditativen Zustand versetzen können, strömen Ihre Energien in den anderen Körper über und stärken dessen Selbstheilungskräfte. Körperliche Spannungen sind oft eingekapselte Gefühle – sie müssen daher damit rechnen, daß heftige Emotionen auftauchen werden. Lassen Sie diesen Gefühlen einfach freien Lauf.

Im Lauf der Zeit wird man beim Massieren einfühlsamer und kreativer. Man braucht keiner Anweisung mehr zu folgen, sondern kann die Massage auf die jeweiligen Bedürfnisse abstimmen. Versuchen Sie, mit den Händen zu „sehen". Gerade Blinde sind oft sehr gut beim Massieren, weil sie sich voll und ganz auf die Hände verlassen.

Massage ist mehr als eine Therapie. Sie ist die Kunst, Spannungen und Widerstände zu lösen und durch Freude zu ersetzen. Berührungen gehören zu den Grundbedürfnissen des Menschen und sind aus einem ganzheitlichen Gesundheitsverständnis kaum wegzudenken. Berührungen machen uns unser ganzes Leben hindurch glücklich. Sie sind ein wesentlicher Ausdruck der Zuneigung.

Berührungen ermöglichen es den Seelen zweier Menschen, einander zu finden und zu spüren, so daß sie Frieden und innere Ruhe erleben.

Anhang: Mischtabelle

Nachdem Sie sich mit den ätherischen Ölen vertraut gemacht haben, wollen Sie vielleicht auch eigene Duftmischungen herstellen. Kombinationen aus drei Ölen enthalten oftmals ein Blumenöl, ein Fruchtöl und ein Kräuteröl. Außerdem muß man die Intensität des Aromas berücksichtigen. Geranie, Rose, Weihrauch, Sandelholz und Neroli verströmen einen sehr kräftigen Duft, so daß ein Tropfen in der Mischung bereits genügt.

Die Mischtabelle wurde von Paula Martin und Alan Crook erstellt. Sie soll Ihnen die Auswahl erleichtern. Suchen Sie den Duft Ihrer Wahl in der senkrechten Spalte, und wählen Sie ein passendes Ergänzungsaroma aus der waagerechten Spalte.

	Basilikum	Benzoe	Bergamotte	Eukalyptus	Fenchel	Geranie	Grapefruit	Ingwer	Jasmin	Kamille	Kampfer	Lavendel
Basilikum			●		●	●	●				●	●
Benzoe			●	●						●		●
Bergamotte	●	●		●		●	●		●	●		●
Eukalyptus		●	●					●				●
Fenchel	●					●						●
Geranie	●		●		●		●	●	●	●		●
Grapefruit	●		●			●		●	●	●		●
Ingwer				●		●	●					
Jasmin			●			●	●			●		●
Kamille	●	●				●	●		●		●	●
Kampfer	●									●		●
Lavendel	●	●		●	●	●	●		●	●	●	
Lindenblüte		●					●	●	●			●
Majoran	●			●						●	●	●
Mandarine	●					●	●	●	●	●		●
Melisse	●					●	●	●	●	●	●	●
Muskatellersalbei	●		●			●		●	●	●		●
Myrrhe		●									●	●
Neroli	●	●	●			●		●	●	●		●
Niaouli		●			●							●
Orange		●				●	●	●	●			●
Patschuli			●			●	●	●		●		●
Petitgrain		●	●			●			●			●
schwarzer Pfeffer	●		●			●	●					
Pfefferminze		●										●
Pinie				●								●
Rose		●	●		●	●	●	●	●	●		●
Rosmarin	●		●	●	●	●	●	●			●	●
Sandelholz	●	●	●		●	●		●	●			●
Schafgarbe												
Teebaum			●	●			●	●				●
Thymian			●	●						●		●
Vetiver	●	●	●			●	●	●	●			●
Wacholder		●	●	●		●	●					●
Weihrauch	●	●	●			●	●	●	●		●	●
Ylang-Ylang			●				●		●		●	●
Zedernholz		●	●			●	●	●	●			●
Zimtblätter		●					●	●				●
Zitrone		●	●	●	●	●		●	●	●		●
Zitronengras	●	●	●	●	●	●	●	●	●	●		●
Zypresse		●	●									●

Lindenblüte	Majoran	Mandarine	Melisse	Muskatellersalbei	Myrrhe	Neroli	Niaouli	Orange	Patschuli	Petitgrain	schw. Pfeffer	Pfefferminze	Pinie	Rose	Rosmarin	Sandelholz	Schafgarbe	Teebaum	Thymian	Vetiver	Wacholder	Weihrauch	Ylang-Ylang	Zedernholz	Zimtblätter	Zitrone	Zitronengras	Zypresse	
	●	●	●	●		●					●				●	●				●							●		Basilikum
●					●	●	●	●		●		●		●		●				●	●			●	●	●			Benzoe
●	●	●		●		●			●	●	●			●	●	●		●	●	●	●		●	●		●	●	●	Bergamotte
	●		●										●		●			●	●		●					●	●		Eukalyptus
							●							●	●	●										●			Fenchel
		●	●	●		●		●	●		●			●	●	●				●	●	●		●		●	●		Geranie
●		●		●		●		●		●	●			●	●			●		●	●	●	●	●	●		●		Grapefruit
●		●	●			●		●	●					●	●	●		●		●	●			●	●	●			Ingwer
●		●	●	●		●		●						●		●				●		●	●	●		●	●		Jasmin
	●	●	●	●		●			●					●					●				●			●			Kamille
	●		●		●					●					●							●							Kampfer
●	●	●	●	●	●	●	●	●	●			●	●	●	●	●		●	●	●	●	●	●	●	●	●	●	●	Lavendel
				●		●								●									●	●		●		●	Lindenblüte
		●	●				●	●				●			●			●				●		●				●	Majoran
	●			●		●		●		●	●	●		●	●			●	●		●	●			●	●			Mandarine
	●					●				●				●	●		●		●	●		●	●						Melisse
●		●				●		●	●					●		●	●			●		●		●		●		●	Muskatellersalbei
									●							●						●							Myrrhe
●		●	●	●				●	●	●				●	●	●							●	●		●	●		Neroli
	●							●				●	●		●				●		●					●	●		Niaouli
	●	●		●		●	●			●	●			●	●			●		●	●	●	●		●	●		●	Orange
				●	●	●				●			●	●		●				●		●	●				●		Patschuli
		●	●	●		●		●							●	●							●	●					Petitgrain
		●						●	●						●	●							●			●		●	schwarzer Pfeffer
	●	●					●						●		●	●								●				●	Pfefferminze
							●		●			●			●			●	●		●	●		●	●	●		●	Pinie
●		●	●	●		●		●	●							●				●		●	●	●		●			Rose
	●	●	●			●	●	●		●	●	●	●				●	●	●		●	●		●	●	●	●	●	Rosmarin
				●	●	●			●	●	●	●			●					●	●	●	●	●		●		●	Sandelholz
			●	●											●						●					●	●		Schafgarbe
	●	●						●					●		●				●			●			●	●	●	●	Teebaum
		●	●				●						●		●			●			●			●	●	●			Thymian
								●	●					●		●						●	●						Vetiver
		●	●	●			●	●		●			●		●	●	●		●			●		●		●	●	●	Wacholder
		●	●	●	●			●	●	●	●		●	●	●	●		●		●	●			●	●	●			Weihrauch
●	●		●			●		●	●	●	●			●		●				●					●	●			Ylang-Ylang
●	●			●		●						●	●	●	●	●			●		●	●	●		●	●	●	●	Zedernholz
		●						●	●				●		●			●	●			●	●	●					Zimtblätter
●		●		●		●	●	●			●		●	●	●	●	●	●	●		●	●		●				●	Zitrone
●		●		●		●	●	●	●		●		●		●		●	●			●	●		●				●	Zitronengras
●	●			●				●			●	●	●		●	●		●			●			●		●			Zypresse

Glossar

Aorta Die wichtigste Arterie des Körpers. Sie führt von der rechten Herzkammer weg und transportiert sauerstoffreiches Blut zu allen anderen Arterien (mit Ausnahme der Lungenarterie, in der sauerstoffarmes Blut von der rechten Herzhälfte zur Lunge strömt).

Aromatherapie Verwendung ätherischer Öle aus Pflanzen, Bäumen, Blumen und Früchten zur Behandlung körperlicher Erkrankungen; oft in Verbindung mit Massage angewandt.

Arthritis Gelenkentzündung; es treten Schwellungen und Hautrötungen auf die Beweglichkeit ist eingeschränkt.

ätherische Öle Öle, die durch ein spezielles Verfahren aus winzigen Drüsen in Blütenblättern, Stengeln, Hölzern und Rinden gewonnen werden.

Blasenentzündung Infektionskrankheit der inneren Auskleidung der Harnblase.

Bürsten der nassen Haut Massage der nassen Haut mit einer weichen Bürste zusammen mit Wasser und Seife.

Champi Traditionelle indische Kopfmassagetechnik.

Dampfbad Raum, in den Wasserdampf gepumpt wird.

Darm Teil des Verdauungstraktes zwischen Magen und After. Von hier gelangen Wasser und Nährstoffe in den Organismus.

Daumenkreise Massagetechnik, bei der die Daumen in kleinen Kreisen über den Körper geführt werden.

Daumenstreichungen Massagetechnik, bei der die Daumenkuppen in geraden Linien über das Gewebe geführt werden.

Effleurage Siehe Streichung

Eierstöcke Zwei Drüsen links und rechts der Gebärmutter. Hier werden die weiblichen Geschlechtshormone Östrogen und Progesteron sowie befruchtungsfähige Eier produziert.

Ekzem Entzündung der Hautoberfläche mit rotem Ausschlag und Juckreiz.

Fingerstreichungen Besonders sanfte Massage, die mit den Fingerspitzen erfolgt.

Flotation Entspannung durch schwereloses Treiben im seichten Wasser sogenannter Flotationstanks. Bittersalz und andere Mineralsalze im Wasser verhindern ein Untergehen.

freie Radikale Instabile, höchst reaktionsfähige Moleküle, die zu abnormaler Oxidation führen und die die Körperzellen schädigen können.

ganzheitlich Therapieformen, bei denen der Mensch als körperlich-seelische Einheit und nicht nur das erkrankte Organ behandelt wird.

Grimmdarm Verdauungsstörung mit Verstopfung oder mit Durchfall, verbunden mit starken Blähungen.

Hackmassage Rasche, anregend wirkende Massage, die mit den Handkanten ausgeführt wird.

Harnsäure Stickstoffhaltige Säure im Blut und im Urin.

Herz-Kreislauf-System Zusammenspiel von Herz und Blutgefäßen zur Aufrechterhaltung des Blutkreislaufs.

Hirnanhangdrüse Wichtige Körperdrüse, die für das Wachstum verantwortlich ist und die anderen Drüsen in ihren Funktionen unterstützt.

Hoden Männliche Geschlechtsdrüsen, in denen das Hormon Testosteron sowie Samenzellen produziert werden.

Homöostase Bestreben des Organismus, trotz wechselnder äußerer Einflüsse im Gleichgewicht zu bleiben.

Hormone Chemische Substanzen, die von bestimmten Drüsen oder Gewebeabschnitten produziert und in die Blutgefäße geleitet werden. Ihre Wirkung entfaltet sich an einer von der Hormondrüse entfernten Körperstelle.

Hormonsystem Gesamtheit aller Körperdrüsen, die Hormone an den Körper abgeben.

Hypothalamus Hirnteil, der zur Steuerung von Hunger- und Durstgefühl sowie für den Wasserhaushalt und die Sexualfunktionen zuständig ist.

Immunsystem Abwehrsystem des Körpers gegen Bakterien und Viren.

Kapillaren Sehr dünne Blutgefäße, die ein Verbindungsnetz zwischen Arterien und Venen bilden.

Klopfmassage Vibrationsmassagetechnik, die mit gewölbten Handflächen ausgeführt wird.

Klopfung Rasche Vibrationsmassage, die mit den Fingerspitzen ausgeführt wird und meist an kleinen Muskeln, etwa im Gesicht, zum Einsatz kommt.

Knetung Massagetechnik zur Lösung von Verspannungen. Die Finger werden dabei ähnlich wie beim Teigkneten bewegt.

Knöchelmassage Massagetechnik mit einer intensiven Wirkung; wird mit den Handknöcheln ausgeführt.

Lymphdrainage Massage zur Förderung des Lymphflusses, indem die Lymphe zu den Lymphknoten hin gestrichen wird, wo sie gefiltert und von Bakterien gereinigt wird.

Lymphe Farblose oder leicht gelbliche Flüssigkeit in den Lymphgefäßen.

Lymphknoten Kleine Gewebeteile entlang der Lymphgefäße, in denen die Lymphflüssigkeit gereinigt wird.

Lymphsystem Gefäßnetz zur Ausscheidung von Schadstoffen.

Magersucht Psychische Erkrankung mit extremer Nahrungsverweigerung oder absichtlichem Erbrechen nach dem Essen, um einen Gewichtsverlust herbeizuführen.

Meridiane Unsichtbare Verbindungslinien im Körper, über die der Energiefluß stattfindet.

Nebenhöhlenentzündung Entzündung der Schleimhäute in den Knochenhöhlungen rund um Augen, Nase und Wangen.

Nebennieren Zwei kleine Hormondrüsen oberhalb der Nieren, die für die Produktion von Adrenalin und Kortison verantwortlich sind und die bei der Steuerung von Streßhormonen eine wichtige Rolle spielen.

Nervenenden Endpunkte des Nervensystems, von denen aus Informationen (Reize) durch den Körper zum Rückenmark und zum Gehirn weitergeleitet werden.

Peeling Siehe Schälkur

Peristaltik Wellenartiges Zusammenziehen des Darms, durch das der Darminhalt weitertransportiert wird.

Petrissage Siehe Knetung

Reflexzonen Bestimmte Punkte an den Füßen und Händen, die den einzelnen Organen entsprechen. Durch das Massieren der Reflexzonen werden die Selbstheilungskräfte des Körpers aktiviert.

Rückenstreckermuskeln Große Muskelstränge links und rechts der Wirbelsäule.

Sauna Heißluftkabine zur Förderung der Schweißabsonderung, die eine Entschlackung des Körpers fördert.

Schälkur Entfernung abgestorbener Hautzellen durch Bürsten der trockenen Haut oder mit Hilfe eines Gels.

Schilddrüse Drüse in der Halsregion, die den Stoffwechsel steuert.

Sehne Robuster Faserstrang, der Muskeln und Knochen verbindet.

Sonnengeflecht Netz aus Nervenbahnen an der Hinterseite des Magens.

Speiseröhre Muskelschlauch, der vom Rachen zum Magen führt.

Sprudelbad Wanne oder Becken mit einem Spezialmechanismus zum Aufwirbeln des Wassers; belebende Wirkung.

Streichung Einer der wichtigsten Massagegriffe. Wird mit der flachen Hand oder mit gewölbten Händen ausgeführt.

Tapotage Siehe Klopfung

Thalassotherapie Behandlungen mit Meerwasser.

Walkung Massagetechnik, bei der die Muskeln mit beiden Händen zugleich in gegenläufigen Bewegungen bearbeitet werden.

Watsu Shiatsu-Technik, die im Wasser ausgeführt wird.

Winterdepression Gefühlstief in den Wintermonaten infolge der geringen Sonneneinstrahlung, da die Aktivität der Zirbeldrüse herabgesetzt ist.

Wirbel 33 kleine Knochen, die die Wirbelsäule bilden. Sie sind durch Bänder und Bandscheiben miteinander verbunden.

Zellulitis Wird auch als Orangenhaut bezeichnet. Äußert sich in Dellen und Grübchen auf der Haut, meist infolge eines verlangsamten Lymphflusses in Verbindung mit einer erhöhten Schadstoffkonzentration im Körper.

Zirbeldrüse Kleines Organ im Gehirn, das Melatonin ins Blut abgibt.

Zwerchfell Dünner, aufgewölbter Muskel zwischen Brust- und Bauchraum.

Register

L

M

N

O

P

Q

R

S

T

U

V

W

Y, Z

Nützliche Adressen

Massageverbände

D: *Berufsverband für Masseure und Physiotherapeuten*
Gartenstraße 8
D-56414 Dreikirchen
Tel: 06435/8780; Fax: 1058

A: *Vereinigung Österreichischer Sportmasseure und Sportthera-peuten*
Johann-Steinböckstraße 5
A-2344 Maria Enzersdorf
Tel.: 02236/26833; Fax: 26834

CH: *Fédération Suisse des Masseurs*
Avenue des Sports 18
CH-1400 Verdon-les-Bains
Tel.: 024/4265007; Fax: 7895184

Wasseranwendungen

D: *Bundesverband für Gesundheitsförderung*
Adolf-Scholz-Allee 6
D-86825 Bad Wörishofen
Tel: 09247/3002-0; Fax: 784454

A: *Kneipp Verein Wien Zentrum*
Neubaugasse 66/2
A-1070 Wien
Tel: 01/5267508

Ayurveda

D: *Deutsche Gesellschaft für Ayurveda*
Wildbadstraße 201
D-56841 Traben-Trabach
Tel: 06541/5817; Fax: 705120

A: *Österreichische Gesellschaft für Ayurvedische Medizin*
Biberstraße 22/2
A-1010 Wien
Tel: 01/5127859

Naturheilverfahren

D: *Zentralverband der Ärzte für Naturheilverfahren*
Alfredstraße 21
D-72250 Freudenstadt
Tel: + 0744/2121; Fax: 87830

A: *Wiener Akademie für Ganzheitsmedizin*
Kurbadstraße 8
A-1100 Wien
Tel: 01/6887507-0

Akupunktur

D: *Deutsche Ärztegesellschaft für Akupunktur*
Raglovichstraße 14
D-80637 München
Tel: 089/1596266; Fax: 1596255

A: *Österreichische Gesellschaft für Akupunktur*
Kaiserin-Elisabeth-Spital
Huglgasse 1–3
A-1150 Wien
Tel: 01/98104-5758; Fax: -5759

Danksagungen

Die Herausgeber danken folgenden Personen und Fotoarchiven für ihre Abdruckerlaubnis.
o.: oben; m.: Mitte; u.: unten; l.: links; r.: rechts

Seite 10 Robert Harding Picture Library; Seite 15 DBP Archives; Seite 85 o. l. The Garden Picture Library; Seite 85 u. l. Images Colour Library; Seite 85 o. r. Photographers Library; Seite 85 u. r. Images Colour Library; Seite 86 The Garden Picture Library; Seite 87 o. r. A–Z Botanical; Seite 87 m. r. The Garden Picture Library; Seite 87 u. r. DBP Archives; Seite 92 Images Colour Library; Seite 93 o. r. The Garden Picture Library; Seite 93 m. r. DBP Archives; Seite 93 u. r. DBP Archives; Seite 98 The Photographers Library; Seite 99 o. r. Robert Harding Picture Library; Seite 99 m. r. Robert Harding Picture Library; Seite 99 u. r. DBP Archives; Seite 106 Images Colour Library; Seite 107 o. r. DBP Archives; Seite 107 m. r. DBP Archives; Seite 107 u. r. DBP Archives; Seite 112 Robert Harding Picture Library; Seite 112–113 Images Colour Library; Seite 114 Images Colour Library; Seite 115 Images Colour Library; Seite 116–117 Images Colour Library; Seite 117 Dan Lodge/ Serpentine Editorial; Seite 118 o. Images Colour Library; Seite 118 u. Solo Syndication/ Evening Standard; Seite 119 Solo Syndication/ Evening Standard; Seite 120–121 Images Colour Library; Seite 121 Bridgeman Art Library/ Victoria and Albert Museum; Seite 122 Superstock Ltd; Seite 122–123 Images Colour Library; Seite 126 Bridgeman Art Library/ British Library; Seite 127 Robert Harding Picture Library.

Sonstige Fotos: Antonia Deutsch.